Les Fugitives

HÉLÈNE COUTARD

Les Fugitives

Partir ou mourir en Arabie saoudite

ÉDITIONS DU SEUIL
*57, rue Gaston-Tessier, Paris XIXe*

ISBN 978-2-02-145093-4

www.seuil.com

À mon G20

Note

Tous les prénoms utilisés ont été modifiés afin de protéger l'anonymat et la sécurité des personnes concernées, à l'exception des jeunes femmes disparues, la Saoudienne Dina Ali Lasloom et la princesse émiratie Latifa al-Maktoum. Pour la plupart des femmes interviewées, j'ai inventé un pseudonyme et dans certains cas, elles l'ont choisi elles-mêmes. De la même façon, certains éléments contextuels, géographiques ou temporels ont été modifiés.

Prologue

Les premières ont été Sara et Munira. Sara et Munira, apparues au milieu de l'aride campagne géorgienne, détonnantes dans ce paysage désertique de l'ex-URSS, comme si elles avaient été ajoutées dans un décor de cinéma pour préserver le secret de leur cachette. Sara et Munira, habillées avec soin pour nous accueillir, les cheveux de l'une longs et lourds, ceux de l'autre fraîchement coupés en signe de rébellion, les yeux maquillés de noir pour souligner leur intense regard qui avait longtemps été, sous le niqab, leur seul moyen d'expression. Sara et Munira, enfin créatures à forme humaine après avoir été des silhouettes noires, un hashtag sur Twitter, des voix feutrées sur des vidéos sombres – une histoire si lointaine qu'elle paraissait irréelle. Les deux sœurs sont souriantes, polies, comme si elles n'étaient pas à un tournant crucial de leur vie. Sur le fil entre un nouveau départ tant espéré et une chute dans l'oubli, elles ne manquaient pas pour autant de vérifier les photos prises d'elles : quitte à voir s'afficher en grand leur histoire dans un magazine français dont elles n'avaient jamais entendu parler, autant y être à leur avantage[1]. C'était la première fois qu'elles parlaient à la presse. Elles voulaient tout dire puis se reprenaient, conscientes que certains détails devaient être passés sous silence. Leurs voix

1. L'article « Les Fugitives » sur les deux sœurs a été publié dans *Society* en avril 2019.

se mélangeaient, elles parlaient fort, passaient de l'anglais à l'arabe, se houspillaient comme seules les sœurs ont l'habitude de le faire, avec les yeux. Elles savaient qu'à cet instant leur histoire était leur seule arme.

Avant cette rencontre, j'avais suivi de loin l'histoire de Rahaf Mohammed : début janvier 2019, à 18 ans, cette jeune Saoudienne s'était enfuie et avait acheté un billet d'avion pour l'Australie via la Thaïlande. Son échappée avait brusquement pris fin à l'aéroport de Bangkok quand elle avait été immobilisée sur ordre saoudien. Son passeport avait été confisqué, ses rêves de fuite déjoués. Rahaf s'était barricadée dans une chambre d'hôtel et n'avait cessé de tweeter, suppliant le Haut Commissariat des Nations unies pour les réfugiés (UNHCR) d'intervenir. Son histoire avait rapidement fait le tour du monde et quelques jours plus tard, le Canada lui accordait finalement l'asile. Si elle avait été la première à médiatiser sa fuite, j'allais bientôt découvrir qu'elle n'était pas la première à s'être échappé. Sara et Munira, elles, ne s'étaient pas contentées de suivre la fuite de Rahaf ; elles l'avaient scrutée, analysée, ressentie jusque dans leurs gorges serrées et leurs estomacs noués. Dans leurs chambres en Arabie saoudite, elles avaient été des dizaines d'adolescentes à vivre ces quelques jours d'angoisse sur leurs smartphones, cachées sous une couette ou enfermées dans une salle de bains. Quand Rahaf avait enfin foulé le sol canadien, elles avaient été soulagées comme s'il s'agissait d'une amie. C'était en quelque sorte une sœur – quelqu'un qui vivait la même vie cloîtrée qu'elles.

Quatre mois plus tard, c'était au tour de Sara et Munira, et leur message de détresse avait atterri sur mon fil Twitter. La cause des Saoudiennes s'imposait à nouveau dans mon quotidien que l'on pouvait difficilement imaginer plus éloigné du leur. Contrairement à Rahaf, Sara et Munira ne faisaient pas les gros titres du *New York Times* et leur fuite n'avait pas encore connu de *happy ending*, leur destin était en suspens. Quelque part, loin de chez moi, elles se cachaient, s'endormaient angoissées, comptaient les « retweets » et consultaient leurs messages en espérant y trouver une aide ou des nouvelles d'une ambassade.

Leur besoin viscéral de liberté et ma fascination pour les femmes qui sont capables de prendre leur vie en main se sont finalement rencontrés au milieu de rien, en Géorgie. Ce qui était à l'origine une histoire lointaine est devenu une vérité palpable. Leur réalité a débordé sur la mienne. Ce jour-là, elles avaient esquissé les contours d'une histoire sur laquelle elles reviendraient longuement lors des rencontres qui allaient suivre. Je leur posais toujours plus de questions dans l'espoir de répondre à celle-ci : où trouve-t-on la force d'aller à contre-courant ? Sara a le même âge que moi, Munira trois ans de moins ; il semble pourtant qu'elles avaient eu déjà trois vies : celle durant laquelle elles avaient pensé passer leur vie en Arabie saoudite ; l'instant, qui semble durer toujours, où elles avaient décidé de partir ; et, finalement, cette vie en transit qui était désormais la leur. À l'époque, elles ne le savaient pas encore mais, bientôt, elles en commenceraient une quatrième. Ce sont elles qui ont donné naissance à ce livre.

Se sont ensuivis des mois de recherches sur d'autres femmes qui sont parties. Selon la militante Hala al-Dosari, qui vit aux États-Unis depuis 2014, on peut distinguer deux groupes de Saoudiennes qui quittent leur pays. Il y a d'abord les femmes qui sont menacées car elles sont des personnages publics : journalistes, militantes, féministes, blogueuses… Celles-ci partent la mort dans l'âme pour échapper aux menaces et aux arrestations. Et puis, il y a ces jeunes femmes anonymes qui en viennent à constituer une génération manquante. Un vide dans certaines familles. Qui appellent un silence, lorsqu'on demande de leurs nouvelles. Celles-là se sont éclipsées une nuit, un matin ou en plein jour, parce qu'elles n'en pouvaient plus d'une vie à demi vécue, des quatre murs de leurs chambres, des choix que l'on faisait à leur place, des violences. Elles n'en pouvaient plus de voir leurs sœurs reproduire les vies soumises de leurs mères puis les transmettre à leurs filles. C'est de ce groupe dont j'ai décidé de parler.

Que reste-t-il des Saoudiennes si on leur enlève l'Arabie saoudite ? Comment se construit-on lorsqu'on naît dans un pays où l'on est considérée comme inférieure ? Que ressent-on lorsqu'on assiste au déclic féministe de tout un monde provoqué par la vague #MeToo et les manifestations féministes dans le monde entier, et qu'on en est exclue ? Est-ce qu'on a envie de crier un peu plus fort ? Et surtout : qui peut-on être quand on est avant tout « la pupille » d'un tuteur – père, mari ou frère – qui décide tout à votre place ? Si on peut se marier et avec qui, faire des études et lesquelles, travailler, passer son permis, ouvrir un compte en banque, prendre un appartement, subir une opération à l'hôpital, sortir de prison… Quand je l'ai contacté pour parler de la fuite de Sara et Munira, Adam Coogle, chercheur au sein de l'ONG Human Rights Watch à Londres, a été très clair : la vie d'une femme en Arabie saoudite dépend totalement du bon vouloir de son tuteur. « Celles qui ont un tuteur progressiste peuvent avoir une vie fantastique », a-t-il tenu à préciser. Qu'est-ce qu'un tuteur progressiste ? À quoi peut ressembler cette vie fantastique ? Et quand ce tuteur n'est pas progressiste, à quoi ressemble leur existence ?

Quand j'ai rencontré Sara et Munira, je n'étais pas une experte de l'Arabie saoudite et je ne le suis toujours pas – je n'y suis même jamais allée. Aujourd'hui encore, je ne connais le pays qu'à travers les yeux de celles qui me l'ont raconté. En 2018, bien avant de savoir que je passerai un an de ma vie à parler à des Saoudiennes, j'avais accueilli la nouvelle de l'autorisation de conduire pour les femmes comme le signe encourageant d'un pays en voie d'ouverture. Les Rahaf, les Sara et les Munira manquaient-elles simplement de patience ou est-ce que, à l'image de ce progrès, les photos de ces femmes voilées et souriantes au volant de SUV flambant neufs n'étaient qu'une illusion ? Après tout, la presse louait les efforts du nouveau dirigeant, réduisant parfois le système de tutorat à un détail administratif, et érigeait en exemple des ambassadrices, des artistes ou des *businesswomen* saoudiennes aux vies « libres ». Alors pourquoi certaines jeunes filles continuaient-elles à fuir, risquant ainsi la prison et la mort ? La diaspora féminine saoudienne existe aujourd'hui aux quatre coins du monde. Des dizaines de Sara et Munira vivent cachées derrière des photos retouchées et des pseudos. Elles sont les seules qui pouvaient répondre à ces questions.

*

Pour mener à bien cette enquête, j'ai rencontré – en personne sur plusieurs continents, mais aussi par téléphone, par e-mail et via différentes messageries – une trentaine de Saoudiennes qui avaient fui leur pays (ainsi qu'une dizaine d'activistes et de chercheurs saoudiens ou étrangers spécialistes du pays) : bien sûr, celles-ci n'avaient pas eu la chance d'avoir « un tuteur progressiste » ou « une vie fantastique ». Pourtant, ces Saoudiennes existent aussi. Elles existent toutes : celles qui souffrent en silence et celles qui luttent au péril de leur vie, celles qui voyagent, font la fête ou travaillent, celles qui se soumettent volontiers et aspirent à respecter des traditions ancestrales, celles qui meurent sous les coups, celles qui fuient. Les femmes que j'ai rencontrées racontent chacune leur histoire à leur façon – avec le détachement d'une page tournée pour certaines, avec rage pour d'autres, mais toujours avec un humour qui cache les blessures. Tout comme parfois les regrets – d'avoir menti, d'avoir abandonné des amies, des sœurs, des enfants.

Mohammed ben Salmane. Souvent, lorsqu'on leur parle de celui qu'elles appellent « MBS », leurs poings se serrent et le ton monte. Âgé de 35 ans, ce dernier a accédé au trône en tant que prince héritier en 2017 : c'est à lui que revient le pouvoir, d'autant plus que l'on dit son père, le roi Salmane, atteint de la maladie d'Alzheimer. En 2016, MBS présente son grand projet : un vaste plan de développement du pays, intitulé « Vision 2030 », qui ambitionne de diversifier l'économie du pays afin de réduire sa dépendance à la rente pétrolière. Il apparaît alors comme un jeune trentenaire dynamique désireux de moderniser l'Arabie saoudite, l'ouvrir à l'étranger, la libérer de l'emprise des extrémistes religieux. En mars 2018, il effectue même un voyage aux États-Unis au cours duquel il déclare à tous les journalistes du pays qu'il est un grand défenseur des femmes, qui sont « l'égal absolu des hommes ». Il incarne l'espoir, et cela crispe « celles qui sont parties ». La plupart ont vécu sous son pouvoir et ont d'abord, elles aussi, cru à un changement. Elles lui en veulent d'autant plus de les avoir déçues. De loin, désormais, elles n'aperçoivent que l'image médiatique d'une Arabie saoudite en voie d'ouverture sous l'impulsion d'un jeune dirigeant moderne. Pourtant, l'Arabie saoudite qu'elles ont connue existe toujours mais il est passé de mode d'en parler. Le nouveau tourisme, les réseaux sociaux, l'art, les Saoudiennes qui ont réussi… : tout est bon pour promouvoir la nouvelle image du pays. Certes, les dernières années ont vu d'importantes réformes se mettre en place : en juin 2018, les femmes ont été autorisées à conduire ; en août 2019, on leur a accordé le droit d'obtenir un passeport et de voyager seules. Mais le système de tutorat n'a pas été aboli et il restreint toujours le droit de se marier, d'obtenir la garde des enfants, d'avoir recours à l'avortement si la grossesse présente un danger de mort, d'obtenir une bourse d'étude… « Celles qui sont parties » haussent aujourd'hui les épaules : ces réformes ne concernent finalement que les femmes qui ont la chance d'avoir des familles progressistes. Elles aideront certaines à s'émanciper, voire à s'enfuir, mais c'est toujours principalement la loterie de la naissance qui détermine le destin réservé aux Saoudiennes.

Si l'on avance souvent qu'une manière fiable de mesurer la violence dans un pays, ainsi que la probabilité que ce dernier utilise la violence contre un autre pays, consiste à prendre pour repère la violence exercée contre les femmes[1] – une théorie qui se vérifie aisément en Arabie saoudite –, un autre indicateur pourrait également s'avérer pertinent : celui du sort réservé à ses dissidents. Depuis que MBS est prince héritier, ces derniers n'ont jamais été autant pourchassés et persécutés. Non seulement les activistes, journalistes et opposants sont menacés – voire rapatriés de force, comme certains princes ayant perdu les faveurs du pouvoir, ou assassinés, comme le journaliste Jamal Khashoggi en 2018 – mais leurs familles restées au pays sont également arrêtées, interrogées et interdites de sortie de territoire. C'est en menaçant les parents, les frères et sœurs des dissidents que l'État parvient à les faire taire. Les expatriées de ce livre sont traquées et harcelées par le pouvoir, parfois pour qu'elles reviennent, toujours pour qu'elles se taisent. Pour y échapper, elles doivent vivre en fugitives : changer de nom, de coupe de cheveux et de téléphone, déguiser leurs comptes sur les réseaux sociaux, déménager régulièrement, ne pas répondre aux inconnus, mentir sur leur nationalité. Enfin, ne jamais trop en dire sur leur passé. Elles ne sont pas simplement parties, elles ont fui, et une fuite ne s'arrête jamais vraiment. Toutes connaissent des jeunes filles qui se sont laissé convaincre par les promesses des ambassades saoudiennes et ont accepté de retourner au pays, pour finalement se retrouver séquestrées et sans voix. Elles ont décidé d'utiliser la leur. Même surveillées et harcelées, ces fugitives ne veulent plus se laisser intimider. Elles ne supportent plus ce récit unique d'une Arabie saoudite repentie, fantasmé par l'Occident. Témoigner est pour elles un

1. C'est notamment la thèse soutenue par Valerie M. Hudson, Bonnie Ballif-Sponvill, Mary Caprioli et Chad F. Emmett dans leur livre *Sex and World Peace*, Columbia, Columbia University Press, 2012.

acte militant. Pour certaines, c'est le prolongement d'un engagement quotidien ; sur les réseaux sociaux ou auprès d'activistes, elles se battent pour que l'on sache ce qui se passe toujours en Arabie saoudite. D'autres souhaitaient témoigner, partager leur histoire, puis retrouver l'anonymat et se fondre dans la masse.

C'est le principal dilemme des fugitives désormais : elles oscillent entre raconter et oublier, entre se faire la voix de celles qui n'en ont pas, et laisser le cerveau effacer, pardonner. Installées en France depuis presque deux ans, Sara et Munira hésitent encore. Elles savent depuis peu que leur famille est au courant du pays dans lequel elles vivent. À force de minuscules indices involontaires, leurs proches ont fini par le deviner. Cela fait à peine quelques mois qu'elles se sentent en sécurité. Si elles sont parvenues de justesse à se sauver elles-mêmes, doivent-elles aussi sauver les autres ? Disparaître et oublier, n'est-ce pas là la seule solution pour vivre libre ? Munira, surtout, est hantée par ces questions. Elle pense souvent aux femmes qui sont toujours là-bas, dont elle n'a pas de nouvelles. Elle pense à celles qui ont fait le choix de rester et de se battre, de changer le pays de l'intérieur pour les générations suivantes. Ces femmes s'appellent, par exemple, Loujain al-Hathloul, Samar Badawi, Eman al-Nafjan, Nouf Abdulaziz, Aziza al-Yousef. Elles sont en prison depuis 2018 pour avoir conduit une voiture, milité contre le système de tutorat ou écrit des articles. Ce sont à elles que les Saoudiennes doivent le progrès que MBS s'attribue. Les fugitives, elles, ne les oublient pas.

1

Julia

« Simone de Beauvoir m'a radicalisée »

Elle est plutôt Chinon. Quelques années en France et Julia connaît son vin blanc comme n'importe quelle Parisienne. Elle ne fume pas – c'est mauvais pour les dents, les ongles et la peau – mais elle a « appris » à boire à son arrivée dans l'Hexagone, à 29 ans. C'était déjà du vin blanc, en terrasse, à Saint-Michel. Elle se sentait bien dans ce quartier de Paris qui accueille beaucoup d'étrangers et d'étudiants Erasmus. Julia aussi faisait son Erasmus, en quelque sorte, mais le sien ne comprenait pas de billet retour. Un an après son arrivée en France, avec une amie originaire de Libye, elle avait bu son premier verre de vin. Elle avait « attendu d'avoir confiance en quelqu'un » pour cela, raconte-t-elle. Ça avait pris du temps.

C'est la deuxième fois que l'on se rencontre. J'imagine que si elle m'a déjà raconté les mariages forcés, la mort de son père et ses pensées suicidaires, c'est que sa nouvelle vie lui a appris à s'ouvrir aux inconnus. C'est peut-être ce qui arrive quand on est forcé de raconter son histoire et d'exposer son intimité à des personnes en uniforme à raison de trois fois par jour ; lorsqu'on est scrutée, questionnée, testée sur la véracité de ses expériences, la force de sa volonté, la profondeur de son désespoir. Aujourd'hui, elle rit. Ce rire, c'est sa carapace. Tout comme les grands gestes qu'elle fait avec ses mains, balayant constamment l'espace comme pour signifier que ce qu'elle raconte est désormais à des années-lumière d'elle, que ça n'a plus d'importance tellement c'est loin, oublié. La dissimulation est efficace et bien rodée. Qui pourrait deviner le passé de Julia face à son rire et ses yeux cachés derrière des lentilles de contact bleues ? Parfois même, elle change d'identité. Selon ses interlocuteurs, elle est marocaine, yéménite, libanaise. La coquetterie peut être une planque, tout comme le fut le voile à une époque. Mais celle-ci, elle l'a choisie, elle s'en délecte.

Tout pourrait fonctionner ainsi, rester enfoui, si le mot « bizarre » ne revenait pas sans cesse. Pour Julia, en effet, un nombre significatif de choses sont « bizarres ». Et si elle veut sûrement faire croire que son français ne contient pas assez de vocabulaire pour décrire l'étrangeté des mœurs saoudiennes, je soupçonne à notre première rencontre que ce mot a été adopté il y a longtemps déjà comme mot-valise attitré. Une grosse valise dans laquelle elle range tout ce qu'elle n'a que très peu envie de détailler. « Bizarre », la façon dont sa famille l'a abandonnée, « trop bizarres », leurs traditions strictes, sexistes et la violence injustifiée, « bizarre » encore, le mariage arrangé et la nuit de noce avec un inconnu rencontré une heure auparavant avec qui on est censé passer sa vie. Puis, plus tard, la séparation d'avec le père de son enfant : « c'est fini, il est bizarre ». « Bizarre » renvoie tout à la fois à la souffrance, à l'injustice, à l'incompréhension et à la colère qu'elle ressent encore, malgré ses tenues chics de Parisienne, ses gestes voluptueux et son énergie démesurée pour son petit mètre cinquante. Partir de ce « bizarre », c'est aller à la rencontre de la vraie histoire de Julia.

Dans ce bar à Saint-Michel, avec son amie libyenne, Julia a commandé son premier verre de chinon. « La première fois, j'ai bu un verre et il ne se passait rien. Puis j'ai bu un deuxième verre. Le goût était différent de ce que j'imaginais ! Dans les films, ils le boivent comme ça, comme du petit-lait. Et puis à la fin du deuxième verre, je me sentais *cool !* Ensuite on est sorties. Et je me suis aperçue que j'étais moins timide quand j'avais bu. » Ce soir, en sortant du travail et avant d'aller courir après un RER en pleine grève des transports, elle se raconte à nouveau. Des éclats de rire parsèment son récit tandis qu'à d'autres moments elle semble rendre les armes. La table d'à côté est occupée par de bruyants Américains. Exaspérée, elle lève les yeux au ciel puis se retourne vers moi en attrapant son verre : « Tu vois, je suis une vraie Parisienne maintenant ! »

*

Pour notre première rencontre, après avoir échangé quelques SMS, nous avions convenu d'un rendez-vous sur son lieu de travail : une boutique chic de chaussures. Elle m'accueille tout sourire, devinant immédiatement que je ne suis pas venue pour faire du shopping. Il faut dire que la boutique est vide. Et si des clients arrivent ? « Personne ne vient jamais ici, les chaussures sont beaucoup trop chères ! » rit-elle. À 1 400 euros la paire, on ne devrait pas être trop dérangées. Dans ce quartier touristique de Paris, il arrive parfois que de riches Saoudiennes fassent irruption dans la boutique. Julia a alors commencé à mentir sur sa nationalité. Elle parle français, anglais, et maîtrise divers accents arabes – son accent yéménite fait illusion auprès des riches Saoudiens et Saoudiennes qui ne font généralement pas grand cas des employés. « De toute façon, si je travaille dans une boutique, pour eux je ne peux pas être saoudienne », précise Julia. En Arabie saoudite, en effet, les métiers de service où les employés sont en contact avec la clientèle – vendeur, serveur, etc. – sont réservés aux immigrés. Il est impensable qu'ils soient exercés par des Saoudiens, encore moins des Saoudiennes. Ce jour-là, Julia porte un tailleur-pantalon vert profond ainsi que ses habituelles lentilles bleues. Même avec des hauts talons, elle n'atteint pas le mètre soixante. Tout en me servant du thé dans le petit salon réservé habituellement aux clientes, elle me regarde et semble ne pas savoir par où commencer. Comme beaucoup d'autres Saoudiennes qui ont quitté le pays, ses souvenirs sont flous. Au fur et à mesure des années qu'elle a passées à Paris, elle a comme effacé celles qu'elle avait vécues là-bas. Est-ce qu'il faisait vraiment si chaud ? Comment avait-elle fait, exactement, pour survivre à cette ambiance étouffante, à cette vie étriquée, aux abus qu'elle subissait ? A-t-elle vraiment vécu tout cela ou était-ce un cauchemar étrangement réaliste et détaillé, comme le cerveau humain en crée parfois de toutes pièces ?

Il ne lui reste plus grand-chose à quoi se rattacher pour en être sûre. Plus de passeport, presque plus de contact avec le pays, un enfant qui ne parle pas arabe et n'a pas la même teinte de peau qu'elle, pas de photos. Quelques souvenirs subsistent malgré tout. Des recettes de cuisine – le kebsa, un plat à base d'agneau et d'un mélange particulier d'épices, ou le madghout, fameux riz à la tomate –, l'odeur de l'encens ou celle du goudron, omniprésente dans les villes d'Arabie saoudite en permanente extension, les autoroutes adossées au désert, les immenses centres commerciaux climatisés. Julia est née à Médine, à 450 kilomètres au nord de La Mecque, il y a trente-quatre ans. Elle décrit la ville comme « très religieuse », en partie parce qu'elle abrite la mosquée du Prophète, officiellement reconnue comme la deuxième mosquée la plus sainte de l'islam après celle de La Mecque et principal attrait touristique de la cité. Les pèlerins viennent se recueillir sur la tombe de Mahomet, enterré là en 632. Depuis 2018, un train à grande vitesse relie la ville à La Mecque en moins de 2 h 30, une façon d'en faire un passage obligatoire pour les pèlerins venus de loin.

Il existe néanmoins des familles libérales à Médine. « C'est moins fermé que Riyad, peut-être parce que ce n'est pas très loin de la plage. Les gens sont plus détendus quand ils sont près de la mer ! » Manque de chance, la famille de Julia ne fait pas partie de ces familles progressistes. Dans son enfance, elle effectue plusieurs fois le voyage à La Mecque. Ce n'était certes « pas vraiment obligatoire » d'y aller tous les ans mais sa famille est wahhabite – le courant majoritaire de l'islam en Arabie saoudite – et son père tient à ce que ses enfants fassent le pèlerinage. Dans les faits, les garçons peuvent s'en passer mais pas les filles puisqu'elles ne peuvent pas rester seules à la maison. Ses parents se sont rencontrés via un mariage arrangé, une tradition toujours très répandue en Arabie saoudite. Julia le formule ainsi : « les familles se voient, se parlent, et hop, voilà ». Le processus comporte généralement des négociations entre les familles et s'accompagne souvent de véritables enquêtes de voisinage. Les parents de Julia ont eu neuf enfants. Est-ce la preuve d'un mariage réussi ? La question ne s'est jamais posée. « Toutes les familles saoudiennes de l'ancienne génération ont huit, neuf ou dix enfants[1]. Maintenant, les couples se contentent plutôt de quatre, cinq ou six enfants. » La famille nombreuse est une tradition dans une société où la famille élargie est centrale : les oncles, tantes, grands-parents et cousins comptent tout autant que le classique carré occidental composé des parents et des enfants. Si ce système « clanique » confère indubitablement un confort de vie à celles et ceux dont les familles sont unies et aimantes, pour les autres qui n'ont pas cette chance, cela peut vite prendre l'allure d'une forteresse sans issue dans laquelle les secrets sont bien gardés. « Les gens ont aussi beaucoup d'enfants parce que tout est gratuit, l'hôpital, les écoles, etc. », rappelle Julia. Jusqu'en 2018, les Saoudiens ne payaient en outre pas d'impôts, la rente du pétrole suffisant à faire vivre le pays.

Bien que pas spécialement fortunée à l'échelle des habitudes saoudiennes, la famille de Julia n'a pas de problèmes d'argent. « Leur problème, c'est leur mentalité », m'explique-t-elle. Le premier enfant du couple est une fille. Le deuxième aussi.

1. Dans les années 1980, le nombre d'enfants moyen par femme saoudienne était de 8,26. Voir Amélie Le Renard, « Genre, classe, nationalité et accès des femmes aux espaces publics à Riyad », *Sociétés contemporaines*, n° 4, 2011, p. 151-172.

Et le troisième, Julia, aussi. Pour son père, ça commence à bien faire. « Je suis sûre qu'à ce moment-là il a envisagé de prendre une seconde femme, une épouse qui pourrait lui faire des garçons. »

Les filles saoudiennes sont bien utiles pour démontrer la respectabilité d'une famille ou sceller des mariages-alliances souvent stratégiques. Quand, en 1902, Abdelaziz ibn Saoud reprit par la force Riyad et toute la région centrale du Njed des mains des al-Rashid, un clan familial ennemi, c'est en épousant plusieurs filles des tribus adverses qu'il parvint à unifier le pays. Le troisième État saoudien[1] fut officiellement proclamé en 1932 par la réunification du Nejd et de la région ouest du Hedjaz, repris après plusieurs batailles à une autre dynastie, les Hachémites. « Le Roi Abdelaziz était intelligent : par ces mariages dans les tribus adverses, il absorbait le choc. Avant même la charia et la tutelle, il s'agissait d'une dictature qui utilisait la femme », explique Riadh Sidaoui, politologue et directeur du Centre arabe de recherches et d'analyse politiques et sociales basé à Genève.

En 1985, ce n'est pas une conquête que le père de Julia a en tête. Il veut un garçon. Ce sont avant tout eux qui font la fierté de leurs parents, qui sont censés avoir une belle carrière et fonder une belle famille. Trois filles, c'est redondant. « Les hommes sont des dieux et les femmes sont faibles, voilà ce qu'ils pensent tous », lâche Julia en haussant les épaules. À sa naissance, le père de Julia ne se donne même pas la peine de lui donner un prénom. Sa mère, de son côté, sombre dans la dépression ; elle ne veut pas s'occuper du bébé. Les parents font alors ce que beaucoup d'autres parents ont fait avant eux : ils confient le bébé « redondant » à d'autres. Julia commence sa vie chez ses grands-parents, sans prénom, sans visite de ses

1. Le premier État saoudien (1744-1818) et le deuxième État saoudien (1843-1865) correspondent à des unions de tribus et de régions différentes. Entre les deux, l'Empire ottoman avait repris le pouvoir.

parents. C'est comme si l'enfant n'avait pas existé, qu'elle était une erreur de parcours.

La vie de Julia aurait continué comme cela si sa mère n'était pas retombée enceinte peu de temps après. Neuf mois plus tard, elle donne en effet naissance à un garçon. L'honneur est sauf : la famille peut récupérer Julia. Son père n'a plus besoin d'épouser une deuxième femme. Après ce premier garçon, cinq autres suivront. Bien sûr, Julia ne se souvient de rien de cette époque. C'est à l'âge de 8 ans qu'elle apprend tout. « Je me disputais avec l'un de mes frères et, pour m'embêter, il m'a dit : "de toute façon personne n'a jamais voulu de toi, on t'a abandonnée." J'ai demandé des explications. Mes parents étaient un peu mal à l'aise mais ils m'ont dit la vérité et m'ont donné l'excuse de la dépression de ma mère en disant qu'elle était trop malade pour s'occuper de moi. J'ai été choquée. Je n'ai jamais oublié que si je n'avais pas eu de frère, je serais restée abandonnée. »

Julia grandit avec deux grandes sœurs mais bientôt elles se marient et quittent le foyer, laissant la jeune fille avec ses six frères. La mixité n'est pas de rigueur : certes, quand les enfants sont petits, ils jouent tous ensemble sans distinction de sexe, mais cela ne dure qu'un temps. Très vite, les vélos et les ballons sont interdits aux petites filles. Ne reste plus que le lavage de cerveau. « Pour les petites filles, le but ultime, c'est le mariage. C'est pas des études ou un job épanouissant, non, c'est un bon mariage. Dans toutes les familles, on te dit "*inch'allah* tu trouveras un bon mari", on te fait des petites blagues du genre "ah tiens, peut-être que tu te marieras avec tel ou tel cousin !" » Résultat, « les jeunes filles veulent se marier avec un mec, c'est tout – riche ou pas, intéressant ou pas. En tant que jeunes Saoudiennes, on n'en voit jamais, des mecs. Jamais ! Les écoles ne sont pas mixtes, les études généralement non plus, et on n'est pas autorisées à avoir des amis garçons. Au final, n'importe quel mec qui n'est pas ton frère te semble extraordinaire ». Subsiste tout de même une condition importante :

« il faut qu'il soit saoudien. Les bonnes familles n'acceptent pas que tu te maries avec un étranger et, à en croire les processus administratifs, l'État non plus ». Sa remarque me fait penser à une autre Saoudienne qui m'a raconté qu'une de ses amies voulait épouser un Australien. Elle a attendu cinq ans son autorisation. « Si tu es jeune, sans enfant, tu n'as aucune chance de l'avoir. Si tu es vieille et divorcée, peut-être. Le but, c'est que les "bonnes familles" se reproduisent entre elles », m'avait-elle dit.

Dès l'adolescence des jeunes filles, les perspectives de mariage sont étudiées par la famille. Quand elles se rendent à des mariages, les filles sont encouragées à se montrer sous leurs plus beaux atours tandis que les mères font du repérage pour leurs fils. « Tu sens les regards qui te toisent de haut en bas et qui veulent dire "celle-là, elle est jolie, celle-ci, bof". Ensuite, tu sais qu'elles vont se renseigner dans les différentes familles. » La fiancée idéale doit être belle, bien éduquée, soumise, très religieuse et bonne cuisinière. Julia répond globalement à ces critères, mais pas tous.

Avant même qu'un mari impose ses règles sur sa femme, c'est la société qui impose ses lois, et la famille – en particulier les pères – ses traditions. Julia a un souvenir teinté de réelle affection pour son père. Il ne devenait vraiment strict qu'à l'évocation de la religion. Petite, Julia passait du temps avec lui quand il était là – ce qui, comme tous les pères saoudiens, arrivait néanmoins rarement. Les hommes travaillent, dînent avec leurs amis, voyagent parfois, et passent une tête à la maison de temps à autre. « Quand on a neuf enfants, je pense que ce n'est pas facile de leur donner à tous beaucoup d'amour », dit Julia. « J'étais différente, en partie, je pense, à cause de mon papa. » C'était une fille mais il s'adressait à elle comme à une adulte.

Presque aussi souvent que le père, les frères imposent leurs idées sur leurs sœurs. Ils sont censés veiller à ce que leurs sœurs « se respectent », c'est-à-dire ne déshonorent pas la famille en parlant à des garçons, en ne portant pas « bien » le voile, en écoutant de la musique interdite ou en parlant trop fort. « Tu ne peux jamais sortir sans un père ou un frère. Je ne suis jamais sortie seule nulle part. Quand tu sors, tu ne marches jamais dans les rues, c'est toujours avec le chauffeur du père ou avec un frère qui conduit, toujours sur la banquette arrière, jamais à l'avant. » Même s'ils sont plus jeunes qu'elle, les frères de Julia lui indiquent comment elle peut ou ne peut pas s'habiller, surveillent son téléphone et son ordinateur dès qu'ils en ont l'occasion. Dans les années 1990, il existait encore une « police religieuse » chargée de faire respecter la charia[1]. Elle veillait à ce que les femmes soient voilées correctement dans l'espace public ou ne soient pas en contact avec des hommes extérieurs à la famille. « Si tu ne portais pas bien ton niqab, ils pouvaient venir t'engueuler devant tout le monde. Ils faisaient parfois exprès de déclencher des scandales au milieu de la rue. Certains se permettaient de frapper des femmes. Même pour parler et rire, il faut être discrète. Si tu parles trop fort en public, tu es considérée comme une pute. Si tu ris dans la rue, tu es mal éduquée. » La police religieuse pouvait également procéder à des arrestations si nécessaires, par exemple lorsqu'elle démasquait un « faux couple », c'est-à-dire un couple non marié. La police religieuse a aujourd'hui beaucoup moins de pouvoir et ne peut *a priori* plus procéder à des arrestations. Mais en pratique, les choses ne sont pas si claires, et il est toujours officiellement interdit pour une femme d'être seule en compagnie d'un homme qui n'est pas son mari ou de sa famille. Julia a été assez maligne pour ne jamais se retrouver dans cette situation. De toute façon, elle n'en a pas vraiment eu la possibilité : sa famille ne la quittait pas d'une semelle…

1. La charia est la loi islamique codifiant les droits et les devoirs individuels et collectifs des musulmans. Cette loi religieuse fut érigée au rang de loi d'État en 1932, à la création du troisième État saoudien.

Dès qu'elle a été considérée comme « une jeune fille », Julia a dû porter le voile. Pour elle, qui est petite et menue, c'est arrivé vers ses seize ans. « Quand je ressemblais encore à une petite fille, je pouvais parfois jouer avec mes amies dehors, mais quand ton corps change, c'est fini pour toi. » C'est peut-être à cet instant précis, le matin où Julia apprend avec une surprise teintée de fatalité qu'elle est désormais une femme, que tout change. Le gouffre entre elle et ses frères se fait encore plus béant, l'injustice encore plus criante. Eux continuent de faire ce qu'ils veulent. « Ils pouvaient sortir, voir des copains, étudier ou pas, travailler ou pas, se marier ou pas. Moi, je n'ai plus eu le choix de rien. » Elle se retrouve à étouffer par 40 degrés sous une abaya noire, longue robe qui doit couvrir tout le corps du cou aux pieds, et un niqab, voile intégral qui recouvre les cheveux et le visage à l'exception des yeux. Julia devient anonyme. Aux adolescentes qui doivent se couvrir, les aînées expliquent souvent que c'est pour les protéger. Cette expérience, commune à toutes les jeunes Saoudiennes, pourrait être comparée à l'arrivée des règles chez les jeunes filles occidentales, qui s'accompagne souvent de commentaires leur signifiant qu'elles sont désormais « des femmes ». C'est comme ça, c'est la nature. Julia est une adulte, elle doit se cacher. Désormais, il lui est interdit de sortir sans ses vêtements couvrants. À son arrivée à Paris, Julia a rapidement retiré son voile, « mais ça, c'est plus tard dans l'histoire », me lance-t-elle en souriant. Plus jamais elle ne l'a remis depuis. Elle soupire en nous resservant du thé.

Soudain, c'est elle qui pose des questions. Pourquoi y a-t-il des femmes voilées en France ? Pourquoi ont-elles fait ce choix ? Ses grands yeux et ses gestes brusques traduisent son incompréhension. Elle affirme sans détour qu'elle est « choquée » de croiser des femmes qui sont voilées par choix. Leurs expériences sont différentes, leurs façons de vivre la religion aussi, mais au travers de ses souvenirs de persécution, Julia n'a pas envie de l'imaginer. Il y a quelques semaines, en prenant le métro, elle a croisé une petite fille voilée accompagnée de son père. « Elle avait l'air ailleurs, triste. Son père ne la regardait pas, se contentait de lui signaler d'un geste de “rester là”, comme un chien. » Des souvenirs refont surface, le temps est comme suspendu. Julia est renvoyée à Médine, vingt-cinq ans auparavant. Elle non plus n'avait pas le droit de bouger. Elle aussi avait l'air triste. La petite fille lève les yeux et croise ceux de Julia. « Ce jour-là, je portais une robe courte, elle m'a regardée de haut en bas. Ça m'a brisé le cœur. J'ai eu envie de la kidnapper. » Quand elle me raconte cette rencontre, Julia ne s'agite plus, ne décrit plus des « choses bizarres ». Elle est lucide et abattue.

Ce que vivent les jeunes Saoudiennes découle d'une part des traditions religieuses et culturelles, et d'autre part de la loi liée au tutorat. Les jeunes Saoudiennes que j'ai rencontrées continuent pourtant souvent de blâmer davantage leurs familles que l'État longtemps après leur départ. Il est vrai qu'au jour le jour c'est bien leur famille qui les empêche de vivre comme bon leur semble. « Le tutorat est encore en place à cause de la culture du pays », confirme Hala al-Dosari. Cette journaliste et militante saoudienne installée aux États-Unis est éditorialiste au *Washington Post* en tant que première bénéficiaire de la bourse Jamal Khashoggi Fellowship, créée après l'assassinat du journaliste. Depuis 2014, année où elle a choisi de ne pas revenir en Arabie saoudite suite à une vague d'arrestations, elle écrit sur le pays, le tutorat et les droits des femmes. « L'État ne protège pas les droits des femmes, affirme-t-elle. Il soutient ces familles qui oppriment leurs filles. Il leur offre des solutions. Il a le pouvoir de les emprisonner. Le mariage est contrôlé par le tuteur et la justice n'accorde pas le divorce comme ça. Imaginez faire un procès à votre mari alors qu'il est toujours votre tuteur ! »

Le principe du tutorat part d'un postulat très simple : la femme est considérée comme une personne mineure. De sa naissance à son mariage, son père est son tuteur, puis le relais est pris par son mari. Si elle divorce, son père devient à nouveau son tuteur. Si son père meurt, son frère aîné prend sa place. Et en l'absence de frère, c'est un oncle, un cousin et plus tard son propre fils qui accèdent à cette position. Des femmes âgées de 50, 60 ou 70 ans se retrouvent ainsi dans la situation aberrante de devoir demander des autorisations à leurs progénitures. Selon un rapport de l'organisation non gouvernementale Human Rights Watch[1], il arrive également qu'un tuteur se serve de son pouvoir pour escroquer sa pupille. Des activistes et l'Onu ont exigé à plusieurs reprises l'abolition de ce système sexiste, en vain. Dans les faits, précise Human Rights Watch, « l'expérience des Saoudiennes varie selon un certain nombre de facteurs tels que la classe socio-économique, le niveau d'éducation et l'endroit où elles vivent parce que le système n'est pas toujours codifié clairement dans des lois mais relève parfois d'une pratique informelle ».

En ce qui concerne Julia, son père travaillait dans l'armée avant de prendre sa retraite et, chez elle, les filles arrêtaient généralement leurs études après le lycée. Mais dès son plus jeune âge, Julia a d'autres ambitions, d'autres rêves. Sur la télévision familiale[2], elle regarde des séries américaines, notamment *La Fête à la maison*, qui donne à voir un monde où les gens semblent libres, évoquent ouvertement leur avenir. « Les programmes saoudiens, c'était toujours "oh mon mari, Dieu, le Roi, ça c'est *haram*[3], ça c'est pas *haram*", je détestais. Les séries étrangères sont censurées, ils enlèvent toutes

1. Human Rights Watch, *Boxed In. Women and Saudi Arabia's Male Guardianship System*, juillet 2016, en ligne.

2. Les familles ont commencé à s'équiper du satellite vers la fin des années 1990. Avant cela, la police religieuse n'hésitait pas à tirer sur les antennes visibles depuis la rue.

3. *Haram*, c'est-à-dire interdit par la religion musulmane (à l'inverse de *halal*).

les histoires d'amour ou de sexe, mais ça reste plus *fun.* » Elle écoute aussi Michael Jackson, beaucoup. Avec son nez fin, ses lentilles bleues, la teinte brune de sa peau maquillée avec soin suggérant de longues heures passées à essayer divers mascaras, on l'imagine aisément dans sa chambre d'enfant à imiter Michael Jackson devant le miroir tout en chantant en yaourt entre ses dents, sans trop faire de bruit, parfois avec des écouteurs. Un chapeau imaginaire sur la tête, elle agite ses petits bras d'enfant, s'entraîne à réaliser un *moonwalk* parfait. Elle fait attention à ce que ses frères n'entrent pas sans prévenir et est toujours attentive aux bruits de l'autre côté de la porte, miraculeusement close. Jamais son esprit ne peut vraiment s'échapper. À part la nuit, sous la couette : le seul avantage de ne plus avoir de sœur à la maison est peut-être de n'avoir à partager sa chambre avec personne. La tranquillité de la pénombre lui permet de regarder des vidéos de danse sur YouTube, d'écouter de la musique, de s'imaginer ailleurs. De lire également. Julia lit beaucoup. Ce goût lui vient de son père, qui possède de nombreux livres. Pas forcément ceux qu'elle aurait choisis, certes, mais ils ont le mérite d'être là. « À 10 ans, je lisais *Perestroïka* de Gorbatchev », s'amuse-t-elle. Tout est bon pour s'échapper de la maison, au moins dans sa tête. Pressentant peut-être vers où toute cette lecture pourrait mener une jeune fille qui s'ennuie, son père exige qu'elle arrête de lire tout ce qui lui passe sous la main. C'est un échec. « J'ai lu les Américains, les Européens, les Français. À travers les livres, je voyais qu'il existait une autre vie. »

Après avoir épuisé la bibliothèque familiale, Julia passe à Internet. Si certains livres sont interdits dans son pays – généralement ceux qui parlent de religion, de sexe ou de politique –, sur Internet tout est possible, surtout lorsque le réseau est équipé d'un VPN (réseau privé virtuel) pour passer outre la censure saoudienne, certes de piètre qualité et glané gratuitement. Julia télécharge des romans, de la science-fiction, de la philosophie, qu'elle lit la nuit en cachette sous sa couette. Avide d'exotisme, la jeune fille se passionne aussi pour l'histoire de France. De fiche Wikipédia en fiche Wikipédia, elle découvre Jean-Paul Sartre et Simone de Beauvoir. Cette dernière change sa vie : « J'ai lu *Le Deuxième Sexe* à 22 ans. Pour moi, c'est celui-là qui a été le plus fort. Ça m'a radicalisée. Je faisais des comparatifs avec la société saoudienne dans ma tête et à chaque page je m'exclamais "mais oui, elle a raison !". Ça m'a vraiment réveillée. » Simone devient sa rock star. La nuit, elle lit des interviews, l'écoute parler sur YouTube. Beauvoir n'arrange pas la situation familiale de Julia. Elle est considérée comme la rebelle de la famille et est surveillée en conséquence. Depuis le début de son adolescence, elle se permet de parler en famille de religion, de politique, de la famille royale, et ça ne plaît pas à tout le monde. « Mon père détestait ça. À partir de ce moment-là, on a commencé à s'éloigner. »

Parce qu'elle s'ennuie et qu'elle n'a pas vraiment d'ami dans la vraie vie, Julia se crée des petites rebellions du quotidien. Un jour, elle décide d'essayer de fumer. Seule solution : voler une cigarette à un frère. En réalité, Julia ne se sent pas spécialement attirée par cette habitude virile qu'ont prise ses frères. Mais ils fument ? Alors elle fumera. À 19 ans, elle s'enferme aux toilettes et manque de s'étouffer en aspirant ses premières bouffées. Quand son frère frappe à la porte pour demander ce qu'elle fabrique, c'est la panique. Julia agite les bras dans tous les sens, ouvre la fenêtre, inonde les toilettes de javel. En ouvrant la porte, elle tremble de peur. « J'ai dit "ben quoi ? je nettoyais les toilettes". Il a voulu sentir mes mains. Il m'a crue et est parti, l'air méfiant. » Si cette fois-ci elle s'en sort, elle sait ce qui l'attend quand elle désobéit. Des coups. Des jours entiers enfermée dans sa chambre sans nourriture. Elle hausse les épaules. Qu'est-ce qui pourrait arriver de pire qu'elle n'a pas déjà subi ? Après cet épisode, il lui arrive de piquer une cigarette par-ci par-là, en prenant bien soin d'alterner à quel frère elle vole. D'avantage pour le frisson que pour le plaisir de la cigarette. À la même période, la jeune fille va jusqu'à essayer de fabriquer son propre alcool. « J'ai cherché sur Internet ! J'ai essayé de faire du vin en laissant macérer du jus de raisin pendant quelques jours. » Julia éclate d'un rire bruyant en se revoyant seule dans sa chambre, à attendre que le jus de raisin caché sous son lit ne se transforme par magie en vin. « Ça n'a jamais marché. J'en ai pourtant beaucoup bu ! » Au bout de deux essais infructueux, l'adolescente abandonne. Pour le vin, il faudra attendre la France.

Tandis que Julia lit Simone de Beauvoir en cachette, sa sœur aînée, Noor, se marie. Noor a 20 ans et n'a pas eu le choix de son mari. « Au début, elle a refusé, mais ma famille ne l'a pas accepté et elle a fini par dire oui. » L'accord entre les familles est très vite scellé. À son mariage, Noor se persuade que son nouveau mari est idéal, elle tombe amoureuse de lui. « C'était le grand amour ! », se moque Julia, amère à l'idée de voir sa sœur se soumettre aux traditions. « Au bout d'un an, il s'est mis à la battre. Il ne lui faisait pas confiance alors elle ne pouvait rien faire seule : ni sortir ni travailler. » Noor obtient néanmoins une bourse d'État pour suivre des études aux États-Unis et s'y installe avec son mari. Mais loin de sa famille et du jugement social, ce dernier se met à boire et devient encore plus violent. La jeune femme rentre alors en Arabie saoudite, bientôt rejointe par ce mari qui n'a plus grand-chose à faire aux États-Unis. « Elle est très malheureuse mais elle ne peut pas divorcer parce qu'elle a eu quatre enfants et qu'elle préfère rester avec lui plutôt que de devoir revenir à la maison et d'être soumise à nos frères. » Julia tient pourtant à me faire savoir que sa sœur est « une femme forte, intelligente ». Mais le pays écrase les femmes, qu'elles soient fortes ou non. Noor n'a pas pu finir ses études et s'est retrouvée coincée dans ce mariage : il est trop difficile de divorcer, d'autant plus que les enfants ne reviennent pas automatiquement à la mère, qui peut être interdite de les voir. Julia pense souvent à elle.

C'est en voyant sa sœur être entraînée dans cette spirale que Julia a décidé que jamais elle ne finirait de la même façon. Son premier combat sera celui des études : elle veut étudier, elle y tient, le répète en boucle. « J'aimais bien les arts, ça m'aurait plu d'être actrice ou quelque chose comme ça, mais c'était impensable. Alors j'ai demandé à étudier l'anglais et la traduction après le lycée. » Son père refuse. Pour lui, le bac est un diplôme suffisant pour une femme. Julia insiste, en vain. Ce petit jeu dure trois ans. Trois ans au cours desquels elle reste à la maison, sans rien faire.

*

Julia a alors 23 ans et aucune perspective d'avenir. Elle sort à peine de chez elle et espère confusément que quelque chose – n'importe quoi – se passe. Cela finit par arriver : elle apprend qu'un cousin éloigné veut l'épouser. Il a 20 ans, elle ne l'a jamais vu. Elle refuse tout net. « Ils ne m'ont pas écoutée, les papiers ont été signés. » Le mariage se passe en deux temps : une sorte de contrat est d'abord signé entre les deux familles, qui officialise techniquement l'union. Puis, parfois des mois plus tard, ont lieu la cérémonie et la fête qui précèdent la nuit de noce et la vie commune. Entre les deux, certaines sont autorisées à parler par téléphone au futur mari ou à le voir de temps en temps, en présence des familles. Julia obtient le droit de lui téléphoner et explique au cousin qu'elle compte faire des études. « Il m'a dit "non, ma femme ne fera pas d'étude". » Elle lui répond que dans ce cas, elle ne sera pas sa femme. Julia n'a aucun pouvoir sur la concrétisation ou non du mariage, mais cette attitude déçoit et décourage le marié qui, une semaine plus tard, demande le divorce. « J'étais soulagée et heureuse mais ma famille a été très fâchée contre moi. Le divorce est très mal accepté. Je m'y attendais mais ça m'a fait de la peine que tout le monde se ligue contre moi. » Ce coup d'éclat a tout de même une conséquence positive : son père l'autorise finalement à s'inscrire à l'université. Il imagine sûrement que si elle obtient une licence, elle arrêtera de harceler ses prétendants avec cette idée. Pendant quelques années, la fac est une respiration : elle sort enfin de temps en temps, améliore son niveau d'anglais. Quatre ans de paix relative.

Au cours de ces années, Julia évolue en toute discrétion, ses réflexions s'affinent. Si Beauvoir a fait son effet, la religion est encore présente partout dans sa vie. Avant la lecture de la féministe française, c'est par le biais de la télévision qu'ont eu lieu ses premières prises de conscience. « Vers 11 ans, j'ai commencé à me demander pourquoi les gens que je voyais à la télé étaient libres et nous non. On m'avait appris que Dieu était bon mais on nous demandait de rejeter ceux qui n'étaient pas musulmans ? Pourquoi étaient-ils censés aller en enfer ? Pourquoi Michael Jackson irait-il en enfer ? Peut-être qu'il ne connaît même pas l'islam ! » À partir de ses 14 ans, elle se met à lire sur Internet des articles à propos des autres religions – après tout, eux aussi ont l'air persuadés d'avoir raison. Elle se renseigne aussi sur la théorie de l'évolution. Jusqu'au début de sa vingtaine, Julia en reste là.

C'est ensuite sur Twitter qu'elle en apprend plus. Elle discute en secret avec des inconnus sur ce réseau social très populaire en Arabie saoudite. On dénombre presque dix millions d'utilisateurs dans le royaume, ce qui place le pays en cinquième position en termes de nombre de profils, et le premier en termes de pourcentage de la population qui le fréquente : 37 % des Saoudiens et Saoudiennes y sont en effet actifs. On y retrouve des citoyens lambda, des princes, le Roi lui-même, des religieux. Dans un pays où la liberté d'expression est au plus bas et où le taux d'équipement en technologie par habitant est le plus élevé du monde, Twitter est devenu l'équivalent de la place publique – le seul endroit où chacun peut s'exprimer, hommes comme femmes. Le gouvernement y verra bientôt une opportunité mais en 2007, quand Julia s'y inscrit, le réseau social en est à ses balbutiements. « C'est le seul endroit où l'on peut rencontrer des gens. J'avais un profil avec un faux nom, bien sûr. Je parlais de politique, de religion et même de sexe alors que je n'avais jamais couché avec personne ! Mais tu ne dis rien de ta vraie vie pour ne pas avoir d'ennui. Il n'y a que quand tu fais vraiment confiance à quelqu'un que tu lui dis ne serait-ce que ton vrai prénom ou dans quelle ville tu vis. » Sur Twitter, elle communique avec des filles et des garçons qui, comme elle, se posent des questions. Elle efface systématiquement son historique Internet, remplace tous les prénoms de garçons par des prénoms de filles dans son téléphone. « Un jour, un garçon s'est déclaré athée sur Twitter, je ne savais même pas ce que ça voulait dire. Il me l'a expliqué. Je me suis dit "merde ! ça existe ?" » Ses amis de Twitter lui conseillent des livres sur le sujet. Peu à peu, elle arrête de prier. Hésite, recommence. « J'avais peur, je pensais toujours que j'irai en enfer. » En famille, elle fait semblant, jusqu'au jour où l'un de ses frères découvre son profil Twitter. Elle est battue, enfermée dans sa chambre pendant un temps qui, selon elle, a duré « entre quatre et six mois ». Elle ne sait plus trop. « Je regardais la télé », dit-elle seulement de cette période. Quand les jours et les nuits passent et vont jusqu'à se confondre, qu'est-ce que ça peut faire, que cela fasse quatre ou six mois ? Dedans, dehors, Julia n'a aucune liberté, elle ne s'appartient pas. Puisque son monde se joue sur Twitter, sur YouTube et dans les livres, qu'importe où se trouve son corps. Désormais, mentir est inutile. Alors elle ne priera plus.

Julia a désormais 27 ans, elle est presque une vieille fille. « Celles-là, elles se retrouvent avec des maris divorcés ou on les case en secondes épouses », dit-elle. Pour sa famille, la situation devient critique. Plus l'âge avance, moins les prétendants se bousculent. Si elle ne se marie pas bientôt, on finira par croire que quelque chose ne tourne pas rond chez elle. Juste avant ses examens d'anglais, la nouvelle tombe. Un homme veut l'épouser. Il est religieux, vieux et riche. D'ailleurs, Julia ne l'appelle jamais que « le vieux ». Le vieux a plus de 60 ans. Il a déjà été marié quatre fois et a eu six enfants. « Ma mère pensait que parce qu'il était plus âgé, il allait me dresser. Que sa richesse me permettrait de voyager avec lui, d'avoir de beaux objets. Et que donc je serais heureuse et je fermerais ma gueule. » Elle lève les yeux au ciel. Les arrangements avec le vieux se font dans l'ombre, Julia n'est au courant de rien et se retrouve au pied du mur. « En France, les gens se donnent des rendez-vous, vont sur des applis. Tu testes et tu t'aperçois vite si ça marche ou pas. Si ça ne marche pas, tu passes au suivant. Parfois, tu penses que c'est le bon et au bout de deux ou trois ans, tu t'aperçois que non. Alors vous vous séparez et tu passes au suivant. En Arabie saoudite, tu te retrouves avec un mec que tu ne connais pas et tu dois passer ta vie avec. S'il ne te plaît pas, c'est pareil. S'il ne fait pas bien l'amour, c'est pareil. S'il n'est pas gentil, c'est pareil. »

Julia ne rencontre pas son prétendant avant la fête du mariage ; ils ne se parlent pas non plus. Comme le veut la tradition, pendant la fête, les hommes et les femmes sont séparés. À un moment donné, toutes les femmes remettent leur voile, le marié entre dans la pièce, s'assoit à côté de la mariée, mange un morceau de gâteau et lui remet une bague. Puis il repart, les femmes mangent le gâteau et dansent pendant que la mariée observe en silence. Julia ne peut plus empêcher l'union mais elle est bien décidée à gâcher la fête. Quelques heures avant le début des festivités, elle se coupe violemment les cheveux avec des ciseaux. Sa mère « pète un plomb » et la force à mettre des extensions. Pour le moment de la cérémonie où la mariée, vêtue d'une robe blanche, doit faire quelques pas devant les invités, Julia a choisi « une musique d'église ». « Tout le monde était choqué, raconte-t-elle.

Les gens se sont un peu engueulés mais au final ils se sont dit “allez, maintenant, c’est à lui de la contrôler, ce n’est plus notre problème”. »

Ils ont raison. Julia est désormais la *mumtalakat* du vieux, sa propriété. Après la fête, il ramène Julia directement à la maison. « C’était horrible, il était en colère parce que je ne voulais pas dormir avec lui. Une histoire de merde... » Julia balaye à nouveau l’espace de ses mains, visiblement sans grande envie de se replonger dans ce souvenir. Le couple déménage à Djeddah, au bord de la mer Rouge, non loin de La Mecque. La vie commune n’est pas un bon souvenir. « Comme je ne voulais pas dormir avec lui, il a essayé, il a été violent, il ne me laissait aucune nourriture. Il confisquait les clés. La journée, il allait voir ses amis, je restais à la maison. Parfois, on rendait visite à sa famille ou on allait au resto, mais je lui parlais très peu. Il refusait que je continue mes études ou que je travaille comme prof. » Julia désespère et envisage sérieusement le suicide. Elle n’a plus d’espoir que les choses changent. Qu’est-ce qui l’attend ? Probablement des viols à répétition, des années d’enfermement, des enfants qu’elle devra élever seule. Sur Twitter, ses amis tentent de lui redonner espoir, certains lui conseillent même de s’enfuir. Mais nous sommes en 2014 et Julia n’a jamais eu vent de Saoudiennes qui se seraient enfuies. Au bout d’un mois, le vieux interrompt ses réflexions sur la mort et lui annonce leur départ pour une lune de miel en Europe. Elle accepte sans réfléchir. Ça sera au moins ça de fait avant de mourir.

*

15 août 2014. Julia est dans un avion pour Paris, première étape d’une lune de miel qui doit ensuite la mener en Suisse puis en Italie. C’est la première fois qu’elle prend l’avion, cela fait des mois qu’elle n’a pas ressenti une telle excitation. Son mari

est assis à côté d'elle. Elle n'éprouve que du dégoût pour lui et l'ignore ostensiblement – depuis un mois, il a dû s'y habituer. Elle pense déjà à la suite. A-t-elle mis trop de vêtements dans sa valise pour un voyage de deux semaines ? Oui. Est-ce qu'elle sait pour autant ce qu'elle compte faire ? Absolument pas. À l'aéroport, le vieux n'a pas manqué de lui faire remarquer que sa valise était particulièrement lourde. « Tu veux t'enfuir ou quoi ? » lui a-t-il lancé. Le sang de Julia n'a fait qu'un tour mais elle a gardé son calme. « Pff, n'importe quoi. » C'est lui qui conserve son passeport. Dans les familles, ces précieux sésames sont d'ailleurs souvent enfermés dans des coffres. Juste avant le décollage, confortablement assise dans son fauteuil, Bon Jovi à fond dans ses écouteurs, Julia ouvre une page Google et tape « s'enfuir à Paris » dans le moteur de recherche. Elle tombe sur un article concernant la demande d'asile et passe les heures suivantes à essayer de prononcer « demander l'asile » en français. Quand l'avion atterrit sept heures plus tard, elle n'a pas fermé l'œil. La voilà à Roissy-Charles-de-Gaulle en plein week-end du 15 août. Mais sans son passeport, où pourrait-elle fuir ? Au point de contrôle de sécurité, son époux refuse toujours de lui confier le sien et lui intime de l'attendre pendant qu'il va chercher leurs valises. Julia voit une minuscule fenêtre de possibilité s'entrouvrir.

Où serait-elle aujourd'hui si elle n'avait pas bougé ? Si elle avait réfléchi une seconde de plus ? Sûrement dans une chambre triste à Djeddah, le regard perdu dans le vague. Mais Julia n'hésite pas : sitôt le vieux éloigné, elle court en sens inverse vers les services de police des douanes. Essoufflée, elle tente d'articuler quelques mots de français, sans grand succès. Elle explique alors dans un anglais entrecoupé de sanglots de panique qu'elle souhaite demander l'asile. L'agent de police lui demande de se calmer et d'expliquer sa situation. Comment résumer vingt-huit ans de vie en quelques mots ? D'après ses souvenirs, elle aurait dit quelque chose comme « mon mari est horrible, je ne veux pas rester avec lui, je ne veux pas retourner en Arabie saoudite ». Ça fera l'affaire. Quand le policier lui répond qu'elle est en sécurité désormais, qu'elle ne doit pas s'inquiéter et que son mari ne lui fera plus de mal, Julia n'a jamais été aussi heureuse. Qu'importe qu'il revienne à cet instant en hurlant « qu'est-ce que tu fais ? Reviens ici ! » sans se soucier des témoins qui assistent à la scène. Le policier ordonne au vieux de lui remettre le passeport de sa femme et de quitter l'aéroport. Julia n'en revient pas. C'est tout ce qu'elle a toujours espéré. Ses larmes, toutes celles qu'elle avait retenues ces dernières années, ne cessent de couler le long de ses joues. « Tout avait l'air tellement facile soudain », se souvient-elle. Bien sûr, son mari s'efforce d'expliquer aux Français que c'est sa femme, qu'elle doit venir avec lui, qu'il va appeler l'ambassadeur saoudien, la presse. Les policiers sont habitués à ce genre de démonstration de force et ne se laissent pas intimider. Julia comprend qu'elle est en sécurité ; rien ne pourrait la soulager davantage. Comme un dernier pied de nez à son passé, elle ne peut résister à une dernière provocation : elle retire son abaya puis la jette à la poubelle. Le vieux est fou de rage. « Il s'est mis à crier que j'étais folle, que j'étais une salope ! Je n'ai pas entendu la suite parce que je suis partie avec les policiers. J'ai beaucoup pleuré, j'ai dit merci, encore et encore. » C'est ainsi, à grandes enjambées à travers l'aéroport parisien, avec la voix du vieux s'époumonant qui se fait de plus en plus faible, que Julia a changé de vie.

*

Elle s'était dit qu'un jour elle visiterait Paris mais n'avait jamais prévu de s'y installer. Avec le recul, ça aurait pu être n'importe quelle autre ville d'un pays « qui respecte le droit des femmes ». Si le vieux avait voulu aller à Londres, Berlin ou Madrid, c'est là qu'elle vivrait aujourd'hui. C'est peut-être le seul grand rôle qu'il aura joué dans sa vie.

Julia est emmenée dans des recoins de l'aéroport que les touristes ne connaissent pas. Un traducteur l'aide à remplir des papiers qui expliquent pourquoi elle veut quitter son pays. Cette nuit, elle dort à l'aéroport. « Je n'ai jamais aussi bien dormi de ma vie. J'étais en paix. » Le lendemain, quand elle se réveille à l'aube, elle aperçoit à travers la fenêtre des arbres, et se rappelle où elle est. « Je trouvais ça magnifique. Il n'y avait plus personne pour me dire quoi faire. Plus de violence. J'étais juste heureuse. » Elle sait que son mari a joué de ses relations pour la retrouver, pour la joindre, mais elle refuse de lui parler. Il a dû finir par s'en aller, se dit-elle. C'est le cadet de ses soucis. Bien sûr, les semaines qui suivent ne sont pas évidentes : des bénévoles de la Croix-Rouge l'aident à régulariser sa situation, lui trouvent une chambre d'hôtel à partager avec d'autres femmes, lui fournissent des repas. De temps en temps, elle revient dormir à l'aéroport, puis atterrit un temps dans un studio à Créteil. Elle passe rapidement un entretien avec l'Ofpra (Office français de protection des réfugiés et apatrides). Encore et encore, elle raconte son histoire. Mais rien de tout cela n'atteint Julia. Elle ne touche plus sol. Elle est libre.

Au bout de quatre mois, elle obtient son titre de séjour qui lui permet de travailler. Elle trouve un job de serveuse dans un restaurant américain à République, où elle peut parler anglais. Chaque jour est une découverte. Dans les premiers temps, elle marche. Partout, et seule. Elle fait plusieurs fois le tour de la capitale à pied : Saint-Michel, les bords de Seine, la tour Eiffel. Parfois, elle demande son chemin à des hommes dans la rue, les regarde sans baisser les yeux, « juste pour voir ce que ça fait ». Elle n'a pas peur. Elle se décide aussi à appeler sa mère, à qui elle tient à dire qu'elle va bien. Celle-ci lui demande de revenir, lui intime de continuer à porter le voile, à prier. « Elle me disait "on est là pour toi, tu manques à tes frères", du grand n'importe quoi. Je sais qu'elle parlait sous la pression des autres. » Elle la rappelle deux fois puis coupe les ponts. Ses frères bloquent tous ses moyens de communication. Pour ne pas vivre dans la peur, elle a longtemps évité de penser à la possibilité qu'ils ne viennent la chercher à Paris. « Ils ont dû l'envisager. »

Elle enchaîne les boulots d'hôtesse, travaille à l'accueil d'un hôtel, vend des parfums. Comme elle parle mieux anglais que français, les petits boulots qu'elle trouve sont souvent situés dans des quartiers touristiques. Bien involontairement, elle y croise souvent des riches Saoudiens accompagnés de leurs femmes. Elle peut observer toute l'hypocrisie de cette classe aisée de la société saoudienne qui prône la piété et la soumission à la maison mais se permet tous les écarts à l'étranger : enlever son voile, conduire, boire. « Les femmes boivent du vin au Fouquet's sans foulard mais elles font la morale au pays », siffle Julia. Qu'ils soient touristes, étudiants ou businessmen, Julia évite autant que possible les Saoudiens. Ils ne font plus partie de sa vie. Peu à peu, elle se fait des amis en France, souvent étrangers comme elle, puis des Français, certains ayant des origines libanaises, marocaines, algériennes. Comme beaucoup des Saoudiennes que j'ai rencontrées – installées en France ou ailleurs –, Julia trouve tout le monde incroyablement poli en France. En Arabie saoudite, la séparation des sexes donne en effet lieu à des situations où les gens refusent de se dire bonjour ou de se tenir la porte pour ne pas être vus en train de parler à un homme ou une femme inconnue. Les femmes ne peuvent pas sourire à n'importe qui. Les gens vivent donc souvent côte à côte en s'ignorant.

Avec ses nouveaux amis, la question de la religion est souvent abordée. Une Saoudienne qui se dit athée, ça surprend. « En France, mes amis sont étonnés que je ne croie plus, et moi, j'ai été choquée de leur réaction ! Au fur et à mesure, j'ai compris que la France entretenait des relations spécifiques avec certains pays, par exemple avec l'Algérie. Mêmes s'ils sont nés en France, ces Français dont les parents sont algériens ont l'air d'hésiter entre les deux identités. Alors ils font parfois de l'islam leur identité première. Pour moi, c'est bizarre car en France on n'est pas obligé d'appartenir à une religion, comme en Arabie saoudite. »

C'est que l'Arabie saoudite a réussi à s'imposer comme le centre névralgique de l'islam. Le wahhabisme, courant qui se réclame de l'islam sunnite, est né de la rencontre, au XVIIIe siècle, entre le prédicateur saoudien Mohammed ben Abdelwahhab et Mohammed Ibn Saoud, le fondateur de la dynastie des al-Saoud. Souvent associé au salafisme, le wahhabisme prône un islam réformateur et puritain ainsi qu'un retour aux valeurs du prophète. S'il est donc intrinsèquement saoudien, on retrouve aussi des wahhabites au Qatar ou aux Émirats arabes unis. Riadh Sidaoui rappelle que le wahhabisme est « l'idéologie officielle de l'État par la force, car elle est minoritaire au sein de la population ». Mais à l'étranger, le wahhabisme fonctionne comme un *soft power* à part entière. Les organisations religieuses saoudiennes wahhabites financent des mosquées et des écoles islamiques à l'étranger tandis que les universités saoudiennes forment des prédicateurs chargés de prêcher dans le monde entier. Dans un rapport sur l'islamisme contemporain, l'Institut Montaigne écrit ainsi : « Pour les oulémas saoudiens, l'exportation du wahhabisme est l'occasion de reprendre l'extension des frontières de la prédication [...]. Symboliquement, les Saoudiens s'appuient sur le prestige des lieux saints, La Mecque et Médine, et sur la centralité qui en résulte ; de leur point de vue, elle confirme l'idée selon laquelle le salafisme est la vérité ultime de l'islam[1]. » Le rapport affirme également que « la puissance du message idéologique du wahhabisme, intrinsèquement lié à un État particulier, doit être en mesure de rivaliser avec d'autres

1. Cité par Christine Ockrent in *Le Prince mystère de l'Arabie. Mohammed ben Salman, les mirages d'un pouvoir absolu*, Paris, Robert Laffont, 2018, p. 235.

idéologies contemporaines du monde arabo-musulman mais également les idéologies d'origine occidentale, le capitalisme et le communisme ». De façon assez ironique, ces ambitions expansionnistes du gouvernement saoudien, qui cherche à acquérir un monopole sur l'islam et ses pratiquants, sont financées par la vente du pétrole, et donc par les dollars américains. Ces millions de dollars dépensés ont un but : que les amis musulmans de Julia trouvent son athéisme hautement suspect. Julia attend désormais d'être en confiance avec quelqu'un avant de parler de sa nationalité et de son athéisme. Depuis deux ans, elle n'a presque pas évoqué le sujet.

En France, Julia rencontre aussi des hommes. Dans les premiers temps, elle trouve étrange de pouvoir revendiquer d'être leur égale dans une relation. « Le premier, ça s'est terminé parce qu'il pensait que j'avais le droit à plus d'expérience, que je devais rencontrer d'autres hommes avant de m'engager. Sur le coup ça m'a fait de la peine mais aujourd'hui, je pense qu'il avait raison et nous sommes toujours amis. » Le deuxième est passé par là puis reparti. C'est alors qu'elle rencontre celui qui deviendra le père de son fils. Un soir, elle sort d'un bar avec une amie et veut prendre un taxi. Elle pénètre dans le hall d'un hôtel pour demander si elle peut brancher son téléphone déchargé, et le voilà. Il est ukrainien, vit depuis quatorze ans en France. Elle lève les yeux au ciel lorsqu'elle me raconte la manière dont il l'a très ouvertement draguée : « Il m'a demandé plusieurs fois mon numéro mais j'ai refusé. Quand mon taxi est arrivé, je lui ai finalement donné et je suis partie. » Trop habituée à mépriser les hommes, à se méfier d'eux, à les voir comme des brutes qu'on lui impose, Julia a du mal à admettre qu'au fond cet homme lui plaisait bien. S'ensuit une relation de trois ans au cours desquels Julia donne naissance à un garçon. Désormais âgé de deux ans, il porte un prénom français et possède la double nationalité franco-ukrainienne. Elle me montre des photos sur son téléphone : c'est un bambin souriant, aux cheveux bruns bouclés et aux yeux rieurs.

Julia et le père de son garçon sont aujourd'hui séparés. D'une certaine façon, elle s'est sentie utilisée par cet homme qui, lui non plus, n'avait pas beaucoup d'expérience. Il est reparti vivre chez sa mère et, de son côté, elle a déménagé en banlieue parisienne pour offrir plus d'espace à son fils. Dans ses mémoires, Rana Ahmad, une Saoudienne réfugiée en Allemagne du même âge que Julia, raconte elle aussi sa difficulté à entretenir une relation stable : « Peut-être parce que je suis justement en train, pour la première fois, de construire une vraie relation avec moi-même. Je suis venue dans ce pays pour être libre, pour prendre enfin mes propres décisions et pour mener ma vie en toute indépendance[1]. »

*

Il y a quelques mois, le père de Julia est décédé. Elle l'a appris par la seule amie qui lui reste en Arabie saoudite. Au cours des dernières années, elle avait eu plusieurs conversations téléphoniques avec lui, mais elles tournaient à chaque fois autour du fait que Julia devait revenir et respecter l'islam. « On ne se disait plus grand-chose, je pense qu'il était triste », soupire-t-elle. Julia se sent souvent si loin de son passé que ce décès a quelque chose d'irréel. Pour elle, cette ancienne vie est morte il y a six ans. Quelques mois après la naissance de son fils, elle ressent le besoin de parler à sa mère, bien que les deux femmes ne s'adressent plus la parole depuis longtemps. « En tant que maman, je me suis dit qu'elle comprendrait. » La première question de sa mère est directe : son « mari » est-il musulman ? La jeune maman n'a pas envie de se battre alors elle

1. Rana Ahmad, *Ici, les femmes ne rêvent pas. Récit d'une évasion*, Paris, Globe, 2018, p. 287.

répond par l'affirmative – « c'était plus simple ». La grand-mère demande à voir des photos du bébé. Julia s'exécute. Son fils est irrésistible, qu'est-ce que sa mère pourrait bien trouver à y redire ? Mais celle-ci coupe court immédiatement. « Ça se voit que mon fils n'est pas arabe… » Sa mère ne lui répondra plus.

Même six ans plus tard, la fuite de Julia est un sujet tabou dans sa famille et un secret pour les autres. « Ils disent aux gens que je vis dans une autre ville avec mon mari, ou que j'étudie à l'étranger et que je vais revenir. » Sauf que Julia ne reviendra pas. Elle a fait un choix le 15 août 2014, et elle s'y tient. Hors de question de revenir en arrière. Si son fils veut visiter le pays quand il sera plus grand, « pourquoi pas, en touriste, pour lui montrer d'où il vient ». Mais pour l'instant, elle ne lui parle pas de l'Arabie saoudite et n'a pas vraiment eu le temps de lui apprendre l'arabe, bien qu'elle compte s'y remettre prochainement. « Il parle parfaitement le français et pour l'instant, quand je lui parle en arabe, il me répond "oh non maman, en français, pas *habibi* machin !". » La mort de son père aurait pu être propice à un plongeon dans le passé mais Julia s'y refuse. Avec le déménagement, son fils à élever et bientôt un nouveau travail, elle commence une nouvelle vie dans sa nouvelle vie. Elle a choisi de faire de ce décès un tournant.

Lorsqu'elle a annoncé le décès de son père à Julia, son amie saoudienne lui a également raconté que sa sœur semblait avoir bien changé. « Elle m'a dit qu'elle avait demandé le divorce, qu'elle semblait plus heureuse et plus ouverte, que peut-être je devrais lui reparler. J'ai accepté. » Les deux sœurs se sont mises à s'envoyer des messages sur Snapchat, à se raconter leurs vies. « Son divorce n'est pas finalisé mais au moins elle a déménagé et elle est retournée vivre chez ma mère avec ses enfants. Elle m'a semblé libérée. » Tellement libérée que Julia s'est laissé aller à quelques confidences : elle lui a avoué qu'elle ne priait plus, qu'elle était séparée du père de son enfant, qu'elle avait eu plusieurs hommes dans sa vie et qu'ici elle était libre de le faire. « Elle m'a dit qu'elle comprenait, que j'avais raison. Je sais qu'au fond elle a toujours été comme ça, qu'elle aussi mérite une autre vie. » Sa sœur aussi aimerait bien partir, mais avec ses quatre enfants, son mari qui est toujours son tuteur et sa mère qui s'est retrouvée seule, son heure semble être passée. Elle confie à Julia que les jours de regret, elle pense beaucoup à elle. À ce qu'elle pourra dire, plus tard, à ses enfants concernant leur tante. Avant de mettre fin à la conversation ce jour-là, elle fait une promesse à Julia : le moment venu, elle leur expliquera que c'est elle, le héros de la famille.

2

Un pays, deux visages

« Tant que personne ne le sait,
ça n'a pas d'importance »

Le vendredi soir sur Olaya Street, l'artère bordée de centres commerciaux et de restaurants de Riyad, la jeunesse saoudienne se croise en se regardant du coin de l'œil. Sous les abayas, des vêtements de marques et des bijoux clinquants. Aux étages des gratte-ciels al-Faisaliah et Kingdom Center, dans les centres commerciaux chics réservés aux femmes, ces dernières se promènent, souvent sans voile, l'abaya ouverte pour laisser apparaître leurs nouvelles tenues. À ces étages auxquels on accède par des ascenseurs interdits aux hommes, les Saoudiennes se retrouvent pour déjeuner ou passer la soirée. Les cafés et magasins y diffusent même de la musique[1]. Le week-end, c'est-à-dire du jeudi soir au samedi soir, certaines femmes sortent au restaurant ou donnent des réceptions à domicile. La semaine, elles sont désormais autorisées à conduire seules de grosses voitures jusqu'à leurs bureaux situés dans des tours de verre. Et depuis 2018, les Saoudiens et les Saoudiennes ont également le droit d'aller au cinéma, une activité qui était interdite depuis trente-cinq ans. Ces femmes ont l'air

1. Voir Amélie Le Renard, « Pratiques du *shopping mall* par les jeunes Saoudiennes. Sociabilité et consumérisme à Riyad », *in* Michel Peraldi et Franck Mermier (dir.), *Mondes et places du marché en Méditerranée. Formes sociales et spatiales de l'échange*, Paris, Karthala, 2010, p. 187-214.

libres, heureuses. Elles existent. Et pourtant, elles continuent de quitter le pays.

Parmi les jeunes femmes que j'ai rencontrées, toutes ne viennent pas d'environnements familiaux violents. Certaines, révoltées par le système sexiste saoudien, ont décidé de partir mais racontent volontiers que leur vie au pays n'était pas toujours l'enfer décrit par d'autres. Cela les rend peut-être encore plus mystérieuses : ces femmes semblent évoluer dans un monde de semi-passe-droits où il faut toujours deviner la fine limite entre ce qui est permis et ce qui ne l'est pas, tester la tolérance des parents, repousser pas à pas les limites du possible. Tout cela, Samah, 31 ans, l'a vécu jusqu'en 2014, année où elle a émigré aux États-Unis. Originaire de l'ouest du pays, non loin de Djeddah, Samah vient d'une famille qu'elle décrit elle-même comme « libérale ». Ses parents ont fait des études à l'étranger, voyagent souvent, et sa mère ne porte pas d'abaya, tout comme ses tantes. Le père de Samah a épousé sa mère alors qu'il avait 23 ans et elle 19, ce qui, dans les deux cas, était tard pour l'époque. Samah grandit avec ses frères et sœurs dans un « *compound* », ces lotissements sécurisés généralement réservés aux étrangers ou aux Saoudiens aisés travaillant dans le pétrole ou au gouvernement. « Quand je suis arrivée aux États-Unis, raconte ainsi Samah, je n'ai presque pas vécu de choc culturel. Les *compounds* saoudiens ressemblent à l'Amérique : tout est propre, organisé, il y a des fleurs dans la rue, des salles de sport, des piscines. » Petite, ses voisins sont anglais, italiens ou coréens…

La région de l'ouest de l'Arabie saoudite est connue pour être la plus libérale du pays : « On dit de Djeddah que c'est le Las Vegas saoudien », dit-elle en riant. « On y allait souvent, la police religieuse n'a presque aucun pouvoir là-bas. Les femmes peuvent se promener sans se couvrir intégralement, on peut s'amuser, il y a des plages où l'on peut se baigner en bikini. » Samah est autorisée à voir ses amies et même à fréquenter des garçons de façon amicale. Elle se déplace grâce au chauffeur familial ou à des taxis loués à l'heure ou à la journée. Il lui arrive d'avoir rendez-vous avec ses amies dans d'autres villes, parfois derrière le dos des parents. Elle vit dans une grande maison, ce qui lui permet de sortir à sa guise : « Ma famille ne savait pas constamment si j'étais là ou pas, parfois je passais la nuit ailleurs et je rentrais le lendemain comme si je rentrais du boulot. » La jeune femme n'a pas de grand frère pour la surveiller et, concernant ses petits frères, elle a l'impression d'avoir été davantage une mère qu'une grande sœur. « Quand j'étais adolescente, ma mère a fait une dépression. Mes parents se disputaient souvent. Un jour, elle s'est enfermée dans sa chambre et ne s'est plus occupée de nous – je crois que c'était une façon d'envoyer balader mon père. Sauf que mon plus petit frère n'avait que quatre ans. » Ce sont Samah et ses sœurs qui s'occupent alors des deux petits garçons de la famille.

Samah est autorisée à avoir un petit boulot et à faire des études, mais pas à choisir la discipline. Elle veut faire médecine, son père refuse catégoriquement. Il faut dire que cette spécialité prestigieuse traîne en Arabie saoudite une drôle de réputation. « Il y a encore quelques années, la médecine était la seule matière mixte. À l'université et en stage à l'hôpital, les filles et les garçons se côtoient. Depuis cette époque, toutes les filles qui veulent faire médecine sont considérées comme des salopes qui veulent juste fréquenter des mecs. Et même si, aujourd'hui, il y a d'autres disciplines mixtes, la médecine a gardé cette réputation. » Samah se tourne finalement vers l'anglais.

Elle parvient à éviter deux mariages de justesse. Son premier refus est accepté à contrecœur car la famille du garçon est extrêmement riche, tandis que le deuxième fait l'objet d'une tentative de court-circuit par son père : « J'ai dit non mais mon père a appelé la famille et leur a dit "c'est oui, félicitations !". Heureusement, ma grand-mère a pris ma défense. » Du côté de sa grande sœur, après avoir été surprise avec un garçon, elle est enfermée chez elle jusqu'à ce qu'elle accepte de se marier avec cet homme qui n'est pas loin d'être le premier venu. Samah assure quant à elle avoir débarqué aux États-Unis « vierge, sans avoir jamais bu d'alcool, jamais fumé ». Si sa famille élargie, de ses grands-parents à ses oncles et tantes, est favorable aux voyages à l'étranger et à l'éducation des filles, les parents de Samah ont parfois des sursauts d'autorité, comme s'ils étaient rattrapés par la société dans laquelle ils évoluent. « De temps en temps, mon père changeait d'avis et nous obligeait à couvrir nos visages », se souvient-elle sans parvenir à comprendre ce qui déclenchait ces revirements. « Ma mère, elle, agissait parfois comme une personne bipolaire. Elle sortait avec mes sœurs et moi, rencontrait nos amis garçons, les invitait à dîner, puis, sans crier gare, elle redevenait l'ennemie et allait tout raconter à mon père pour qu'il nous punisse. » Mais c'est avant tout son père que Samah craignait le plus. Même quand il n'agissait pas en tyran, il n'était « jamais d'accord sur rien » avec sa fille. « On ne parlait pas beaucoup, je l'évitais. » Pendant vingt-trois ans, Samah navigue comme elle peut entre libertés et interdictions, entre ce qu'on lui donne et ce qu'elle prend toute seule.

Tout se complique en 2012 quand elle constitue un dossier pour obtenir une bourse d'étude à l'étranger. Depuis 2005, les jeunes Saoudiens et Saoudiennes sont éligibles à cette bourse mise en place par le Roi Abdallah, qui leur permet d'étudier à l'étranger aux frais de l'État (elle est d'environ 3 500 euros par mois, parfois davantage). Pour l'obtenir, il faut avoir de bons résultats scolaires et, lorsqu'on est une fille, avoir l'autorisation du tuteur. Souvent, les femmes qui décrochent la bourse partent à condition d'être accompagnées d'un mari ou d'un membre de la famille. Samah obtient la bourse et compte bien partir aux États-Unis à la rentrée suivante mais elle essuie un nouveau refus de son père. La jeune fille repousse son départ jusqu'au moment où ce n'est plus possible sous peine de perdre ladite bourse. Pour convaincre son père, elle utilise un argument efficace en Arabie saoudite : « Je lui ai dit que ça montrerait à tout le monde que notre famille est ouverte d'esprit et qu'il pourrait être fier quand sa fille reviendra au pays avec un master. Comme d'habitude, c'est la réputation qui prime. » Samah trouve même un membre masculin de sa famille qui veut bien l'accompagner le temps qu'elle finisse son master. Comme sa sœur et son mari sont déjà installés dans la région des États-Unis où se trouve l'université, son père finit par se laisser convaincre. Pourtant, rien ne se passera comme prévu : « Ma sœur avait elle aussi obtenu une bourse mais aucune fac ne l'a acceptée alors elle a dû rentrer trois mois après mon arrivée. Mon père a pensé que j'avais tout manigancé pour vivre seule, il a voulu que je rentre tout de suite. Je lui ai demandé de terminer mon master et promis de rentrer. Je lui ai même dit que, s'il acceptait, à mon retour je me marierai et ferai tout ce qu'il voudrait. Mais il a refusé et il a réussi à interrompre ma bourse. » Grâce à la compréhension de son école américaine et à la solidarité d'autres Saoudiens, Samah parvient malgré tout à rester et à poursuivre ses études, mais les liens avec ses parents sont rompus.

Six ans plus tard, Samah vit toujours aux États-Unis. Elle vient de faire une demande de carte verte et, grâce à son diplôme, elle a obtenu un poste de manager dans une grande entreprise américaine d'informatique. Elle est toujours célibataire. À ce sujet, elle soupire avant de hausser les épaules : « Je me rends compte que je n'ai jamais été dans une vraie relation. Quand je suis arrivée aux États-Unis, je n'étais pas prête à m'occuper de quelqu'un d'autre que de moi-même. Aujourd'hui, je vais beaucoup mieux psychologiquement mais je n'attire pas le genre d'hommes que je voudrais. Je fréquente des garçons de temps à autre mais généralement ça ne donne rien. Je crois qu'au fond, j'ai toujours un peu peur des hommes. »

*

Quand on se rencontre, quelque part en Europe, Shahrazad aussi commence par me parler de toutes ces femmes qui vivent « bien » en Arabie saoudite. « Si certaines filles ont des familles franchement horribles et cruelles, la mienne n'était pas comme ça », prévient-elle. « Mais beaucoup de Saoudiennes se contentent de ce qu'elles ont sous prétexte qu'elles ont des chauffeurs, de l'argent et un homme pour les entretenir. Elles pensent qu'elles sont heureuses. » Shahrazad a 28 ans et lève les yeux au ciel à l'évocation de cette majorité de femmes qu'elle trouve, à en juger par son ton, superficielles et un peu coupables du sort qui leur est réservé. Comme Samah, Shahrazad vit dans un *compound*, dans l'est du pays. Elle décrit son père, âgé, comme quelqu'un de calme et ignorant de la plupart des choses de la vie des jeunes d'aujourd'hui. Quand il épouse sa mère, il a 34 ans, elle 16. Plus tard, il demande le divorce « parce qu'elle était trop progressiste » et en épouse une autre. Le divorce de ses parents apporte à Shahrazad une liberté non négligeable. « Je vivais parfois chez ma mère, parfois chez mon père et quand je m'absentais, chacun pensait que j'étais chez l'autre », dit-elle en haussant les épaules. Une habitude qui l'a bien aidée puisqu'il a fallu quatre jours à sa famille pour se rendre compte qu'elle avait quitté le pays.

Elle aussi a obtenu une bourse pour étudier à l'étranger et a décidé de partir en secret, direction l'Europe, sans l'autorisation de son tuteur – ce qui est possible en prenant le risque de ruser jusqu'au dernier moment. Son père a été en colère, sa mère surprise, mais désormais ils se contentent de penser qu'elle reviendra quand elle aura fini ses études. En réalité, Shahrazad les a déjà terminées et a même décroché un premier job mais elle n'a pas trouvé utile de leur dire pour le moment. « Je n'ai pas de problème avec ma mère, ni avec la plupart de mes frères et sœurs. Ils me manquent. Ma mère est venue me rendre visite. Elle a essayé de comprendre pourquoi j'étais partie, elle a vu comment je vivais et elle a compris, elle l'a accepté. »

Le vrai problème de Shahrazad, celui qui a précipité sa fuite, c'est son grand frère. « Il est complètement fou. » Si elle pardonne à ses parents d'être vieux jeux, elle ne cesse de se disputer avec ce frère exigeant et colérique. « Quand on était petits, on s'entendait bien, puis il a fait deux ans de prison – je crois qu'il avait volé quelque chose – et à sa sortie, il avait changé. » Elle regarde autour d'elle. « Là, tu vois, si mon frère me voyait ici avec toi, en train de boire un café, il me tuerait. » Pendant des années, la jeune fille vit clandestinement une autre vie. C'est ce qu'elle appelle « avoir deux visages ». « Ma famille me faisait globalement confiance parce que je faisais mine d'être une gentille fille, je faisais ce qu'on me disait de faire. C'était le seul moyen d'être un peu tranquille. » Quand son père ou son chauffeur lui demandent où elle va, elle répond « au travail ». Une fois déposée à l'endroit désiré, sa double vie commence : elle voit des amies ou un garçon, fait du shopping. « Je donne à ma famille ce qu'ils veulent voir. Si je devais me battre avec eux sur tout, je ne pourrais rien faire. »

Clarence Rodriguez, qui a été journaliste correspondante à Riyad pendant douze ans, est familière de ce discours. Lors de notre rencontre à Paris, elle me confirme cette nécessité des Saoudiennes de devoir « la jouer fine », comme elle dit. « Pour être libre, quand c'est possible, elles doivent amadouer leur tuteur, louvoyer. Ce sont des jeunes femmes intelligentes qui savent manipuler. » Pour Shahrazad, c'est logique ; tout le monde, en Arabie saoudite, a « deux visages », deux vies – l'une publique, l'autre privée. La vie « privée » se déroule souvent la nuit. Si l'alcool est interdit en Arabie saoudite, les élites trouvent toujours le moyen de faire des fêtes arrosées. Les garçons se rendent, par exemple, régulièrement dans le désert entre amis, loin des regards. Et les filles ? Samah se souvient d'avoir fait la fête en Arabie saoudite, ce qui n'est pas rare, surtout parmi les jeunes des classes supérieures. « Si les fêtes privées sont organisées par des princes ou des membres de familles riches, la police religieuse ne peut pas intervenir sous peine d'avoir des soucis avec ces familles », raconte la jeune fille. « Pour les filles, ce n'est pas forcément dangereux d'y aller, il faut juste faire attention à ne pas dormir seule avec un mec. » Shahrazad aussi s'est rendue à une fête, une seule fois : « Ce sont les garçons qui organisent les soirées dans des appartements. Je connaissais quelqu'un là-bas mais, honnêtement, je ne me suis pas vraiment amusée parce que j'avais trop peur que la police débarque. »

*

Installée au Canada, Laura, 36 ans, a fui son pays en 2013. Comme Julia, elle se souvient d'une Arabie saoudite, sous le Roi Abdallah, fermée, hermétique au monde extérieur ; d'une vie sous cloche au milieu du désert. Elle est l'une des premières femmes du pays à avoir étudié la finance, grâce à une lettre adressée par un groupe de jeunes femmes au Roi, réclamant le droit d'étudier cette matière. « C'est arrivé plusieurs fois, en droit et en architecture notamment, que des femmes doivent écrire des lettres, presque des pétitions, pour que ces départements existent. Sinon, les filles étudiaient les maths, l'anglais ou la sociologie, mais au final elles ne pouvaient qu'être prof », raconte-t-elle. Avant son départ, Laura avait obtenu un bon poste dans une banque. Au Canada, après des mois de galère, la jeune femme a pu reprendre sa carrière dans la finance. Laura se souvient des fêtes saoudiennes. Son cousin avait l'habitude d'en organiser dans des hangars à l'extérieur de la ville. Par peur des risques encourus, elle ne s'y est rendue qu'une seule fois. Et effectivement, « il y avait beaucoup plus de mecs que de filles ».

De la même façon que certains, en Europe, font appel à des dealers pour acheter de la drogue, les Saoudiens se passent des numéros de « dealer d'alcool ». Sur le marché noir, une bouteille de vodka coûtait ainsi, à l'époque où Laura vivait encore en Arabie saoudite, environ 250 dollars américains, soit 230 euros. On peut aussi acheter du vin ou de la bière, et ce n'est pas meilleur marché. C'est pourquoi certains se lancent dans la production d'alcool maison. Samah n'a jamais bu une goutte d'alcool sur le sol saoudien mais elle a vu comment les autres se débrouillaient : « Ils achètent des grappes de raisin, font une sorte de mixture avec de l'eau et du sucre et laissent généralement reposer le tout. Ça prend au moins un mois avant d'être prêt. » Le vin n'est pas franchement digne de ce nom, mais « ça rend les gens pompettes ». Pour éviter d'être découverts, les jeunes appellent souvent ce mélange « *sadiki* », qui signifie « mon ami ». « Dans les SMS ou quand ils s'appellent, ils disent "viens, je suis avec mon ami" », raconte Samah. « Ils fabriquent aussi un alcool plus fort qui sent mauvais et n'a pas bon goût mais leur permet d'être un peu ivres. » Une autre Saoudienne m'a raconté comment elle avait fumé de l'herbe et goûté un peu de vin grâce au « dealer » de son mari. Elle a conclu par cette phrase qui résume beaucoup la culture saoudienne : « Tant que personne ne le sait, ça n'a pas d'importance. »

C'est cette obsession des apparences, des rumeurs, de la réputation, qui oblige les Saoudiens et Saoudiennes à avoir « deux visages ». Une grande majorité des fugueuses que j'ai rencontrées m'ont affirmé que leur famille, au pays, continuait de faire croire à leur entourage qu'elles allaient revenir, qu'elles étudiaient à l'étranger, ou encore qu'elles s'étaient mariées et avaient déménagé dans une autre partie du pays. Mentir pour garder la face… C'est en effet la menace de la « *hchouma* », la « honte sociale », qui dirige les décisions et les mensonges. L'un des jeunes gens rencontrés par Clarence Rodriguez définit la *hchouma* comme « un espionnage mutuel, généralisé, permanent, garant du contrôle social sur les individus[1] ». Laura

1. Clarence Rodriguez, *Arabie saoudite 3.0. Paroles de la jeunesse saoudienne,* Paris, Éditions Erick Bonnier, 2017.

aussi a essayé de m'expliquer le poids des apparences en Arabie saoudite : « J'avais une cousine qui racontait à son fiancé à quel point son père était génial alors qu'il était alcoolique et violent. Parce qu'en Arabie saoudite, tu dois montrer que ta famille est parfaite. Il n'y a que l'image qui compte. » Et en effet, l'image que les Saoudiens donnent d'eux-mêmes a un impact direct sur leur destin. Après tout, si tout le quartier croit que telle famille est riche, elle n'en deviendra que plus respectée, et s'il est bien connu que la fille d'untel est parfaite, alors toutes les mères voudront obtenir sa main pour leur fils. Pour les filles, la crainte de la *hchouma* est avant tout une source de privations supplémentaire. Pendant son adolescence, Laura passait en effet régulièrement l'été en Syrie, comme beaucoup d'autres Saoudiens. C'était un moment de liberté, le pays étant – avant la guerre – moins strict que l'Arabie saoudite. « Je pouvais me promener sans me couvrir intégralement. Mais beaucoup de Saoudiens que l'on connaissait se sont mis à parler. Quand on est rentrés, mon oncle a dit à mon père : "Tu laisses tes filles se promener comme ça, les gens te jugent, tu n'arriveras jamais à les marier !" ». C'en était fini de la liberté estivale de Laura.

*

Dans un pays qui les censure, les femmes n'ont pas d'autres choix que de s'organiser en société parallèle. Clarence Rodriguez a été introduite dans ces cercles à force d'amitiés tissées derrière le dos des hommes : « Les femmes que j'ai rencontrées se permettent beaucoup de choses, elles ont leur monde, leurs codes, me dit-elle. Souvent, elles occupent une partie de la maison et leurs maris ne savent pas forcément ce qu'elles y font. J'ai été invitée à des réunions de femmes où elles rentraient et sortaient par une petite porte pour ne pas croiser les hommes. » Il était trop dangereux d'en parler dans ses livres à l'époque mais la journaliste affirme qu'elle a connu des femmes « qui picolent, qui ont des amants ». Une femme saoudienne qui trompe son mari prend évidemment des risques importants – juridiquement et socialement. En Arabie saoudite, le mariage est avant tout un contrat social entre deux personnes qui ne se sont pas vraiment choisies. Comme à la loterie, les plus chanceuses peuvent tomber sur un mari dont elles apprécient la compagnie quand d'autres héritent d'un tuteur qui les contrôle. Les sentiments amoureux ne font bien souvent pas partie de l'équation du mariage ce qui explique, à en croire plusieurs témoignages, la fréquence des aventures extraconjugales. Le livre *Sex and the Medina*[1], écrit anonymement par une jeune Marocaine ayant travaillé en tant qu'hôtesse de l'air à Djeddah pendant cinq ans, raconte par l'exemple l'histoire de Farah, qui a enchaîné les aventures avec des hommes mariés ou des pèlerins de passage à La Mecque. Parfois, elle se servait d'un faux papier administratif, vendu à prix d'or en Arabie saoudite mais assez commun, pour faire croire à un mariage en cas de contrôle par la police religieuse.

Mais pour se fréquenter, même secrètement, encore faut-il se rencontrer, et c'est bien là toute la difficulté dans un pays qui pratique la ségrégation des sexes. La jeunesse saoudienne (qui représente 65 % de la population) se tourne donc vers les réseaux sociaux. Généralement sous pseudonymes, garçons et filles entament des relations sur Twitter, Snapchat ou Instagram, s'échangent des mots d'amour, des promesses, des photos, et finissent parfois par se rencontrer.

Plusieurs jeunes femmes m'ont parlé de ces relations parfois longues avec des garçons qu'elles n'ont vus qu'une fois ou deux. Shahrazad a eu un petit ami pendant six ans, rencontré lors de la fameuse soirée clandestine où elle s'était rendue. À l'époque, personne n'est au courant mais elle parvient à le voir de temps en temps lors de sorties shopping, dans des cafés ou

1. Leïla B., *Sex and the Medina*, Paris, Plon, 2010.

sa voiture. Ils font mine d'être un couple marié en espérant ne pas être contrôlés par la police. Shahrazad ne fait pas trop de folies, elle a déjà à l'époque ce qu'elle appelle « des ambitions pour elle-même » et ne compte pas compromettre ses plans en se faisant arrêter avec un homme. Même si elle est attachée à lui, jamais elle n'a imaginé épouser ce garçon. C'est tout simplement impossible : « Tu ne peux pas te marier avec un mec que tu as rencontré comme ça. Qu'est-ce que j'aurais dit à ma famille ? Que je l'ai rencontré à une fête ? Les histoires qui commencent comme ça n'ont aucun avenir. »

Une autre jeune fille avec qui j'ai évoqué cette pratique des relations épistolaires a conclu, après m'avoir raconté ses deux relations avec des garçons rencontrés respectivement quatre et une fois : « De toute façon, on sait tous qu'on va finir par épouser quelqu'un choisi par nos parents, alors on fait ça pour s'occuper. Ce n'est pas sérieux mais tout le monde a envie d'être avec quelqu'un, non ? » Laura aussi a son histoire de petit ami. La sienne a duré sept ans. « On ne s'est jamais touchés », me précise-t-elle d'emblée. Un jour, alors qu'elle a 15 ans, elle appelle chez une amie et tombe sur son oncle. Lui aussi a 15 ans, ils commencent à discuter. La rencontre, qui semble cocasse et tout droit sortie d'une comédie hollywoodienne, est pourtant banale en Arabie saoudite. Encore une conséquence de la ségrégation des sexes : si c'est un membre du sexe opposé qui répond au téléphone, l'occasion est trop belle, on en profite pour discuter. Les deux amoureux s'appellent dès qu'ils le peuvent sur les téléphones fixes de leurs maisons – l'histoire se passe avant l'arrivée des portables. « C'était une relation pure, sans une once de cynisme », se souvient Laura. « Il ne savait même pas à quoi je ressemblais, parfois il venait juste se poster près de ma maison pour me voir sortir en abaya et niqab avant que je n'entre dans la voiture, c'est tout. » À plusieurs reprises, les parents de Laura confondent la jeune fille. À chaque fois, elle est battue mais finit par rappeler son copain. « Mes parents ont tout essayé pour nous faire rompre. Mon père l'a même rencontré en personne pour lui dire que s'il voulait m'épouser, il fallait qu'il trouve un travail et gagne de l'argent, mais sa famille était trop conservatrice, ils ne l'auraient jamais laissé épouser une fille rencontrée comme ça. » La dernière année, Laura en a assez, elle ne veut plus rester dans une relation avec un garçon qu'elle ne peut pas voir, toucher ou épouser. Son petit ami sent qu'il va la perdre et devient paranoïaque, l'accuse d'être amoureuse d'un autre, va jusqu'à feindre un cancer. Quand elle rompt définitivement avec lui, il appelle sa mère et lui raconte avoir couché avec Laura. C'est faux, mais il a profité de travaux dans la maison familiale, alors désertée, pour s'introduire et observer la chambre de Laura, élément dont il se sert pour corroborer ses propos – « flippant hein ? », me lance Laura. Lorsqu'il décrit avec précision à la mère la décoration de la chambre de sa fille, celle-ci ne sait plus quoi penser. « Je lui ai juré que c'était faux mais elle ne me croyait pas et m'a emmené chez un médecin pour vérifier que j'étais vierge. » L'honneur est sauf mais le mal est fait. Les parents de Laura n'ont plus qu'une idée en tête : la marier au plus vite avant que l'histoire ne s'ébruite…

*

Si certaines relations n'ont pour but que de rompre l'ennui et d'apprendre tant bien que mal à connaître cette mystérieuse autre moitié de la population, d'autres relations s'avèrent, elles, plus dangereuses. Je rencontre Leila et Rania dans une petite ville européenne. Leila, l'aîné, a 23 ans, sa sœur Rania à peine 18. Elles viennent d'une famille pauvre où l'on se croise plus que l'on ne vit ensemble. Depuis que Leila a découvert les livres de la féministe égyptienne Nawal el Saadawi, elle veut devenir avocate pour défendre les femmes. « Dans ses livres, elle parle de sa vie en Égypte, de sa famille qui la maltraite, de la société qui la méprise. J'ai réalisé que tout cela m'arrivait à moi aussi, à moi et à toutes les femmes en Arabie saoudite. » Leila se met à parler de la militante égyptienne à ses amies, à suivre des féministes sur Twitter. Elle est sûre de vouloir quitter le pays pour faire sa vie ailleurs. La plupart de ses amies vivent déjà à l'étranger grâce à des bourses d'étude mais elle sait que sa famille n'acceptera jamais cette option. Elle connaît également des jeunes femmes qui ont fui, alors la jeune étudiante y songe sérieusement. Elle s'efforce de faire des économies avec le peu qu'elle obtient parfois en argent de poche. En attendant, elle est autorisée à commencer des études de droit : « Mon père n'était pas content parce que c'est un métier mixte mais je me disais que d'ici à ce que je puisse exercer, il serait peut-être mort. »

Via un groupe de travail d'étudiants en droit qui échangent sur WhatsApp, elle croise virtuellement le chemin d'un jeune homme. Il a quelques années de plus et se met à la convoiter. Il la complimente, affirme qu'il veut l'épouser, la couvre de cadeaux, et les messages prennent rapidement un tour plus sexuel. Leila est flattée bien qu'un peu sceptique. Elle ne connaît rien aux hommes. « Je crois qu'au début je l'aimais bien, dit-elle en plissant le nez. Peut-être juste un peu mais mes sentiments ont vite changé. Je savais que je voulais quitter le pays et je me suis aperçue en lui parlant qu'il n'accepterait jamais que je ne sois pas croyante et soumise. » Il insiste pour qu'ils se rencontrent. La première fois qu'elle me raconte cette histoire, attablée devant un café sous un ciel gris, la suite des événements semble confuse. Il faut dire qu'en face d'elle se trouve son nouveau petit ami, un jeune réfugié afghan qui la couvre d'un œil bienveillant. Peut-être qu'elle n'est pas très à l'aise à l'idée de parler de ça devant lui, ou peut-être qu'elle n'a tout simplement pas envie de revivre ces souvenirs. Plus tard, seule, elle me confiera ne pas regretter ce qui s'est passé. Elle a su l'accepter, pour elle et au travers de cette nouvelle relation.

Leila reprend l'histoire depuis le début. « Je l'ai fait pour ma liberté, celle que je pensais mériter. J'aurais fait n'importe quoi pour quitter le pays et, au final, je me suis choisie moi. » Alors que cet homme insiste pour la voir et qu'il est assez transparent sur ses intentions, Leila repense à des connaissances qui, comme elle, voulaient partir mais n'avaient pas les moyens financiers pour cela. Elle décide de suivre leur exemple. Si cet homme la veut autant qu'il le prétend, alors il devra payer. Sa sœur Rania est mise dans la confidence – elles peuvent plus facilement sortir de la maison lorsqu'elles sont ensemble. Le rendez-vous est pris. Les deux sœurs se rendent dans un parc où Rania est chargée d'attendre Leila. Aujourd'hui, alors qu'elle se remémore cet après-midi, cette dernière arbore un air enfantin derrière une frange bouclée qui lui tombe dans des yeux maquillés de paillettes. Oui, elle se souvient avoir été « un peu inquiète » mais son sourire laisse deviner qu'elle voit tout cela comme un grand jeu. Pendant que Rania attend dans le parc, Leila rejoint le jeune homme dans son appartement. C'est la première fois qu'elle se retrouve seule avec un homme qui n'est pas de sa famille. « J'étais terrorisée mais j'essayais de ne pas le montrer », dit-elle. Très vite, elle aperçoit des jouets d'enfants. L'homme est déjà marié, il a deux enfants et veut faire d'elle sa seconde épouse. Leila fait mine de considérer la chose. Ils couchent ensemble, ou plutôt, elle se laisse faire et attend que cela se finisse. Au bout d'une demi-heure à peine, elle est sur le trottoir. Elle prie pour qu'il ne la suive pas, rejoint sa sœur et rentre à la maison.

Un deuxième rendez-vous est organisé dans un restaurant, au cours duquel il lui donne quelques centaines de riyals saoudiens. Elle lui dit qu'avec l'argent, elle souhaite s'acheter des vêtements et du maquillage. Les deux sœurs cachent les billets et commencent à rêver à une échappée. Mais la jeune femme a fait une erreur : même si elle utilise un pseudo, sa photo de profil (un simple dessin) est la même sur WhatsApp que sur Twitter.

L'amant de Leila tombe sur ce dernier compte, sur lequel elle raconte qu'elle ne croit plus en Dieu et qu'elle veut partir à tout prix. Il comprend que c'est lui qui finance la fuite de celle qu'il imagine encore épouser. Vexé, il l'insulte violemment et la menace pendant plusieurs jours de tout dire à sa famille, voire de prévenir la police, si elle refuse de rester et de l'épouser. Tout s'accélère : Leila tente de gagner du temps et réunit, grâce à des amies installées à l'étranger, un petit pécule pour partir au plus vite. Rania, qui n'a pas encore terminé le lycée mais que sa mère est en train d'essayer de marier à un inconnu, décide de partir avec elle. Avec leurs économies, elles achètent des billets d'avion. Quelques jours plus tard, elles grimpent sans faire de bruit dans un taxi à deux heures du matin. Lorsque leur avion atterrit en Europe, l'amant éconduit est en train de les dénoncer et de tout raconter aux parents et aux frères de Leila. Parce qu'il a participé à financer leur fuite, il passe plusieurs jours en prison. « J'imagine qu'il a dû tout mettre sur mon dos, puisqu'il a été libéré. » Leila n'a plus de nouvelles de sa famille, plus de nouvelles non plus de cet homme. Leurs parents et sœurs ont écrit à Rania pour qu'elle revienne, mais n'ont pas eu un mot pour elle. Si cela la touche, elle n'en laisse rien paraître.

Aujourd'hui, elle parle de l'avenir avec confiance. Elle veut défendre les femmes et ne souhaite pas s'attarder sur cette histoire. Au fur et à mesure que le temps passe, elle l'enterre, la remplace par tous les choix qu'elle peut aujourd'hui faire parce qu'un jour elle a fait celui-là. Un jour, elle s'est choisie elle.

3

Sara et Munira

« On ne dira plus jamais d'où l'on vient »

C'est toujours la voix de son père. « Pourquoi est-ce que tu t'embêtes à apprendre le français ? Tu ne vas pas rester longtemps dans ce pays, tu seras bientôt revenue ! Qu'est-ce que tu crois ? Ce n'est qu'une question de temps. » Elle ricoche sur les parois de sa conscience, retentit en échos interminables. Là revoilà en Arabie saoudite, dans cette chambre qu'elle connaît dans ses moindres recoins, la fenêtre depuis laquelle elle observe le ciel bleu, si bleu qu'il paraît photoshopé. La voix dans le couloir l'appelle, elle doit s'échapper. Tout recommencer ! Et puis elle se réveille, en sueur. Munira jette un œil par la fenêtre : elle aperçoit un ciel gris et le bâtiment où elle se rend trois fois par semaine pour apprendre la langue de son nouveau pays. L'encens se consume sur la petite étagère près de son lit. Elle respire enfin : ce n'était qu'un cauchemar – encore un. Dans la chambre voisine, sa sœur Sara a le même problème. Très régulièrement, elle rêve qu'elle a oublié quelque chose d'important en Arabie saoudite et qu'elle doit absolument y retourner. Au réveil, elles se racontent leurs mésaventures nocturnes, s'adressent des sourires réconfortants en se servant un café bien noir. Dehors, une pluie fine tombe en continu. La météo de ce petit village français ne ravirait pas les touristes mais Sara et Munira trouvent cela rassurant. Comme si la grisaille pouvait empêcher les foules d'envahir leur nouveau cocon. Mais que ce soit la nuit, sur les réseaux sociaux ou dans le regard des autres réfugiés qu'elles croisent, leur passé trouve toujours un moyen de refaire surface.

*

Avril 2019. Notre voiture s'enfonce dans la campagne géorgienne, aux abords de Tbilissi. Sur le bord de la route, des stations-service abandonnées succèdent aux voitures désossées. Le paysage, à perte de vue, est délaissé, sec. Le véhicule s'arrête à un carrefour aussi désert que les autres. J'échange un regard incrédule avec la photographe qui m'accompagne mais le GPS ne peut pas se tromper : nous sommes arrivées à destination. Face à nous se dresse un grand bâtiment rectangulaire, posé là comme un Lego de béton. Des gardes armés font des rondes. Sara et Munira, 28 et 25 ans, sont coincées ici depuis vingt-six jours. Soudain, les deux sœurs sortent du Lego. Sara, l'aînée, a enfilé une chemise rose et se passe la main dans les cheveux pour s'assurer qu'ils sont en place. Munira s'est maquillé les yeux mais on imagine sans mal le regard dur qu'elle adressait à ceux qui ne distinguaient que lui derrière son niqab. Elles sourient timidement et alternent entre un anglais approximatif appris en cachette et un arabe saoudien ponctué de dialecte du désert. Elles ne sont pas autorisées à recevoir la presse à l'intérieur du Lego de béton, alors c'est dans une pièce encombrée de quelques chaises aux coussins dégarnis que nous nous installons. Une télé datant de l'époque soviétique diffuse un téléfilm géorgien sans le son.

La situation des deux sœurs est précaire et urgente. Même si on ne se connaît pas encore, leurs mots sont pressés, se cognent les uns aux autres. Elles communiquent entre elles en se regardant à peine, à la façon intime des gens qui ont grandi ensemble. Elles se murmurent des phrases à moitié prononcées qu'un seul regard échangé suffit à compléter. Ce que l'on perçoit en premier, avant même le ton grave de leurs voix, c'est cette intimité : celle de deux personnes qui ont vécu ensemble l'aventure de leur vie. Mais l'aventure n'est pas terminée. Sara et Munira ne sont pas sorties d'affaire. La première chose dont elles parlent, c'est ce téléphone qui sonne la nuit. Il a l'air neuf, Sara le tient dans sa main comme si rien ne pouvait la convaincre de le lâcher. Toutes les nuits, il illumine le plafond blanc de ses notifications colorées. Une main se tend dans la pénombre, tâtonne. Trop souvent, des menaces et des mensonges destinés à les ramener chez elles s'affichent sur l'écran. Les nouvelles des différentes ambassades qu'elles ont sollicitées se font quant à elles trop rares. La seule carte qu'elles ont encore à jouer est celle de leur histoire. Après une concertation silencieuse, elles se lancent, et racontent.

En Arabie saoudite, les deux sœurs vivaient dans un village à 800 kilomètres de la capitale. « Là-bas, les gens sont très conservateurs, tous les aspects de la vie sont dictés par les traditions et la religion. Les hommes font ce qu'ils veulent mais les femmes doivent suivre des règles strictes », explique Munira, qui a une façon bien à elle de fixer son regard noir dans celui de son interlocuteur. Chez elles, les rôles sont clairement répartis : depuis l'enfance, les parents répètent aux garçons qu'ils ont « plus de pouvoir et de droits que les filles ». Lorsque Munira a de bons résultats scolaires et réussit mieux que son petit frère, leur mère s'énerve. Elle encourage non pas son fils à travailler mieux mais à frapper sa sœur, « pour montrer comment il se fait respecter des femmes ». Sur dix enfants, quatre sont des garçons. Ils se doivent d'être les meilleurs et d'être craints par leurs sœurs. « Ma mère a eu un enfant tous les deux ans, d'abord deux garçons, puis trois filles, et rebelote. Quand elle m'a eue, elle était déçue ; elle ne voulait plus d'une autre fille. » À côté d'elle, Sara lève les yeux au ciel. « Quoi, c'est vrai ! rétorque Munira. Je suis la seule après qui elle a fait une pause de six ans. » Elle ignore sa sœur et continue : « Quand on était petites, personne ne faisait attention à nous. Notre mère ne s'occupait que des garçons et de notre sœur aînée parce que c'est la plus proche d'elle. Peut-être que c'est pour ça que je n'ai jamais ressenti d'attachement familial. » Chaque frère a une sœur attitrée qui doit répondre à tous ses besoins. « Les gens pensent que ça fera d'eux des hommes. Mon frère aîné me punissait et me surveillait en permanence. Il aimait exercer ce contrôle sur moi. J'étais son esclave. »

Si les mêmes interdictions s'appliquent aux deux sœurs, leurs réactions face à l'autorité diffèrent. Munira est une rebelle dans l'âme ; quand elle n'est pas d'accord, elle le dit. « Dès mon plus jeune âge, j'ai questionné les traditions. “Pourquoi dois-je avoir l'autorisation de mon petit frère alors qu'il est plus jeune ?” Je trouvais ça absurde. Je questionnais mes parents sur des détails, encore et encore. J'étais beaucoup punie. Ça a été une période très dure. » En guise de punition, les filles sont battues, enfermées. Pour Munira, les châtiments s'accumulent : « Ils voulaient que je sois une fille docile et je ne pouvais pas m'y résoudre. Quand j'étais punie, je prenais des coups, je n'avais plus le droit de sortir de ma chambre, je devenais l'esclave de la maison. Et à chaque fois que je faisais ou disais quelque chose qui leur déplaisait, ça recommençait. » C'est dans le conflit que Munira se construit. Tant pis si elle a des bleus, au moins elle sait qui elle est. Ce sont ses convictions qui l'aident à tenir pendant toutes ces années et qui ont fait d'elle une jeune fille aux poings constamment serrés. Même loin de sa famille et de son pays, elle reste toujours aux aguets, prête à bondir en cas de désaccord. La réaffirmation de ses opinions lui permet de rester debout, solide sur ses appuis quand son équilibre ne cesse d'être menacé par les séismes qu'elle affronte.

Sara hausse les épaules en souriant : « Moi, je préfère dire “oui, oui” et faire ce que je veux ensuite, discrètement. Munira préfère se battre. Je ne comprends pas comment elle arrive à faire ça ! » De fait, Sara a toujours été considérée comme la gentille fille, celle qui obéit et pose moins de problèmes, ce qui, paradoxalement, lui a permis d'obtenir plus de liberté. Elle préfère se servir d'un système en l'acceptant en apparence que de gaspiller son énergie à essayer de le détruire avec pertes et fracas. Elle sait mieux faire semblant que sa sœur.

Si leurs parents ne sont pas de fervents croyants, en Arabie saoudite, la religion n'est pas qu'une question de foi ; c'est une obligation d'État et une façon de démontrer la respectabilité de la famille. La « vraie » religion fait irruption dans la vie des sœurs quand elles entrent à l'école. L'ouverture de la première école pour filles du pays, à Djeddah, date de 1957. Elle attire alors surtout les filles des familles princières. « À l'époque, on fait venir des professeures arabes de l'étranger, des Égyptiennes, des Libanaises ou des Syriennes, que l'on appelle des “ablas” », écrit Madawi Al-Rasheed dans son livre[1]. L'éducation des filles devient un gage de modernisation pour l'État, qui laisse pourtant les écoles entre les mains des autorités religieuses. « L'école devient alors l'instrument le plus important du nationalisme religieux, homogénéisant la nation, devenant la gardienne de sa piété », note encore al-Rasheed. « L'école est organisée autour de la religion, confirme Munira. Dans la nôtre, il y avait cinq matières qui parlaient des différents textes sacrés. Je me souviens que des femmes venaient nous parler de ce qu'il se passerait si on ne priait pas, qu'on irait en enfer – tout cela pour nous faire peur. Elles nous regardaient toutes pleurer. » L'école se borne en réalité à faire apprendre aux enfants les versets du Coran par cœur.

C'est également pour aller à l'école que les filles doivent enfiler pour la première fois l'abaya et le niqab – pour celles qui n'ont pas dû les porter avant. Munira se souvient être arrivée à l'école vers 10 ans avec pour seul voile un hidjab (qui

1. Madawi Al-Rasheed, *A Most Masculine State*, Cambridge, Cambridge University Press, 2013, p. 77, ma traduction.

couvre uniquement les cheveux). Elle écope d'une punition. « Ils demandaient aux familles de nous faire porter l'abaya et le niqab. Moi je n'aimais pas sortir avec, c'est si noir, on ne se sent pas humain, on ne peut parler à personne. Ça détruit la confiance en soi. » Munira est excellente à l'école, Sara se débrouille juste assez pour qu'on la laisse tranquille. À force d'insistance, leur père les laisse s'inscrire à la petite université de la ville. Tant qu'un prétendant de qualité ne les a pas encore demandées en mariage, et parce que la plupart des universités ne sont pas mixtes, il n'y voit pas d'inconvénient majeur. Elles n'ont cependant pas le choix de leur spécialité. Sara étudie le commerce, Munira les mathématiques. Cela permet à Sara de postuler à un poste de comptable dans une entreprise de Riyad. Après un entretien d'embauche, elle est prise. « J'étais si heureuse ! Je suis allée faire du shopping, je n'arrêtais pas de penser à mon grand bureau. » Mais son frère est méfiant. Il se renseigne sur cette entreprise et découvre que le directeur de l'équipe n'est pas saoudien. Il craint que les femmes qui y travaillent ne se voilent pas. Son père est d'accord avec lui. Sara se voit en conséquence contrainte de décliner l'offre. « J'étais très en colère, j'avais envie de tout casser. J'ai dit à Munira "je m'en fous, je me casse !". » Sa sœur réussit à la calmer. « De toute façon, si tu t'en vas, la police te retrouvera et te ramènera à la maison », lui rappelle-t-elle. Sara sait qu'elle a raison.

Alors que Sara est toujours étudiante, un prétendant demande sa main à son père. Elle a 19 ans. C'est un cousin éloigné mais elle ne l'a jamais rencontré, elle ne sait même pas à quoi il ressemble. C'est comme ça que les mariages se font, au village : les parents discutent entre eux et les futurs mariés ont accès au moins d'informations possibles. « Jusqu'au mariage, je ne connaissais que son nom, personne ne m'avait demandé mon avis. » Trois mois après l'annonce par son père de ses fiançailles, Sara est enfin autorisée à rencontrer son futur époux. La coutume veut que l'homme vienne prendre le thé dans la famille de la mariée, s'entretienne avec son père tandis que la jeune fille sert le thé dans ses plus beaux atours afin que celui-ci puisse « juger la marchandise », comme le formule Sara. Dans certaines familles, la future mariée doit rester silencieuse ; dans d'autres, elle peut échanger quelques mots avec son futur mari. Mieux vaut également qu'elle baisse les yeux et ne regarde son fiancé que très discrètement. La jeune femme est uniquement censée montrer qu'elle n'a pas de tare physique notable et qu'elle est bien élevée, c'est-à-dire soumise à la volonté de son père, preuve qu'elle le sera aussi vis-à-vis de son mari.

Sara n'en garde pas de souvenir ému ; elle fait ce qu'on lui demande de faire. Tête baissée en signe de soumission, elle ne dit pas un mot. Une fois le prétendant parti, Sara se souvient qu'elle a « essayé de dire non » mais que ses parents lui ont simplement répondu que c'était « déjà fait ». « Le jour du mariage, je n'étais pas excitée, je n'étais pas heureuse. Pour moi, cet homme était un étranger. » Il n'existe pas de photo de sa fête de mariage – « les photos sont considérées *haram* » – mais, de toute façon, Sara n'aurait pas envie de revoir la robe blanche qu'elle avait louée pour l'occasion, ni d'autres moments de la « fête » à laquelle elle n'avait aucune envie de prendre part. En revanche, elle ne serait pas contre revoir la tête de Munira. « J'avais 15 ans, je ne voulais pas me maquiller, s'amuse l'intéressée. Mais la maquilleuse a insisté et je ressemblais à un bébé avec une tête de femme. » C'est le seul souvenir qui fait sourire Sara.

Ce soir-là, elle doit rentrer avec son mari. « On se disputait beaucoup. Parce que je ne l'avais pas choisi, je ne voulais pas le respecter. Je revenais le plus souvent possible chez mes parents mais mon père me battait parce que je ne respectais pas mon mari. » Cet homme veut qu'elle arrête ses études, il ne voit pas l'intérêt qu'elle les poursuive puisqu'il ne compte pas la laisser travailler. Il est également jaloux : « Il ne me faisait pas confiance, me soupçonnait de voir un homme plutôt que d'aller à la fac. Il ne voulait même pas que je me maquille. » Afin d'apaiser les choses, Sara abandonne un cours mais continue les autres. Peu de temps après le mariage, elle tombe enceinte et accouche d'un petit garçon, qui pleure systématiquement lorsque sa mère est battue. La violence domestique au sein des familles et des couples n'est un secret pour personne en Arabie saoudite. Il est difficile de trouver des statistiques car peut-être encore plus qu'ailleurs, ni les femmes ni les enfants ne dénoncent ces agressions à la police.

*

Laura, la néo-Canadienne de 36 ans, a été l'une de ces enfants. Sept ans après sa fuite, elle me raconte avoir des trous de mémoire là où son cerveau a préféré oublier. Il lui arrive encore d'avoir des grosses périodes de dépression, un symptôme important de son stress post-traumatique. Certains souvenirs s'avèrent néanmoins indélébiles. Comme cette fois où, parce qu'elle a désobéi, son père l'a enfermée dans sa chambre pendant huit mois. « La femme de ménage me faisait passer de la nourriture en cachette. Quand j'avais l'autorisation d'aller à la salle de bains, elle me mettait un sandwich dans une serviette. J'ai perdu énormément de poids. À la fin je ne pesais plus que 37 kilos. Quand mon père a su que j'avais déjà eu un petit ami, il a pointé une arme sur ma tempe. » Elle passe son doigt au-dessus de son œil. « J'ai une cicatrice juste là parce qu'un jour, il a frappé ma tête contre l'évier jusqu'à ce que je m'évanouisse. » Jamais Laura n'a imaginé que porter plainte contre son père réglerait ses problèmes.

D'après une étude menée par le National Family Safety Program, un programme saoudien crée en 2005 et lié au ministère de la Santé, 80 % des enfants saoudiens subissent des violences au sein de leur famille. En mars 2016, quand l'État a ouvert une ligne téléphonique à destination des victimes de violences domestiques, le centre d'appels s'est vite retrouvé débordé avec presque 2 000 appels en trois jours. Human Rights Watch pointe directement du doigt le système de tutorat, qui « rend la protection des victimes très difficile. Changer de tuteur si celui-ci est violent ou abusif est quasiment impossible et cela condamne les femmes à une vie de violence », écrit l'ONG dans son rapport de 2016[1]. Les viols conjugaux ne sont pas reconnus, ni *a fortiori* punis, par la loi. La loi ne précise pas non plus ce que le tuteur a le droit ou non de faire. Ainsi, selon une femme médecin interrogée par Human Rights Watch, « beaucoup pensent encore que les tuteurs ont le droit d'utiliser la violence physique pour discipliner leurs femmes et enfants ». L'ONG précise que « les hommes peuvent juridiquement poursuivre leurs pupilles pour "désobéissance". Les maris peuvent ainsi obliger leurs femmes à revenir à la maison », tout cela avec le soutien de la loi. Il est même possible pour un homme d'enregistrer sa plainte via un formulaire sur le site du ministère de la Justice. « Les peines pour les femmes accusées de désobéissance peuvent aller jusqu'à l'emprisonnement », conclut Human Rights Watch.

Même si elles souhaitent dénoncer ces abus, les femmes osent rarement se rendre dans un commissariat seules car presque tous les policiers sont des hommes. De plus, « la police encourage toujours une "réconciliation". Parfois, les femmes sont même ramenées chez leur bourreau si ce dernier accepte de signer une déclaration promettant de ne plus recommencer », raconte Adam Coogle, chercheur spécialiste du Moyen-Orient à Human Rights Watch Londres. Le rapport de l'ONG relate l'histoire d'une jeune fille qui, parce qu'elle s'était trouvée en situation de « *khulwa* » – le fait d'être seule dans une pièce avec un homme n'appartenant pas à sa famille – avait pris le risque de fuir le

1. Human Rights Watch, *Boxed In. Women and Saudi Arabia's Male Guardianship System*, art. cité.

domicile familial. Son père et ses quatre oncles étaient venus la chercher dans un refuge pour femmes. Sous l'autorité de l'État, les hommes avaient signé une déclaration dans laquelle ils promettaient ne plus la violenter. Quelques jours après, ils l'avaient tuée.

*

Le mariage de Sara ne dure que deux ans. Paradoxalement, pour un pays si conservateur, les divorces ne sont pas rares en Arabie saoudite. Ils concerneraient même entre 40 et 50 % des mariages[1]. L'homme peut divorcer de sa femme sans même la prévenir, il lui suffit de signer le divorce et de le notifier aux autorités, qui se chargent, depuis janvier 2019 seulement, de prévenir les ex-épouses par SMS. Dans le cas de Sara, c'est son mari qui demande le divorce. Il se plaint du fait qu'elle « va sur Internet, cuisine mal » et l'accuse de parler à d'autres hommes (ce qui était faux, assure-t-elle). Il raconte également aux parents de Sara qu'il est persuadé que quelqu'un lui a jeté un sort – la croyance en la magie noire est encore répandue en Arabie saoudite. Pour lui, c'est forcément la seule explication à sa fatigue et sa déprime permanente. Quoi qu'il en soit, avoir une femme qui ne lui est pas soumise, qui veut étudier, et qui en plus ne lui sourit pas, ne l'intéresse pas. Sara n'a pas son mot à dire. Si elle avait eu l'intention de divorcer, elle aurait pu passer devant un juge avec le soutien d'un père ou d'un frère. Il existe deux procédures de divorce possibles pour une femme. Elle peut opter pour un divorce via une procédure de « *faskh* » (annulation par un juge) et tenter de prouver que son mari lui a causé du tort – par exemple, qu'il l'a abandonnée, ou frappée,

1. Voir Jan Michel Otto, *Sharia Incorporated. A Comparative Overview of the Legal Systems of Twelve Muslim Countries in Past and Present,* Leiden University Press, Leiden, 2010.

ou qu'il ne l'entretient pas financièrement – mais, dans ce cas, elle doit d'abord passer par un comité de réconciliation dirigé par des hommes religieux à qui il faut raconter sa vie maritale dans les moindres détails. « Il subsiste encore une ambiguïté car chaque juge est libre d'interpréter et d'appliquer ces règles sans codes de conduite préétabli. Ces décisions sont donc souvent arbitraires », peut-on lire dans un rapport de la Convention sur l'élimination de toutes les formes de discrimination à l'égard des femmes, tenue en 2018 à Genève[1]. La deuxième procédure existante, le « *khoul'* », évite à la femme de passer devant un juge religieux mais l'oblige à payer à son mari une somme négociée au préalable. Si les époux n'arrivent pas à s'entendre sur le montant, c'est le juge qui décide. « Il est commun pour une femme de payer le montant de sa dot et de renoncer à une pension afin d'obtenir une procédure de *khoul'*. Le fait que les biens et revenus ne soient pas partagés au divorce limite encore davantage le nombre de femmes qui peuvent échapper à un mari abusif », note le rapport.

Les divorces qui sont le fait des femmes sont donc significativement plus rares. Ce fut pourtant le cas de Laura. Quand je la rencontre au Canada, c'est l'une des premières choses qu'elle me raconte. Suite à sa relation de plusieurs années avec un petit ami qui, après avoir mal digéré leur rupture, avait tenté de faire croire aux parents de Laura qu'ils avaient eu des relations sexuelles[2], Laura se retrouve surveillée de très près. Ses parents veulent absolument la marier avant que les rumeurs ne viennent entacher la réputation de leur fille. Ils lui trouvent un prétendant qui lui fait croire qu'elle pourra « faire ce qu'elle veut ». Mais il s'avère rapidement être menteur, manipulateur et jaloux. « Il

1. Musawah, *Thematic Report on Muslim Family Law and Muslim Women's Rights in Saudi Arabia*, 69e convention de la CEDAW, Genève, février 2018, en ligne.

2. Voir le chapitre 2.

me disait souvent “mais si, je suis moderne, je te laisse marcher devant moi” », raconte Laura en levant les yeux au ciel. En plus du reste, elle découvre que son mari consomme beaucoup de drogue. Elle lui demande de divorcer mais il refuse. « Mes parents m’ont soutenue quand je leur ai dit pour la drogue. Au début, ils n’étaient pas contents, mais ma mère a convaincu mon père que je ne pouvais pas vivre avec un drogué. » Laura passe devant le juge. Elle a de la chance de tomber sur un juge qui semble voir clair dans le jeu de son mari. « J’ai vu qu’il n’appréciait pas mon mari. Je n’ai même pas eu à lui dire pour la drogue, ça se voyait. Il était trop maigre et bizarre. » Le jour où elle doit aller signer les papiers du divorce, il l’enferme à double tour chez eux, mais Laura finit par obtenir le divorce et retourne vivre chez ses parents. La vie n’en devient pas pour autant plus simple : « Les gens te jugent quand tu es divorcée, même mon père est devenu dix fois plus strict, se souvient-elle. Sous prétexte que tu es divorcée, les gens pensent que tu vas coucher à droite à gauche. »

Les jeunes femmes divorcées apparaissent en effet comme de dangereuses créatures pour la société saoudienne : il est plus difficile de faire pression sur elles. Bien que les femmes divorcées se retrouvent sous la coupe de leurs pères, qui redeviennent leurs tuteurs, elles ne sont plus vierges. Elles peuvent très bien entretenir une liaison avec un homme ; si elles sont discrètes, personne ne le saura jamais et aucun examen gynécologique ne pourra le prouver. C’est ce qu’a vécu Sara après son divorce. « Une fois que tu n’es plus vierge, ils ne savent plus comment te contrôler. Quand je suis revenue à la maison, ils m’ont enfermée. Je pouvais à peine sortir, je voyais juste ma grand-mère qui vivait à quelques rues. Même quand j’allais chez elle, mon frère me suivait pour vérifier que je ne mentais pas. Il appelait toute la famille pour savoir où j’étais. » Munira soupire : « C’est une obsession chez eux, la virginité. » Elle se souvient : « Quand j’ai eu mes règles pour la première fois, j’ai voulu acheter des tampons mais ma mère me l'a interdit parce qu'elle pensait que je ne serais plus vierge si j'en mettais. Même quand tu danses ou que tu fais du vélo, on te dit que tu vas perdre ta virginité. Si tu te maries et que tu ne saignes pas, ils peuvent penser que tu n'es plus vierge et te tuer. » Pendant longtemps, cette obsession du sang a entraîné de graves violences : « Beaucoup d'hommes pensent qu'il faut absolument que tu saignes alors ils déflorent les jeunes filles brutalement », grimace Munira. Elle précise tout de même que certains maris ont désormais compris qu'une vierge ne saignait pas toujours, ce qui a sauvé la vie de plus d'une jeune mariée.

Après son divorce, Sara doit se battre pour la garde de son fils. Là aussi, les femmes ne sont pas les égales des hommes. « La règle générale est que la mère est prioritaire pour la garde des enfants jusqu'à sept ans lorsqu'il s'agit d'une fille, et jusqu'à neuf ans pour un garçon. Ensuite, la garde des filles est transférée au père et les garçons ont le choix entre rester avec la mère ou aller avec le père », détaille le rapport de la Convention à Genève[1]. Le fils de Sara est encore jeune mais comme il est le premier petit-fils de la famille de son mari, ses grands-parents paternels s'en approprient la garde, faisant fi des conventions. Sara peut lui rendre visite de temps en temps. La dernière année avant sa fuite, elle réussit à négocier une garde partagée. Son fils a aujourd'hui neuf ans. Sara ne sait pas où il vit.

*

Un matin, après le divorce, Munira trouve sa sœur dans la cuisine en train de pleurer. Sara s'est encore disputée avec leur père. Munira non plus n'est pas très en forme ; elle a échappé peu de temps avant à une demande en mariage. Elle n'a que

1. *Ibid.*

18 ans et, heureusement pour elle, sa mère a répondu à la famille du prétendant que Munira préférait pour l'instant étudier. « Mon père a été furieux quand il a su que ma mère avait refusé, se souvient-elle. Il lui disait : "Et pourquoi elle devrait étudier si elle peut se marier ? Pourquoi tu ne m'as pas demandé ?" Moi, je ne pouvais rien dire. » Munira est terrorisée à l'idée d'un éventuel mariage qui pourrait être décidé sans même sa présence ou sa signature. Elle n'en dort plus la nuit. Pendant des semaines, elle fait le même cauchemar : son père la marie sans son consentement. Ce matin-là, lorsqu'elle trouve Sara en larmes, elle a encore passé une nuit agitée et elle s'est réveillée en pleurs. Sur ce qui pourrait ressembler à un coup de tête, elle lance alors à sa sœur : « Partons d'ici. » « En réalité, ça faisait deux ans que j'y pensais, seule, affirme Munira. J'en parlais parfois à des amis sur Twitter, j'essayais de glaner des infos par-ci par-là. Mais je n'en avais jamais parlé à Sara parce que j'avais peur qu'elle dise que j'étais folle. » Sara relève la tête : « OK. Allons-y. Faisons-le. Partons. »

Les deux sœurs commencent à réfléchir à un plan, tâtonnent. « C'est Sara qui a vraiment déclenché les choses, se souvient Munira. J'y pensais depuis longtemps mais je n'arrivais pas à me dire que je le ferais vraiment. C'est elle qui a économisé l'argent, elle qui a réuni les informations les plus précieuses. Quand elle s'est décidée, elle n'a plus jamais renoncé. On s'est dit "OK, on va le faire. Peut-être qu'on mourra mais on va le faire". »

La préparation d'une fuite nécessite bien sûr une prudence extrême. Cela peut durer des années. La fuite de Rahaf Mohammed, début 2019, a fait parler en Arabie saoudite. Depuis, les parents sont encore plus suspicieux. Ceux de Sara et Munira voient Rahaf Mohammed comme une « mauvaise fille » qui a trahi sa famille et son pays. « Je me souviens d'une conversation entre mes deux parents, raconte Sara. Ma mère parlait de Rahaf en disant "tu vois, maintenant, cette fille boit de l'alcool au Canada" et mon père lui répondait "ne t'inquiète pas, elle finira comme Jamal Khashoggi[1]". » Pour parfaire leur plan, les sœurs étudient les raisons de la réussite de Rahaf Mohammed, mais aussi les échecs de nombreuses autres. Munira se souvient d'une amie rencontrée sur Twitter. « On a parlé pendant deux ans. On ne connaissait pas la vraie identité de chacune mais c'était la seule à qui je me confiais. Je savais qu'elle voulait s'enfuir et un jour, elle n'a plus répondu. » Munira ne sait toujours pas ce qu'il est advenu de son amie.

Un jour, alors que Munira se sent particulièrement abattue, Sara lui parle de deux sœurs qui ont fui et vivent désormais en France. Elle les suit sur Snapchat. « J'étais triste parce que mon père ne voulait pas me laisser travailler, et Sara m'a dit "vas-y, regarde, elles aiment la musique comme toi, parle-leur, ça te fera du bien". Elle voulait que je voie par moi-même que c'était possible, que ces filles avaient une nouvelle vie. » Munira entame une correspondance avec les deux sœurs. À peine huit mois plus tard, Sara et Munira les rencontreront en personne.

Mais d'abord, il s'agit de partir. Et pour cela, il faut atteindre la capitale. Munira est persuadée qu'il faut déjà se trouver sur place, à Riyad, pour pouvoir prendre l'avion le plus vite possible. « Sara voulait partir du village mais j'ai refusé catégoriquement. On était à trois heures de Riyad, c'était trop risqué de s'enfuir depuis là-bas, notre famille aurait eu tout le temps de nous rattraper. » Quand d'autres filles se font arrêter après être parties d'un village à peu près à la même distance de la capitale, Munira lance à sœur : « Tu vois ! » Il faut une patience tenace pour trouver la bonne occasion. Celle-ci se présente enfin début 2019. Munira réussit à convaincre son père et son frère, qui se rendent tous deux régulièrement à Riyad pour le travail, de la laisser prendre un poste de professeure dans une école privée de la capitale. Cela fait deux ans qu'elle a terminé ses études et elle n'en peut plus de « rester assise à la maison ».

1. Journaliste assassiné en 2018.

Et elle sait bien que, pour les femmes, la profession de prof est bien souvent la seule que les hommes acceptent : comme il n'existe que des écoles non mixtes, on est sûr qu'elles n'y croiseront pas d'hommes. De plus, à Riyad, le père et le frère pourront garder un œil sur elle. Ils acceptent, ne serait-ce que pour avoir un (maigre) salaire supplémentaire. De son côté, Sara improvise un urgent désir de prendre des cours d'anglais à Riyad. Elle est divorcée, s'ennuie à mourir, et le cours est uniquement féminin : sa demande est accordée. Les deux sœurs se retrouvent à 800 kilomètres de chez elles mais elles ne sont toujours pas libres.

L'étape suivante est la plus délicate : les filles doivent réussir à accéder à l'application Absher – dont l'une des traductions est « à vos ordres » – sur le téléphone de leur père. Celle-ci, très utilisée en Arabie saoudite avec onze millions d'utilisateurs, soit un tiers de la population, permet notamment aux tuteurs de surveiller leurs filles ou leurs femmes, et de donner leur autorisation à un grand nombre de démarches administratives. Sara et Munira doivent y accéder pour faire une demande de passeport et désactiver le *tracking* de leurs activités.

L'application a fait parler d'elle hors des frontières saoudiennes en 2019 quand Google et Apple ont refusé de la retirer malgré les demandes d'un petit groupe de démocrates américains. Si l'intention était louable, l'interdiction d'Absher serait en réalité une catastrophe pour les Saoudiennes. En effet, avant sa création par le ministère de l'Intérieur saoudien en 2015, les démarches administratives ou les voyages devaient être approuvés en personne par le tuteur, ce qui rendait beaucoup plus compliqué la fraude ou la fuite. Hala al-Dosari, la journaliste du *Washington Post*, abonde en ce sens : « Absher est pratique pour les femmes, et l'appli a permis à pas mal de jeunes filles de s'enfuir quand elles ont réussi à y accéder sur les téléphones de leurs tuteurs. À beaucoup d'égards, ça a libéré les femmes. Elles peuvent, par exemple, consulter leur compte en banque. Surtout,

Absher n'est que l'application qui met en pratique les règles. Ce qui doit être aboli, c'est la discrimination légale envers les femmes. » Sara et Munira réussissent même à se procurer, via des Saoudiennes déjà à l'étranger, des tutoriels qui expliquent comment contourner l'application. Elles préfèrent ne pas trop en révéler les détails pour ne pas attirer l'attention sur les failles du système. « En modifiant quelques trucs », donc, les deux sœurs font une demande de passeport en toute discrétion. Quelques jours plus tard, Sara les récupère dans un bureau de poste en se faisant passer, sous son niqab, pour sa mère. Quand elle rentre à la maison, ses mains encore tremblantes de peur cachent les passeports en lieu sûr.

Arrive la période du ramadan. Sara ne cesse de répéter à sa sœur : « C'est notre dernier ramadan, je te jure c'est le dernier ! Si on est toujours là au prochain ramadan, je m'enfuis et je vais vivre dans la rue ! » Elles savent qu'il ne faut plus tarder. Les visas canadien et anglais sont trop longs à obtenir. Tant pis, elles ne peuvent prendre le risque que les passeports soient découverts, elles choisissent alors la date du grand jour. Ce sera le 1er avril 2019.

La veille de ce 1er avril, Sara n'arrive pas à avaler quoi que ce soit et ne trouve pas le sommeil. « Alors que Munira allait très bien ! », se moque-t-elle. Leur père est retourné au village pour un bref séjour. Seul leur frère aîné est resté à Riyad pour les surveiller. C'est lui qui les dépose tous les matins dans leurs écoles respectives. Les sœurs s'efforcent de faire comme si de rien n'était. Munira descend du véhicule, puis c'est au tour de Sarah. Quand la voiture disparaît enfin de sa vue, elle saisit son téléphone et commande un taxi pour rejoindre Munira. Les jeunes femmes, qui n'ont sur elles que ce qu'elles ont pu faire entrer dans leur sac à main, filent acheter des valises et un nouveau téléphone qui ne pourra pas être localisé par leur père. Elles sautent ensuite dans un autre taxi qui, par chance, est conduit par un étranger. « On avait peur qu'un Saoudien ne se doute de quelque chose, mais c'était un vieux Pakistanais plutôt gentil. »

Dans cette voiture qui les conduit vers la liberté, elles enregistrent une vidéo : sur la banquette arrière, leurs regards disent le stress ; leurs sourires, l'excitation. Avant midi, elles atteignent l'aéroport international du Roi Khaled. Avec leurs quelques économies, elles achètent le premier vol le moins cher et qui ne nécessite pas de visa qu'elles trouvent : un aller simple pour Istanbul. C'est la première fois qu'elles prennent l'avion mais la peur est encore trop présente pour qu'elles se réjouissent. Quelques heures plus tard, l'avion se pose en Turquie. La longue litanie de vérification des passeports commence. Sara se tourne vers sa sœur : « S'il demande ce qu'on vient faire, tu dis qu'on est des touristes. » Et Munira de s'exclamer : « Mais pourquoi tu me dis ça maintenant ? Tu crois que je vais dire que j'ai fugué ? » Le douanier ne demande rien. Sara se contente de lui sourire. Au dernier contrôle avant de quitter l'aéroport, l'homme regarde le passeport de Sara, puis celui de Munira. Il les observe longtemps. Munira a le souffle court. « Je m'attendais à voir débarquer mon père à tout moment, je regardais partout. » L'homme relève la tête, lui fait une blague qu'elle ne comprend pas, mais elle rit et lui dit qu'il est très drôle. Elles sont libres.

*

Elles s'envolent ensuite vers une petite ville turque près de la frontière géorgienne puis se mettent à la recherche d'un taxi. Sara demande à sa sœur de choisir le chauffeur qui l'inspire le plus. « Munira est douée pour les visages, je fais confiance à son instinct ! Je lui disais "celui-là, t'en penses quoi ? Et celui-ci, est-ce que c'est quelqu'un de bien ?". » Après deux heures de voiture, les sœurs arrivent à Batoumi, en Géorgie. Épuisées, elles décident de faire une pause. Elles n'en reviennent pas :

à peine une dizaine d'heures ont passé depuis leur départ et elles sont déjà si loin de chez elles. Leur bulle de femme en Arabie saoudite a éclaté. Dans le monde libre, qui sont-elles ? Alors qu'elles sirotent un cappuccino dans un café vide donnant sur la mer Noire, les sœurs ont l'impression de se trouver au-dessus d'un précipice. Elles sont parties, et maintenant ?

Il est tard. Elles demandent à la gérante du café comment rejoindre la capitale, Tbilissi. Cette dernière s'appelle Lily et si elle ne parle pas bien anglais, elle a deviné que les deux sœurs avaient besoin d'aide. Quelque part dans sa chambre, Munira a toujours le morceau de papier sur lequel Lily a griffonné un dessin expliquant comment aller à Tbilissi. Finalement, la Géorgienne appelle son mari, Roman, qui parle mieux anglais qu'elle. « Lily m'a appelée et m'a dit qu'il y avait des étrangères dans le café et qu'elles avaient l'air perdu, se souvient-il. Alors j'y suis allé. » Le couple explique aux filles qu'elles doivent prendre un train mais qu'il est trop tard désormais. Sara et Munira s'aperçoivent qu'elles meurent de faim. Lily et Roman les emmènent dans un restaurant du coin tenu par un ami. Là, elles peuvent enfin se détendre. « Il pleuvait beaucoup et je me souviens qu'on a rigolé parce que les filles n'avaient jamais vu autant de pluie ! raconte Roman. Elles nous ont finalement dit qu'elles venaient d'Arabie saoudite et nous ont raconté leur histoire. » Le couple leur fait goûter des plats géorgiens et commande une bouteille de vin rouge. Les filles sont nerveuses et excitées à l'idée de boire de l'alcool pour la première fois de leur vie. « Sans ça, on n'aurait pas dormi ! », se souvient Sara. À la fin de ce repas de fête, Roman et Lily comprennent qu'il est trop dangereux pour les filles de prendre le train ; ils leur conseillent de ne pas utiliser leurs cartes de crédit ou leurs papiers d'identité. D'ailleurs, ce sont eux qui payent le repas, avant de les inviter à dormir dans un appartement inoccupé qu'ils possèdent. Les deux sœurs y passent leur première nuit de liberté.

Le lendemain, au réveil, elles ne rêvent pas : elles sont bien en Géorgie. Dehors, il pleut toujours. L'appartement est plein de miroirs. D'où qu'elles soient, elles croisent le reflet de deux jeunes femmes qui n'ont plus à répondre à personne. Mais pour l'instant, Sara et Munira sont préoccupées par une contingence plus basique : elles ont froid. En partant d'Arabie saoudite, elles n'avaient qu'un tee-shirt et une abaya sur les épaules. L'une après l'autre, elles s'aventurent au Zara le plus proche pour s'offrir des manteaux puis défilent dans le salon avec délectation, prennent des photos qu'elles ne peuvent envoyer à personne. Lily et Roman les emmènent à Tbilissi, à six heures de là en voiture – tant pis s'ils n'avaient pas prévu de s'y rendre. Par la fenêtre, elles aperçoivent la mer Noire, puis des montagnes verdoyantes, un paysage inconnu pour elles. « On a déposé les filles dans l'hôtel d'un ami parce que nous ne voulions pas qu'elles s'enregistrent sous leurs vrais noms, précise Roman. On est restés vingt-quatre heures en ville avec elles, puis on est repartis et on a pris des nouvelles de loin. » Des mois plus tard, Munira parle des deux Géorgiens comme de « sa nouvelle famille ». Elle a accueilli la nouvelle de la grossesse de Lily avec joie et espère revoir le couple lors d'un futur voyage.

Les sœurs restent quinze jours dans l'hôtel de l'ami de Roman. Deux semaines pendant lesquelles, tous les jours, elles réfléchissent à la suite. Grâce au réseau qu'elles se sont constitué sur Twitter, Telegram et Snapchat, les filles prennent conseil auprès de celles qui sont passées par là avant elles. Une jeune Saoudienne installée à Sydney depuis quelques mois leur conseille de s'adresser à l'ambassade de France. Elles s'y rendent rapidement mais on leur demande d'attendre. Elles font également des demandes auprès de la Suisse, des Pays-Bas, de l'Angleterre et du Canada. L'Australie refuse leur demande de visa. Les jours passent et elles n'avancent plus. Aucune des ambassades ne leur répond mais il est pourtant inenvisageable de rester en Géorgie, où aucun visa n'est nécessaire pour entrer. « C'est trop simple de venir en Géorgie depuis l'Arabie saoudite, ce n'était pas sûr pour nous. » Paniquées, elles dépensent leurs dernières économies dans l'achat d'un billet d'avion pour l'Ukraine avec une escale aux Pays-Bas. « On voulait s'arrêter à Amsterdam mais une fois à l'aéroport, les Géorgiens, qui se méfient des ressortissants de certains pays qui risqueraient de demander l'asile en Europe, ne nous ont pas laissées partir. On a perdu notre argent. » Jour après jour, leur situation se détériore.

Alors qu'elles retournent à l'ambassade de France, on leur annonce ce à quoi elles n'osaient penser : « Une femme nous a prises à part et nous a dit que nous étions en danger. “Il y a des gens qui nous envoient des mails et qui posent des questions sur vous. Votre famille est là, ils vous cherchent.” » La Française leur conseille d'être prudentes mais elles ne savent plus comment s'y prendre. Il ne leur reste plus que deux choses à faire. La première est de demander l'asile à la Géorgie afin de pouvoir être protégées par les autorités et logées dans un endroit secret. La deuxième est de se faire connaître. Toutes leurs amies des réseaux sociaux leur répètent : si elles veulent s'en sortir, il faut que le monde les découvre avant que leur père ne le fasse. Elles doivent se servir des armes qui sont à leur disposition : Twitter, et elles-mêmes.

*

Le premier tweet est posté le 16 avril 2019. C'est une vidéo filmée dans le noir, dans laquelle on ne distingue pas leurs traits mais où l'on entend la voix de Munira énoncer en anglais : « Nous sommes deux sœurs saoudiennes, nous avons fui et sommes coincées en Géorgie. Notre famille et le gouvernement nous cherchent. Si nous retournons en Arabie saoudite, nous serons tuées. Nous demandons l'asile à n'importe quel pays sûr, s'il vous plaît, aidez-nous. ». Le tweet s'adresse directement au

Haut Commissariat des Nations unies pour les réfugiés : « Si on disparaît, vous serez responsables », écrivent-elles. Le lendemain, elles publient une vidéo en anglais où elles révèlent leurs visages et montrent leurs passeports. La moitié des commentaires sont de Saoudiens – émanant de vrais comptes mais aussi, probablement, de faux – qui assurent que les femmes sont très bien traitées en Arabie saoudite et que le problème de ces jeunes femmes est « visiblement familial ». Certains sont un peu plus virulents et évoquent le plus vieux métier du monde. D'autres enfin tentent d'attirer l'attention des institutions et des ONG. Sur les réseaux sociaux, les histoires comme celles-ci peuvent faire le buzz ou passer inaperçues. Les dés sont jetés.

Deux amies saoudiennes installées à l'étranger les ont aidées à créer leur compte et se chargent de l'alimenter avec les photos et vidéos envoyées par les deux sœurs, d'alerter les ONG et les médias, tout en vérifiant méticuleusement que chaque interlocuteur ne représente pas un danger. Le but est toujours le même : attirer l'attention médiatique, mettre la pression pour qu'un pays accepte d'accorder l'asile aux deux sœurs. Mais leur présence sur le réseau social ne va pas sans risque. Les sœurs voient ainsi leur compte Twitter suspendu après qu'il a été « signalé » de multiples fois au motif supposé que les papiers d'identité qu'elles présentaient n'étaient pas les leurs. Des faux comptes sont créés pour entretenir la confusion – sans doute une manœuvre de leur famille pour les discréditer. Et puis il y a les désaveux. « Quand on a révélé nos noms et nos visages sur Twitter, tous nos amis en Arabie saoudite nous ont bloquées. Ça nous a fait vraiment mal, se souvient Munira. Sara ne voulait plus lire les commentaires, ça la déprimait trop. Aucun pays ne voulait de nous. Tout le monde nous insultait. » « Je commençais vraiment à perdre espoir », poursuit Sara. Pour se préserver, elle éteint son téléphone. Pas Munira. Et elle fait bien car un matin, il sonne. À l'autre bout du fil, l'ambassade de France leur demande de venir immédiatement. « Ils ne voulaient rien nous dire au téléphone. Ils ont juste dit “venez tout de suite à l’ambassade et ne le dites à personne”. ». Elles partent sans même un sac. Munira ne veut pas trop y croire, elle se souvient de leur échec précédent à l’aéroport. Mais cette fois, une diplomate française les accompagne jusqu’à l’avion. Quand elles embarquent, les sœurs ne réalisent pas encore. En France, une assistante sociale les attend à leur arrivée et les conduit dans un centre d’accueil pour migrants. « C’était la première fois de ma vie que je voyais une femme conduire ! », s’émerveille encore aujourd’hui Munira. La jeune fille lui demande si elle peut s’asseoir à l’avant, son rêve depuis trop longtemps. Elle prend même quelques photos pour l’occasion. Par la fenêtre, ce n’est rien de moins que Paris qui défile.

Juillet 2019. Je les reconnais à une vingtaine de mètres, qui m’attendent sur un trottoir parisien. Lunettes de soleil, shorts en jean, cheveux détachés : elles ont déjà changé. Elles m’aperçoivent et me font des grands signes, sourire aux lèvres. L’angoisse a disparu de leur visage, le vernis coloré a remplacé sur leurs ongles les traces du stress. On s’assied à la terrasse d’un café et Sara commande une bière. Je lève un œil étonné, elle me regarde en souriant. « Oui, je bois de l’alcool maintenant ! », s’exclame-t-elle. Sa sœur se moque gentiment : « Elle a un problème avec l’alcool ! » « Munira n’aime pas que je boive », s’amuse Sara. « Parce qu’elle ne sait pas s’arrêter ! Moi je bois un peu de vin, c’est bon pour la santé et ça te met de bonne humeur. » L’ambiance est aux railleries mais en creusant un peu, les souvenirs douloureux sont toujours bien présents. Tout comme les insomnies, la peur et les menaces.

Pendant ces trois mois, la vie en Arabie saoudite ne s’est pas arrêtée. Depuis ce 1er avril où le frère de Sara et Munira les a attendues pendant des heures dans sa voiture, la famille s’est mise en branle. Peu de temps après leur disparition, la police se rend au domicile familial et demande les numéros IMEI de leurs téléphones. C’est en utilisant ce numéro, unique pour chaque téléphone, que les services saoudiens localisent généralement les fugueuses. Le magazine américain *Business Insider* écrivait en juin 2019 : « avec l'aide d'un équipement espion, le numéro IMEI peut être utilisé pour localiser quelqu'un à seulement quelques mètres près. [...] Traquer un numéro IMEI est une technique presque exclusivement utilisée par la police ou l'armée. On sait grâce à des documents publiés en 2015 que l'armée américaine l'a utilisé pour localiser des cibles en Afghanistan[1] ». Il se trouve que Sara et Munira le savent : « Ils pensent que c'est un secret, mais ce n'est plus le cas. Sara avait retiré nos cartes SIM et on a changé de téléphone. »

Les parents annoncent aux voisins, aux amis et à la famille éloignée que leurs filles ont été kidnappées. Le compte Twitter des sœurs est même piraté, et des tweets affirmant leur désir de revenir sont postés pour semer le doute. « Ils ont essayé de faire croire qu'ils ne nous avaient jamais frappées, que nous n'étions pas obligées de porter l'abaya, et ainsi de suite. Ils avaient même un plan : nous faire revenir et dire à tout le monde que nous avions été envoûtées par un sort de magie noire. » Si tous ne vont sans doute pas jusqu'à la magie noire, l'allusion à un possible kidnapping est un classique chez les familles qui ne veulent pas révéler la fuite de leurs filles. Hala Al-Dosari, qui a vu passer des centaines de cas semblables, note que la narration concoctée par le gouvernement est toujours la même : « Si les fugueuses sont des inconnues, le gouvernement affirme qu'elles ont été influencées par les réseaux sociaux ou des personnalités qui essaient de corrompre les valeurs de la famille saoudienne. Quand des activistes plus connues quittent le pays, ils les accusent de trahison et font croire qu'elles travaillent pour des entités ennemies telles que le Qatar. » Comme rapporté par

1. Bill Bostock, « The Saudi Government Is Hunting Down Women Who Flee the Country by Tracking the IMEI Number on their Cellphones », *Business Insider*, 12 juin 2019, ma traduction.

l'ambassade française, les filles reçoivent aussi la confirmation que leur père a passé deux semaines en Géorgie. Il a trouvé un contact qui lui a assuré, contre de l'argent, avoir vu ses filles, et lui a rapporté qu'elles étaient seules et non pas avec des hommes, comme la famille le pensait. « J'imagine que c'est la seule chose qui l'a rendu un peu heureux ! » plaisante Munira.

De leur côté, les deux sœurs s'installent pendant deux semaines dans un refuge de la capitale française. Exténuées, elles dorment d'un sommeil lourd, comme si elles avaient fait le voyage à pied. Sara ne ressent « plus rien ». « Je ne réalisais pas tout ce qu'il s'était passé, j'étais en état de choc. » Quant à Munira, elle s'endort en se disant qu'elles ont eu « beaucoup de chance ». Cependant, elles s'aperçoivent assez vite que ce centre d'accueil n'est pas un endroit idéal pour elles. Elles vivent avec d'autres migrants en demande d'asile et certains d'entre eux ont vu passer l'histoire de Sara et Munira sur les réseaux sociaux, ils connaissent leur nom et leur histoire. Tous les jours, des hommes viennent les voir pour leur dire qu'ils savent qui elles sont, et leur parlent de la façon dont elles s'habillent ou du fait qu'elles ne prient plus. Sara et Munira sont inquiètes car elles savent que leur famille est toujours à leur recherche. Et si l'un de ces hommes, qui connaissent leur nom de famille et celui de leur village, vendait des informations sur elles ? Le risque est trop grand. Au bout de treize jours, elles demandent à être hébergées ailleurs.

*

Novembre 2019, un petit village français. Le centre-ville, constitué d'immeubles en pierre, est entouré de zones industrielles reliées entre elles par des pans de campagne. Un parking accueille une fête foraine qui semble à l'abandon. Sur certains ponts qui enjambent une rivière marron, on ne croise que des chats. C'est ici que Sara et Munira vivent depuis six mois. Dans leur immeuble de cinq étages, des familles avec poussettes côtoient des retraités, des migrants et de rares adolescents qui tuent l'ennui en faisant du quad dans les allées. Vêtue d'un jean et d'une chemise à carreaux, Sara vient me chercher près d'une aire de jeux pour enfants. Nous retrouvons Munira dans leur appartement aux effluves d'encens, autour d'un thé et d'une assiette garnie de barres chocolatées.

Quand elles sont arrivées dans ce village français, elles ont d'abord été placées dans deux appartements différents. Quarante minutes de marche les séparent, et Sara fait le trajet tous les jours pour voir sa sœur. Au bout de quelques mois, parce que le courant ne passe pas entre Munira et sa colocataire, elles se retrouvent dans cet appartement qu'elles partagent avec deux autres jeunes femmes issues de pays africains ne parlant ni anglais ni l'arabe. Les sœurs prennent des cours de français trois fois par semaine dans un centre social municipal à quelques pas de là. Munira s'est même aventurée à un cours de danse où elle a appris quelques pas de madison. C'est là qu'elles s'initient à une certaine sociabilié, bien qu'elles ne soient pas toujours d'humeur. « Les gens avec qui on prend des cours de français ont souvent une perception islamique du monde, raconte Munira. Ça m'est arrivé de me disputer avec eux. Ils font croire qu'ils veulent être nos amis mais, au fond, ils pensent qu'on est des salopes et qu'en tant que femmes, on n'a droit à rien. »

C'est une petite ville et parmi les migrants qui attendent ici que leur demande d'asile aboutisse, tout le monde se connaît. Tout le monde sait qu'elles ont quitté leur famille et qu'elles n'ont plus que l'une et l'autre sur qui compter. « On nous demande tout le temps pourquoi on a fui un pays riche qui n'est pas en guerre », soupire Sara. Un jour, au début de l'été, Munira rentrait chez elle en short – c'était la première fois qu'elle en portait. Elle croise dans la rue un homme qu'elle a déjà vu avec les autres migrants. « Il m'a regardé avec cet air énervé que prenaient mon père et mes frères. Toutes mes craintes, tous mes souvenirs sont remontés à la surface. Je m'attendais à ce qu'il me frappe. » L'homme se contente de lui crier des insultes de loin. Elle se réfugie chez elle et tente de reprendre son souffle malgré ses larmes. « J'étais très en colère contre moi-même d'être encore faible après tout ce qu'on a traversé. J'aurais dû appeler la police. Mais depuis, je me sens plus forte et si ça se reproduit, je me défendrai. » Parce qu'elles ne vivent pas seules, elles retrouvent parfois ces gens qui se permettent de commenter leur vie sur le canapé du salon. Ces jours-là, elles s'enferment dans leur chambre. Dans leur nouvelle vie, il y a des bons jours et des mauvais jours.

Parmi ces mauvais jours : celui où leur famille a essayé de leur faire croire que leur mère était décédée. « Ils essayent de nous culpabiliser. Ils envoient des filles sur Twitter qui nous demandent où on se trouve et nous disent “ta mère est morte, tu devrais revenir”. Même si je n'ai jamais été proche de ma mère, j'ai quand même pleuré de peur que ce soit vrai », se souvient Munira. Au fond, les deux sœurs ne souhaitent aucun mal à leur famille, elles veulent juste vivre leur vie. Mais ce n'est pas encore à l'ordre du jour : « Je comprends que ce soit difficile pour eux de nous laisser partir », soupire-t-elle. Depuis qu'elles sont arrivées en France, elles ont été en contact intermittent avec deux amies de la famille. Sara et Munira leur font confiance mais refusent toujours de leur dire où elles se trouvent. « Parfois, elles nous demandent : “Il est quelle heure chez vous ?”, “Il fait beau ?” ».

Elles ont également été informées que leur plus jeune sœur voulait apprendre à conduire et refusait l'abaya. Pourtant, depuis le départ de Sara et Munira, elle a dû s'y résoudre car elle est surveillée de près pour ne pas qu'elle soit tentée de les imiter. Même les sœurs plus âgées de la famille doivent désormais porter une burqa, c'est-à-dire le voile dans sa forme la plus couvrante, qui ne laisse libre qu'une grille pour les yeux. Une de leur cousine, après avoir déclaré vouloir faire des études, a été mariée de force. Tous les téléphones ont été supprimés. « Notre fuite est une honte pour la famille. Le risque est que cela entache la réputation de nos sœurs qui deviendront alors plus difficiles à marier. » Il semblerait cependant que la famille n'ait pas perdu l'espoir que Sara revienne. « Ils pensent que c'est moi qui ai obligé Sara à venir avec moi, sourit Munira. Sara, la fille parfaite… » L'intéressée s'esclaffe. Elle n'a aucune intention de revenir même si son fils lui manque. Il a beau avoir presque dix ans désormais, elle l'appelle toujours « mon bébé ». Il y a peu, elle a reçu une photo de lui. C'est un garçon brun à l'air timide et aux joues rebondies. « Il demandait où j'étais, alors j'ai décidé de l'appeler. Je lui ai dit que j'étudiais à l'étranger, j'ai essayé de lui expliquer de ne pas croire tout ce qu'on lui dirait sur moi mais c'est difficile. On m'a dit qu'il avait l'air plus heureux après mon appel, ça m'a fait plaisir même si j'étais très triste. »

Cela fait alors plus de sept mois qu'elles espèrent un entretien avec l'Ofpra, l'organisme qui décidera si elles pourront ou non rester définitivement en France. Elles savent que cette attente peut durer jusqu'à deux ans, période pendant laquelle elles ne pourront pas étudier, travailler ou déménager – en somme, prendre leur vie en main, raison pour laquelle elles ont tout risqué. En attendant, elles sont logées par l'Ofpra là où l'organisme le décide, et elles reçoivent également une petite aide financière mensuelle. L'immobilisme met leurs nerfs à rude épreuve. Les disputes entre elles sont fréquentes. Munira se sent dépossédée du contrôle sur son avenir qu'elle a tant réclamé. Au fond, Sara s'adapte mieux : elle se lie avec d'autres, tente de prendre les choses légèrement, quand Munira tient à l'inflexibilité de ses critères, concernant ses amitiés comme ses projets.

Alors qu'elles sont en train de se disputer concernant la possibilité de changer de ville, elles reçoivent enfin un coup de fil de l'Ofpra. Elles sont attendues à Paris pour un entretien en janvier 2020, et débarquent à Montparnasse en pleine grève des transports. Chacune doit passer un entretien de deux heures et raconter son histoire. « J'ai donné trop de détails et sur la fin, je crois que j'ai oublié des choses », me raconte Munira en se triturant les mains alors qu'elle sort tout juste de son rendez-vous. Sara de son côté, n'a fait que « parler, parler, parler. Elle m'a demandé si je voulais un verre d'eau à un moment, j'ai dit non merci et j'ai continué à parler. J'étais très nerveuse, mais je voulais en dire le plus possible ». À la sortie, les filles se demandent si c'est bon signe qu'on ne leur ait pas demandé pourquoi elles ont choisi la France. On les a prévenues que la réponse pouvait tarder à arriver. Pourtant, la nouvelle tombe à peine quelques jours plus tard : après dix mois de combat, elles ont un nouveau pays.

Avril 2020. Alors qu'elles fêtent le premier anniversaire de leur fuite, Sara et Munira sont confinées chez elles pour lutter contre l'épidémie de coronavirus. Comme tous les Français, elles regardent Netflix et s'essaient à de nouvelles recettes de cuisine. C'est un énième temps d'immobilisme pour elles, mais celui-ci n'a pas la même saveur. Elles mettent ce temps à profit pour réfléchir. Dans cette petite ville, Munira a trop peur que ceux qui leur reprochent leur liberté ne finissent par mettre leurs menaces à exécution et retrouvent leur famille. Quelques mois après, elles partent pour une ville plus grande. Elles s'inscrivent à l'université, repartent de zéro, encore une fois. « Cette fois, on ne dira plus qui l'on est ni d'où l'on vient. Changer de nom est difficile mais c'est nécessaire. Plus personne ne connaîtra notre histoire. » Alors, enfin, elles pourront disparaître.

4

Selma

« Depuis mon mariage, je n'ai plus jamais eu l'impression d'avoir un tuteur »

Elle a la matinée devant elle avant de se rendre à son cours de langue vers midi. Plus tôt ce matin, elle a réveillé les enfants, leur a fait avaler un petit déjeuner en vitesse avant de leur visser un bonnet sur la tête. Sur le chemin, ils ont joué à ne marcher que sur les lignes blanches, en soulevant haut leurs petits pieds chaussés de bottines. Elle les a déposés à l'école à quelques rues de l'appartement en leur donnant à chacun un baiser sur la tête. Cet après-midi, elle travaillera sur son ordinateur, sans doute chez elle, en buvant du thé. Elle sera si concentrée qu'elle n'entendra rien autour d'elle. Son travail débordera probablement sur la soirée et quand les enfants rentreront, il faudra préparer le dîner puis les coucher. Elle partagera un verre avec son mari ; chacun racontera sa journée. Puis elle se remettra au travail. À l'heure du coucher, elle sera épuisée, comme toutes les mères de famille. Cette routine, cette fatigue banale, l'éternel recommencement qu'est la vie familiale, les douleurs aux cervicales qu'elle éprouve lorsqu'elle a travaillé trop longtemps courbée sur son ordinateur : tout cela la remplit d'un immense bonheur.

Cela fait presque deux ans qu'elle vit au Canada, deux ans que ce quotidien se déroule sans accroc. Selma n'en revient toujours pas. Elle a eu tant de chance, comparé à d'autres femmes. C'est à cela qu'elle songe en poussant la porte du café canadien dans lequel elle m'a donné ce premier rendez-vous pendant ces quelques heures de paix matinales. La perspective de raconter cette vie dont elle a toujours rêvé et la manière dont chaque décision a provoqué un enchaînement de micro-événements qui l'ont menée où elle est aujourd'hui la ramène en arrière, vers un passé où tout aurait pu basculer un million de fois. Je l'aperçois alors qu'elle pousse la porte, aux prises avec ses pensées. Son visage s'illumine d'un sourire timide lorsqu'elle s'assoit et dit doucement bonjour. Ses boucles brunes retombent sur les branches d'une paire de lunettes rondes. Elle a laissé en Arabie saoudite les manières d'une société obsédée par l'apparence ; elle est maquillée très légèrement, s'habille en fonction de la température, fait ses ongles elle-même – souvent, quand elle a le temps de le refaire, son vernis est déjà un peu écaillé. Tout, chez elle, renvoie l'image d'une jeune fille qui a les pieds sur terre, a choisi cette vie et sait qu'elle la doit en partie à sa détermination et en partie à la chance. Ses joues sont rougies par le froid. Dehors, l'automne est sur le fil de l'hiver, les feuilles mortes s'amoncellent sur les trottoirs. Les étudiants avalent leur café tout en marchant d'un pas vif, passent devant des églises centenaires auxquelles ils n'accordent plus un regard. Les pubs et les librairies côtoient les salles de sport et les fast foods. Selma n'aurait pas pu imaginer un endroit qui ressemble moins à celui où elle est née.

C'était il y a vingt-huit ans, dans une grande ville d'Arabie saoudite, au sein d'une famille nombreuse – « nombreuse » selon les critères saoudiens : Selma a trente-cinq frères et sœurs. Son père a plusieurs femmes et toute la fratrie vit ensemble dans une grande maison. Chaque mère élève ses propres enfants ; la mère de Selma s'est mariée à 16 ans et en a eu neuf. Avec tant de bouches à nourrir, la famille a des difficultés financières, d'autant que le père refuse que ses femmes travaillent. À l'occasion, la mère de Selma vend ce qu'elle cuisine mais le quotidien est fait de petits calculs et de la charité des voisins.

Toute la famille se rend chaque année à La Mecque, parfois en bus. C'est moins cher que l'avion mais le voyage dure près de vingt-quatre heures. Pendant douze ans, la petite Selma fréquente une école où l'on fait porter des gants et des chaussettes aux petites filles pour qu'aucun centimètre de leur peau ne soit visible. Dès l'âge de 8 ans, elle doit se couvrir intégralement. Elle se souvient encore de toutes ces petites silhouettes noires menues qui tombaient à la renverse dans la cour de l'école, faute d'y voir quelque chose, et de sa joie ambivalente lorsque sa famille lui a expliqué que désormais, elle était « une grande ». « Être une grande » signifie aussi, lui dit-on, que si elle ne met pas son abaya et ne couvre pas bien ses cheveux et son visage, « des hommes risquent de la suivre dans la rue ». Selma grandit avec cette menace en tête : les hommes sont supérieurs, ils ne doivent pas être provoqués. Personne, cependant, ne clarifie ce paradoxe : comment peuvent-ils être à la fois supérieurs et faibles au point de ne pouvoir résister à la vue d'une mèche de cheveux ?

Le père de Selma est intransigeant sur la religion, mais il est souvent absent. Avec autant d'enfants, il n'a que peu d'attention à accorder à chacun d'entre eux. Le week-end, ils se retrouvent tous ensemble et, telle une grande meute, ils se rendent parfois chez leur tante pour regarder des dessins animés. Bien que strict, ce père est rarement violent envers ses enfants, contrairement à ses quatre frères directs qui pensent que c'est par les coups qu'ils prouveront leur virilité. Ils font régulièrement du chantage aux filles en refusant de les conduire ici ou là si elles ne sont pas habillées comme ils le souhaitent. À chaque fois qu'un de ses enfants fait une bêtise, c'est la mère de Selma qui est battue. Malgré tout, elle et la grand-mère de Selma prennent toujours la défense des garçons. Dans la famille, on dit que c'est par ce contrôle sur les autres que les garçons sont censés « se forger une personnalité ». Mais la hiérarchie familiale est primordiale en Arabie saoudite : quand le père débarque, il calme les ardeurs de ses fils. « Il leur disait “quand je suis là, tu te tais, tant que je suis toujours en vie, c’est moi qui décide”. » Selma connaît cela pendant vingt-trois ans.

Ses souvenirs d’enfance ont pour toile de fond commun un brouhaha sonore fait du piaillement de tous ses frères et sœurs. Il s’agit plus d’une communauté que d’une famille à proprement parler, avec un chef distinct et des sous-chefs responsables de faire passer les ordres. Un souvenir, en particulier, résume bien le décalage qu’elle a toujours perçu entre elle et les siens. Alors qu’elle 18 ans, elle passe son après-midi avec une de ses petites sœurs, de dix ans sa cadette. La petite fille est triste pour une raison que Selma a oubliée, alors cette dernière la prend dans ses bras pour la consoler. La silhouette de son père passe dans le couloir. Il revient sur ses pas, les regarde puis entre dans une rage folle et ordonne à chacune de regagner sa chambre. Selma a beau réfléchir, elle n’arrive pas à se souvenir si elle a fait quelque chose de mal au cours des jours qui ont précédé. Est-ce qu’elle a oublié de faire une tâche ménagère ? Est-ce que l’école a téléphoné pour se plaindre d’elle ? Est-ce que son père a fouillé sa chambre et y a trouvé quelque chose de compromettant ? Elle n’en a pas la moindre idée mais il ne lui adresse plus la parole pendant plusieurs jours. C’est finalement sa mère qui est envoyée pour lui faire la leçon. « Elle m’a dit que c’était mal de faire des câlins à ma petite sœur, que ça pouvait la “rendre lesbienne”. » À partir de ce jour, Selma doit faire attention à ne toucher personne. « Je ne pouvais pas toucher mes sœurs. Nos frères ne pouvaient pas nous toucher non plus, pour éviter qu’ils nous “séduisent”. Au final, on ne s’effleurait jamais, même ma mère ne touchait pas ses enfants. ». Elle y repense à chaque fois qu’elle prend ses fils dans ses bras.

*

2005. Reda a 16 ans. Dans la glace, il observe le reflet d'un jeune homme presque adulte, la barbe longue, le regard dur. Il a grandi dans une famille traditionnelle et veille sur ses sœurs comme si leur réputation et la sienne ne faisaient qu'un. Il se rend à la mosquée plusieurs fois par semaine et discute avec des camarades qui lui apprennent à être un bon musulman. Pour lui, les femmes doivent se couvrir en signe de respect vis-à-vis de Dieu et des hommes. Elles doivent baisser les yeux, ne pas se parfumer ni parler trop fort. Un jour, pense-t-il, Dieu mettra sur son chemin une femme comme cela : elle sera issue d'une famille religieuse, se couvrira de la tête aux pieds, se soumettra à lui. Reda n'entend jamais user de la violence envers une femme, il souhaite seulement que sa future épouse craigne Dieu comme il le craint. Si Dieu le veut, il épousera d'autres femmes. Son père, aussi strict soit-il en apparence, boit à la maison, ne prie pas, et se lie régulièrement avec des étrangers non musulmans. Reda le regarde faire et ne supporte pas cette hypocrisie. Il ne veut pas devenir comme lui. Cela l'attriste de savoir que son père n'ira probablement jamais au paradis. Pour sauver la réputation de sa famille, lui sera religieux pour deux. Ses enfants seront de bons musulmans. Ses sœurs seront des femmes respectables. Il fera la fierté de sa famille.

Au même moment, Selma a 14 ans. Elle est seule chez elle avec sa mère. Dans sa tête, il ne se passe rien mais dans son corps elle ressent comme un besoin impérieux, une pulsion plus forte que tout : elle a *besoin* d'être ailleurs. De sortir de la maison, de s'éloigner. C'est comme si son corps avait pris cette initiative de lui-même. Elle attrape son abaya, sort de chez elle, se met à marcher sur le trottoir, sans but mais avec détermination. De loin, un voisin l'aperçoit. Les femmes ne sont pas censées marcher d'un pas pressé et seules dans la rue. Il s'approche d'elle et lui demande si elle a besoin d'aller quelque part. « Non, merci », marmonne-t-elle avant de se remettre à marcher, de plus en plus vite. Elle ne sait pas où elle va. Le voisin s'empresse de rapporter à la mère de Selma ce qu'il vient de voir. Était-ce bien sa fille, qui partait seule à grandes enjambées ? À bord de la voiture du voisin, sa mère rattrape bientôt Selma. Elle s'arrête à sa hauteur, se jette sur elle en hurlant. L'adolescente est ramenée à la maison et enfermée dans sa chambre. Quand la porte claque derrière elle, Selma ne sait toujours pas bien ce qui lui a pris.

2008. Reda a 18 ans. Depuis quelque temps, il ne sait plus vraiment en quoi il croit. La nuit, quand personne ne le regarde, il traîne sur des forums Internet. Surtout un : un blog qui s'appelle *Free Saudi Liberals* (« Libérer les libéraux saoudiens »), créé par un certain Raif Badawi. Âgé d'à peine quelques années de plus que Reda, ce jeune Saoudien milite pour une libéralisation morale du pays. Dans des textes qui suscitent énormément de commentaires, le blogueur interroge les règles de son pays : pourquoi les femmes auraient-elles besoin d'un tuteur ? Pourquoi tous les Saoudiens devraient-ils croire en Dieu ? Badawi, comme Reda, est croyant mais il défend le droit d'exprimer des opinions divergentes et de débattre dans l'espace public. Depuis la création de la première forme de son blog en 2006, près de 2 000 Saoudiens échangent sous pseudonyme sur le forum associé. Reda s'est créé un profil en secret. Il lit avec attention les écrits de Badawi, notamment lorsqu'il prédit que, si les fatwas ne cessent pas, les penseurs arabes finiront tous par quitter le pays, ou quand il affirme que les États basés sur la religion ne font que contraindre leur peuple dans un cercle vicieux de foi et de peur. Reda se procure des livres interdits et les dévore tous. Il passe deux ans à débattre avec des inconnus qui lui ouvrent les yeux. Peu à peu, son regard sur la façon dont est dirigé son pays, sur la religion, sur la liberté de l'individu et des femmes, change. Poussé par la communauté du blog *Free Saudi Liberals* qui se déplace sur Twitter, Reda s'inscrit sur le réseau social et poursuit ces discussions. Il continue de se mêler à cette petite communauté qui discute librement, toujours le visage dissimulé derrière des photos anonymes, et participe notamment aux différentes campagnes en ligne contre le système de tutorat.

2010. Chez Selma, l'ambiance familiale est lourde. La jeune fille a 19 ans, elle se fait toute petite, aimerait disparaître. Sa sœur l'a surprise en train de dialoguer avec un garçon sur Twitter. Personne n'est au courant qu'elle y a un profil. Le réseau social est sa seule fenêtre sur l'extérieur, elle y passe de plus en plus de temps. Elle y discute avec des filles à qui elle confie son sentiment de malaise face à ce pays qui ne la comprend pas. Elle rencontre aussi des garçons, selon elle « typiquement saoudiens ». « Ils vont sur les réseaux sociaux pour rencontrer des filles mais ils considèrent que si ces filles parlent à des mecs, ce sont des mauvaises filles. » La même situation se répète encore et toujours : dès qu'un lien est tissé, le jeune homme devient méfiant et jaloux. « Ils finissent tous par dire “si tu me parles à moi, alors tu parles à d'autres, et si tu trompes ta famille pour me parler alors tu me tromperas moi aussi”. » Selma passe le temps avec une poignée de ces spécimens mais elle ne s'attarde jamais vraiment. Pourtant, elle est devenue accro à cette liberté. Quand elle est interdite de téléphone pendant un an, elle s'en procure un autre en secret.

Selma ignore si sa sœur a rapporté à ses parents ce qu'elle a découvert sur ses nouvelles habitudes. La jeune fille a peur des conséquences qui pourraient s'abattre sur elle. Sans réfléchir, elle se lève, ouvre la porte et quitte la maison. « Elle s'en va ! », s'écrie sa mère avant que ses frères ne se lancent à sa poursuite. L'adolescente n'a même pas eu le temps d'aller au bout de la rue. Après cet épisode, elle n'ouvre plus la bouche pendant une semaine. « Ils m'ont demandé où je voulais aller, qui je voulais rejoindre, mais je n'ai rien dit. Je n'avais rien à dire : je n'avais pas de plan, je n'avais même pas mon passeport sur moi, je voulais juste partir. »

2012. Le 17 juin, le blogueur Raif Badawi est arrêté pour insulte à l'islam et bientôt condamné à dix ans de prison et mille coups de fouets. Le cœur de Reda se serre. Dans la chambre de Selma, la sonnerie d'un portable caché sous un coussin retentit.

*

Elle ne se souvient pas du contenu du premier message mais bien de sa réaction : la méfiance. « On nous apprend à être toujours méfiantes vis-à-vis des hommes : j'ai d'abord été sur mes gardes. » Ce n'est pas parce que Reda réagit à son discours sur la liberté des femmes et lui parle de l'abolition du système de tutorat, pas parce qu'il semble être de son côté et qu'il écrit bien, qu'il ne va pas finir par réclamer quelque chose d'elle, comme les autres avant lui. Les jours passent, la discussion se poursuit à raison de plusieurs messages par jour. « On se parlait ouvertement, comme des amis. Au bout de quelques jours, j'étais à l'aise avec lui. On était souvent d'accord. » Quand il parle de la condition de la femme, Reda donne l'impression de se mettre à sa place ; avant lui, elle n'avait jamais rencontré d'homme qui fasse ça. « Il me disait : "C'est ton droit d'en parler. Si tu ne t'exprimes pas, ils vont finir par t'enlever tous tes droits." Je me suis sentie comprise, enfin. » Ils parlent de leur famille, de leurs frustrations vis-à-vis du pays et de l'avenir. Ce n'est qu'après six mois pendant lesquels ils se parlent tous les jours qu'ils échangent enfin des photos.

Mais quand Selma lève les yeux de son téléphone, le monde autour d'elle ne s'est pas arrêté de tourner comme elle l'aurait souhaité. Elle a 21 ans et ses parents estiment qu'il est temps de la marier. Un homme de quatre ans son aîné s'est présenté à son père et a demandé sa main. Il est très religieux – pendant toutes nos conversations, Selma dessine une longue barbe avec ses mains quand elle dit « religieux » –, naturellement son père l'adore. « Il m'a suivie dans toute la maison pendant des jours en me répétant : "Il craint Allah, il ne te fera jamais de mal !" »

Selma a passé son enfance à voir son père frapper sa mère ou à autoriser ses fils à le faire, elle sait bien que l'argument de la religion ne tient pas. Quand elle était petite, il n'était pas envisageable de se rendre à l'hôpital en cas d'urgence car des hommes y travaillaient. Un jour, elle avait aussi vu son père pointer une arme sur la tempe de sa tante parce que celle-ci, divorcée, avait osé se rendre seule au supermarché. Selma est sûre d'elle : elle n'a aucune envie d'épouser « un religieux ». Mais pour les unions, la règle implicite en Arabie saoudite est la suivante : plus une jeune fille dit non, moins les prochains prétendants seront socialement intéressants pour les familles, sûrement parce qu'une fille qui dit trop souvent non est considérée comme un nid à problèmes dont les « bonnes » familles ne souhaitent pas s'approcher. Pour Selma non plus, ça ne loupe pas : le prochain homme qui demande sa main a quarante ans et il est dans l'armée. « Les pires ! s'exclame-t-elle. Ils sont violents, toujours en colère, suspicieux... » La grande sœur de Selma lui assure que le militaire est très beau. Selma s'en moque. Elle refuse. Elle sait que, bientôt, ses jokers s'épuiseront et qu'elle se retrouvera au pied du mur.

*

Il n'y a pas de coucher de soleil, de bague ou d'extravagantes déclarations d'amour mais un jour, Reda demande sa main à Selma. Ils ne se sont jamais vus. Cela semble être une question de pragmatisme. « J'ai longtemps cherché quelqu'un qui avait les mêmes opinions que moi », lui dit-il. Dehors, il fait sombre, la lumière artificielle du téléphone se reflète sur ses lunettes quand Selma tape sa réponse : elle voudrait réfléchir un peu. Cela paraît fou, Reda et Selma ne se connaissent que depuis six mois. Mais elle sait ce qui l'attend si elle le repousse : un mariage avec un parfait inconnu. Quelques jours plus tard,

Selma lui envoie sa réponse : « Marions-nous ! » « Autant épouser quelqu'un qui me ressemble et avec qui je m'entends bien », se dit-elle. S'ils sont bien décidés à unir leurs destins, la tâche ne s'avère pas aisée. Ils ne sont pas les décisionnaires. Selma ne peut pas dire à sa famille qu'elle a rencontré un garçon sur Internet ; elle ne peut même pas leur dire qu'elle le connaît. Alors il faudra faire croire qu'ils ne se connaissent pas.

Ce jour-là, Selma enfile une longue jupe et un tee-shirt à manches longues. Elle a exceptionnellement le droit d'enlever son voile et de montrer ses cheveux, même si cela ne dure que quelques minutes. Elle se maquille en tremblant légèrement. Elle sait que ce jour restera l'un des plus importants de sa vie, celui où, peut-être, elle réussira à berner tout le monde et à reprendre sa vie à ceux qui pensaient la posséder. Cette idée lui coupe la respiration, il lui faut quelques minutes de calme pour reprendre son souffle. Elle jette un dernier regard dans le miroir et se lance. Quand elle fait son entrée au salon, sa famille est déjà réunie. Tous les visages se tournent vers elle. Celui de Reda aussi. Il est habillé, comme tous les hommes en Arabie saoudite, d'un qamis[1], ce long vêtement blanc à mi-chemin entre la chemise et la tunique, et d'un keffieh. Elle n'ose pas croiser son regard mais elle sent le sien sur elle. Timide, elle s'assoit à la place qu'on lui indique sur le canapé, entre Reda et son père. Ils se regardent enfin, esquissent un sourire. C'est leur première rencontre. Il ressemble exactement aux photos qu'il lui a envoyées : il a de grands yeux malicieux d'un noir profond, une petite moustache, un sourire rassurant. Pendant quelques minutes, ils échangent formellement, comme s'ils ne s'étaient jamais adressé la parole, devant le père de Selma qui écoute et se tourne vers l'un puis l'autre comme s'il assistait à un crucial match de tennis. Les fiancés se demandent « ça va ? », « tu fais quoi dans la vie ? », « tu vas à quelle

1. Aussi appelé, parfois, *thawb*, ou *dishdasha*.

université ? », « et ça te plaît ? ». Reda lui sourit avec les yeux en lui répondant.

Pour être invité chez le père de Selma, il a fallu ruser. Reda étant un homme, il s'est permis de dire la vérité à sa famille : il a rencontré une fille sur Twitter, il veut l'épouser. Ses parents s'y sont opposés farouchement. Pendant trois longs mois, le jeune homme a dû négocier, se disputer, taper du poing sur la table. C'est à ce moment-là que Selma, qui suivait les négociations à distance, est tombée amoureuse de lui. Ce qui était surtout un arrangement dans l'intérêt de tous devient une histoire d'amour. « Pour la première fois de ma vie, quelqu'un se battait pour moi. Il s'en foutait de savoir ce que sa famille pensait, il me voulait moi, même quand ils lui ont tous dit que j'étais forcément une "mauvaise fille", que je le tromperais. Il n'a pas renoncé. » Reda décide d'employer les grands moyens. Il prévient sa famille : s'ils ne veulent pas se plier à sa décision d'épouser Selma, il couchera avec toutes les filles d'Arabie qui voudront bien de lui, leur fera des enfants illégitimes et se fera un malin plaisir de ternir la réputation de sa famille. Ses parents restent interdits. Est-ce que leur fils est devenu fou ? Est-ce qu'il bluffe ? Espérant peut-être secrètement que la famille de Selma refusera son offre, ils finissent par accepter à demi-mot cette idée de mariage. Il suffit ensuite à Reda d'appeler le père de Selma et de lui dire qu'il a entendu parler de la bonne réputation de sa fille et qu'il souhaite l'épouser. Les parents de Selma se renseignent sur ce jeune homme, appellent voisins et amis : personne n'a rien à dire de négatif sur Reda. Il est jeune, travaille, ne traîne pas de divorce ou de scandale derrière lui.

La rencontre ne dure qu'une dizaine de minutes. Il s'agit surtout de plaire à la famille et de démontrer son sérieux. Reda fait bonne impression, puis c'est déjà terminé. Il s'en va, Selma l'aperçoit une dernière fois, avant qu'il ne disparaisse derrière la porte en un mouvement de coton blanc. Elle fait mine d'hésiter un instant avant de dire à ses parents que oui, elle consent à épouser ce jeune homme. Quand elle s'enferme enfin dans sa chambre pour être seule, elle sourit dans le vide. « Il a ensuite fallu attendre les fiançailles officielles qui ont eu lieu quelques mois plus tard. Il passait me voir, parfois avec sa famille, parfois seul. » Les amoureux n'ont pas le droit de se retrouver seuls ni de se toucher, mais ils peuvent parler pendant des heures s'ils le souhaitent. « On parlait de son boulot et de ma fac, de ce qu'on pourrait faire quand on vivrait ensemble, de la maison qu'on avait envie d'avoir. » Reda est déjà à la recherche de cette maison, il lui ramène des photos de toutes ses visites immobilières. Ils célèbrent ensemble les 22 ans de Selma. Pour la première fois, elle imagine un avenir radieux.

*

Le mariage a lieu en 2013. Selma et heureuse et nerveuse – elle sait que la cérémonie implique aussi la nuit de noces. « Personne n'en parle, raconte-t-elle. Ma mère ne m'en a jamais rien dit, entre amies on n'en parle pas trop parce que c'est considéré comme dégoûtant et honteux. Les filles ne savent pas ce qui va se passer, comment, ce qu'elles doivent faire ou ne pas faire. » Pendant toutes leurs années de jeunes filles, les Saoudiennes ont l'interdiction de penser au sexe. Elles doivent s'en protéger à tout prix, refuser les avances, se montrer complètement indifférentes et dégoûtées. Et soudainement, le soir de leur mariage avec un homme qu'elles ne connaissent le plus souvent que très peu, voilà qu'elles sont censées tout accepter et se montrer dociles. « Tout à coup, tout le monde te dit "allez, va coucher avec ton mari maintenant, c'est permis !" », s'amuse Selma. Elle se souvient d'une de ses amies, mariée trois mois après elle, qui a très vite déchanté. « Elle s'est disputée avec son mari parce qu'elle n'aimait pas comment il lui faisait l'amour. Il ne l'embrassait pas, n'était jamais tendre avec elle, il la prenait comme si elle était un objet. Quand elle lui en a parlé, il a dit : “Et comment tu saurais à quoi c’est censé ressembler ? Tu l’as déjà fait avec quelqu’un d’autre, c’est ça ?”. » La jeune fille a beau lui répondre qu’elle en parle avec ses amies, son mari est suspicieux et lui rétorque que c’est de sa faute ; elle est si frigide qu’il n’a pas envie d’elle. « Depuis, elle sait qu’il la trompe mais il continue de dire que c’est elle le problème. » Là aussi, Selma a de la chance. Lors de sa nuit de noces, Reda lui dit qu’elle n’est obligée de rien et qu’il peut attendre qu’elle se sente prête. Pendant une semaine, ils se touchent à peine. « Et puis j’ai commencé à le voir comme mon mari et j’ai décidé d’essayer. Il m’a détendue, m’a dit qu’on pouvait arrêter si j’avais mal. Je sais que c’est très rare que ça se passe comme ça. »

Le jeune couple emménage dans un nouveau quartier de la ville. Ils auraient pu s’installer dans la famille de Reda comme cela se fait parfois mais le jeune homme préfère éloigner sa femme de sa famille, qui continue d’avoir une image négative de leur nouvelle belle-fille. Selma a alors 22 ans et commence une toute nouvelle vie. Reda lui ouvre un compte en banque à son nom, lui fait faire un passeport. En tant que femme mariée, elle peut rendre visite seule à sa sœur, rejoindre ses amis où elle veut, continuer ses études d’anglais à l’université. Même dans la rue, elle arrête de porter le niqab et peut « enfin respirer normalement ». Quand des hommes lui lancent des regards de haine, Reda lui serre la main un peu plus fort. Mais le couple ne peut éviter quelques altercations : « Je me souviens d’un homme qui m’a hurlé “couvre toi !” dans la rue et qui a dit à mon mari “t’aimes que tout le monde regarde ta femme ? T’es pas jaloux ?”. Ils ont essayé de m’interdire l’accès à un centre commercial parce que je ne portais qu’un voile qui couvrait mes cheveux, des hommes ont appelé la police pour me faire sortir. » Mais la police ne peut rien faire : Selma a la bénédiction de son tuteur. Reda est fier qu’elle marche la tête haute. « Depuis mon mariage, je n'ai plus jamais eu l'impression d'avoir un tuteur », dit-elle.

Le jeune couple se met à voyager, se rend en France, en Suisse, en Turquie, dans les Émirats… et zappe La Mecque. La tradition veut que les couples mariés fassent le pèlerinage « avant le voyage de noces » mais Selma n'a aucune envie d'aller une énième fois à La Mecque, qu'elle connaît par cœur. Tout cela fait enrager leurs deux familles, d'autant que ces voyages représentent beaucoup d'argent. « "Tu sais que j'ai des dettes et toi tu as de l'argent !", me disait mon père. » Mais le couple veut être indépendant, ne rien devoir à leurs familles ni que ces dernières leur doivent quoi que ce soit en retour.

Il n'existe qu'un point de discorde dans le couple formé par Selma et Reda : la religion. Certes, ni Reda, malgré son passé de strict religieux ni Selma ne peuvent dire qu'ils croient encore en un Dieu tout-puissant. Mais si Reda est passé d'un extrême à l'autre en considérant désormais la religion comme une vaste arnaque, Selma est encore attachée aux valeurs de l'islam. S'occuper des gens qui l'entourent, essayer de toujours s'améliorer, rester modeste… : autant de valeurs qui restent des piliers de son mode de vie. Elle n'oublie ni son éducation ni le fait que, pendant vingt ans, elle a prié cinq fois par jour en craignant ce qui pourrait lui arriver si elle ne le faisait pas. Les paroles parfois radicales de Reda la blessent. Pourtant, depuis leur emménagement ensemble, ils ont naturellement arrêté de prier ; ni l'un ni l'autre n'en ressent le besoin. Bien sûr, ils ne parlent de tout cela à personne. « J'ai arrêté de pratiquer, on m'avait trop obligée dans mon enfance, mais il m'a fallu plus de temps et de réflexion personnelle pour me faire ma propre opinion et accepter l'idée que j'avais été élevée dans quelque chose auquel je ne croyais plus », explique Selma. Pendant longtemps, le couple cesse d'en parler. Aujourd'hui, Selma raconte avoir arrêté de « penser à la religion » : « Je vis simplement ma vie, j'essaie d'être quelqu'un de bien et de faire le bien autour de moi, je pense que c'est le plus important. » Hors de question pour elle de donner la même éducation que celle qu'elle a reçue : « On m'a forcée pendant vingt-trois ans, je ne veux pas forcer mes enfants à croire en tel ou tel Dieu. Ils décideront quand ils seront grands. »

*

Un peu plus d'un an après leur mariage, Selma tombe enceinte et donne naissance à un garçon. C'est le portrait craché de son père et le premier petit-fils des parents de Reda. Mais la joie ne dure qu'un temps. Selma veut continuer à travailler après la naissance de son fils – elle travaille à l'accueil d'une banque –, ce qui contrarie sa belle-famille. Chez eux comme dans la famille de Selma, aucune femme ne travaille. Or Selma a décidé que son fils irait à la crèche. Il y en a peu en Arabie saoudite, puisque la grande majorité des femmes restent à la maison, mais elles existent. La famille refuse, ce n'est pas digne de leur petit-fils. Un compromis est trouvé : le couple paye une nounou qui vient s'occuper de l'enfant chez ses grands-parents. Cet accord fonctionne pendant près de six mois, jusqu'à ce que la famille renvoie la baby-sitter sans crier gare. Les parents de Reda réclament alors un petit peu d'argent contre la garde de leur petit-fils. Il en sera ainsi, dans la tension générale, jusqu'à ce que Selma tombe à nouveau enceinte. Avec deux enfants à la maison, elle n'a plus envie de se battre contre sa belle-famille et cède. Elle arrête de travailler pour s'occuper de ses enfants.

La venue de ce deuxième fils n'apaise pas les tensions, bien au contraire. Si l'aîné ressemble à son père, c'est à sa mère que le deuxième a emprunté ses traits. La photo des deux garçons s'affiche sur le portable de Selma à chaque fois qu'elle consulte son téléphone : ce sont deux adorables bambins bruns aux grands yeux, l'un les cheveux en bataille, l'autre les cheveux bouclés comme ceux de sa mère. « Parce que mon second fils ressemblait moins à mon mari, sa famille a décrété qu'il n'était pas de lui et que je l'avais trompé. » Selma est exaspérée mais elle décide de prendre sur elle, encore une fois.

La patience du couple a néanmoins des limites. Un jour, ils reçoivent une lettre tamponnée du tribunal. Ne sachant probablement plus que faire de ce couple sur lequel ils ont de moins en moins de prise, les parents de Reda et de Selma se sont conjointement tournés vers le système saoudien, toujours plein de ressources. Car si les femmes ne sont pas soumises à leur tuteur de mari, elles peuvent toujours l'être par leurs parents. « Ils nous ont accusés de "désobéissance", raconte Selma, l'air de ne toujours pas y croire. Ils n'ont même pas vraiment besoin de preuves concrètes pour cela. Ils sont allés voir un juge et lui ont dit que nous n'étions pas de bons musulmans, qu'on ne priait pas, qu'on voyageait à l'étranger, qu'on n'était pas allés à La Mecque. » La manœuvre est limpide : les grands-parents veulent récupérer les petits-enfants. Ils arguent que les parents ne les élèvent pas dans la religion. S'ensuit une dispute globale. Reda se fâche avec ses parents puis avec ceux de Selma, tandis que cette dernière entre en conflit avec son père qui veut la ramener à la maison et la libérer de la « mauvaise influence » de son mari. Un jour, il débarque même chez elle. « Je lui ai hurlé dessus en lui disant qu'en six ans de mariage il était venu deux fois chez moi et qu'il ne m'avait jamais demandé si j'étais heureuse. La vérité, c'est qu'il ne me connaissait plus », raconte Selma. Des deux côtés, les parents ne veulent rien entendre et même si leur plainte n'aboutit pas, ils continuent de venir tambouriner à la porte du couple, amenant avec eux reproches et menaces. Les enfants commencent à avoir peur de toute cette agitation. Selma et Reda décident de déménager, ne communiquent leur nouvelle adresse à personne et coupent les ponts avec le reste de la famille. Ils ne le savent pas encore mais à peine un mois plus tard, c'est avec leur pays qu'ils couperont les ponts.

*

Elle réajuste ses lunettes et se passe la main dans les cheveux, comme si, devant son ordinateur, l'expéditeur du mail qu'elle attend pouvait la voir. Quand elle l'ouvre enfin, c'est une réponse négative. Selma pousse un long soupir. Elle a l'impression que c'est le 500e CV qu'elle envoie. Cela fait un an qu'elle est à la maison avec ses deux fils et elle souhaite ardemment retrouver du travail. Elle a pourtant un diplôme et un peu d'expérience, mais cela ne semble pas suffire. Les lettres de refus polis s'amoncellent chez elle ; les enfants font parfois tomber du jus de fruit dessus.

Si, de l'étranger, l'Arabie saoudite est vue comme un pays prospère où les familles ont toutes des chauffeurs et des grandes maisons, une autre réalité existe, plus modeste. En 2018, le chômage a atteint un taux record : il concernait 12,9 % de la population active. Parmi elle, 64 % sont des jeunes qui ont entre 20 et 29 ans. Si les femmes travaillent un peu plus qu'avant, elles ne constituaient que 26 % de la population active fin 2019[1]. Les recettes du pétrole et du tourisme naissant ne « reviennent pas aux Saoudiens », insiste Selma. En réalité, les Saoudiens de la classe moyenne sont de plus en plus pauvres, d'autant qu'ils payent depuis 2018 un impôt qui prend la forme d'une TVA de 5 % sur les biens et services. « L'Arabie saoudite, ce n'est pas le Qatar ou Dubaï, précise le politologue Riadh Sidaoui. Il y a eu une explosion démographique, la population atteint les 35 millions d'habitants, dont environ 5 millions vivent au-dessous du seuil de pauvreté. Par ailleurs, plus de 80 % des Saoudiens ne sont pas propriétaires. » C'est le cas de Selma et Reda, qui louent un appartement dont les charges peuvent

1. Chiffres donnés par la General Authority for Statistics, l'agence gouvernementale saoudienne chargée de produire, d'analyser et de publier des statistiques sur le pays.

augmenter soudainement : il est arrivé que leur facture d'électricité soit sans raison multipliée par sept d'une année sur l'autre, passant de cent riyals par mois (environ 25 euros) à 600 riyals (150 euros).

Le pays change car son dirigeant a changé. Mohammed ben Salmane, le prince héritier, est un jeune homme imposant d'1 m 90. Il est aussi le fils préféré de la femme préférée du Roi – la troisième, sur un nombre indéterminé –, celui qui est resté au pays pour faire ses études, contrairement à ses frères et ses cousins. Avant même ses 25 ans, il était déjà le conseiller principal de son père, malgré une passion que l'on dit dévorante pour les jeux vidéo (de guerre, de préférence). Que ben Salmane se retrouve premier dans l'ordre de succession n'allait pourtant pas de soi. En Arabie saoudite, le pouvoir se passe traditionnellement de frère en frère. En 2015, lorsque le roi Abdallah décède, c'est donc son demi-frère Salmane qui accède au pouvoir. Celui-ci désigne son demi-frère Moukrine ben Abdelaziz prince héritier, et son neveu, le prince Mohammed ben Nayef, prince héritier « second ». Mais Abdelaziz est finalement écarté au bout de quelques mois – sa mère étant d'origine yéménite, il ne fait pas l'unanimité en temps de guerre avec le Yémen. Ben Nayef se retrouve prince héritier, et MBS prince héritier second, une place qui ne lui convient guère. En 2017, ben Nayef lui « cède » gracieusement sa place. Un article du *New York Times* affirme que MBS et son père ont conspiré pour écarter ben Nayed, allant même jusqu'à le séquestrer afin qu'il accepte de laisser sa place[1]. D'après un autre article de *NBC News*[2], MBS aurait également fait enfermer sa mère dans son propre palace afin de l'empêcher d'influencer le roi dans sa décision.

1. Ben Hubbard, Mark Mazzetti et Eric Schmitt, « Saudi King's Son Plotted Effort to Oust His Rival », *The New York Times*, 18 juillet 2017.

2. Carol E. Lee, Courtney Kube, « US officials : Saudi Crown Prince Has Hidden from His Father », *NBC News*, 15 mars 2018.

Tout cela reste secret en Arabie saoudite et lors de son accession au pouvoir, l'image publique de MBS est celle d'un jeune trentenaire moderne qui ressemble à son peuple et entend se débarrasser de l'influence religieuse. Il retire rapidement presque tous ses pouvoirs à la police religieuse, qui n'est plus que symbolique. Comme beaucoup d'autres jeunes Saoudiens alors, Selma et Reda l'aiment bien. « Il semblait progressiste. Tous les rois sont si vieux, on se disait qu'il comprendrait peut-être mieux les désirs des jeunes. » Mais le couple déchante vite. En novembre 2017, une arrestation de grande ampleur a lieu à Riyad : plusieurs centaines d'hommes d'affaires, de princes et de ministres sont arrêtés dans la nuit et détenus à l'hôtel Ritz-Carlton. MBS les fait installer dans de luxueuses suites mais les couloirs sont pleins d'agents de sécurité et le message est très clair : le prince héritier vient de créer un comité anticorruption et ils ne sortiront pas d'ici avant d'avoir conclu un accord financier avec les autorités. En clair, ils ne pourront quitter les lieux et reprendre leurs activités commerciales que lorsqu'ils auront payé. Sous couvert de lutte anticorruption, MBS affaiblit surtout tous ceux qui ont trop de pouvoir à son goût. Le « prisonnier » le plus célèbre est le prince Al-Walid ben Talal, cinquantième fortune mondiale et propriétaire entre autres de l'hôtel George V à Paris. Il est libéré trois mois plus tard. « Bien sûr que tous les gens arrêtés au Ritz n'étaient pas innocents et que beaucoup ont pris de l'argent, mais MBS ne règle pas le problème, il fait juste la même chose, soupire Selma. On raconte que ben Talal ne peut plus sortir du pays, qu'il n'a plus accès à ses comptes mais il fait le tour des médias pour dire à quel point MBS est formidable, parce qu'il y est obligé. »

Quelques mois plus tard, MBS ordonne l'arrestation des militantes féministes du pays. Loujain Al-Hathloul, Samar Badawi et Aziza Al-Yousef, parmi d'autres, sont emprisonnées pour avoir milité pour le droit de conduire et contre le système de tutorat. Pourtant, à peine un mois plus tard, le prince autorise les femmes à conduire. Selma, qui mène depuis quelques années une vie de femme plus libre, se rend compte que le pays n'a pas changé et ne changera peut-être jamais ; elle est abattue. Loujain Al-Hathloul est à peine plus âgée qu'elle. « Les femmes ont demandé des droits, et lui il envoie les féministes en prison. Il veut s'approprier le mérite de leurs combats pour ne pas que les gens pensent que l'activisme peut aboutir à quelque chose. »

En réalité, l'opération « Vision 2030 » n'a qu'un but : relancer l'économie saoudienne. Pour cela, MBS compte mettre les femmes au travail, développer le tourisme et attirer les investissements étrangers. Il sait bien que donner des libertés aux femmes et permettre aux touristes de se photographier dans le désert lui assurera une image favorable aux yeux des investisseurs, qui se sentiront moins coupables de placer leur argent dans le royaume. Autoriser les femmes à conduire permet à MBS d'être présenté par les médias étrangers comme le libérateur de la femme saoudienne, mais c'est aussi une solution simple pour qu'elles puissent se rendre au travail. Toutes n'ont pas les moyens de prendre un chauffeur pour se déplacer tous les jours, d'autant plus que MBS a chassé du pays des millions d'étrangers venus du Pakistan, du Bangladesh ou des Philippines, qui occupaient souvent les postes d'aides de maison et de chauffeurs. Hala Al-Dosari, l'éditorialiste du *Washington Post,* ajoute : « C'est aussi pour cette raison que les femmes ont désormais le droit d'obtenir leurs passeports sans l'accord de leur tuteur, pour qu'elles puissent voyager pour le travail et parce que la mobilité dans le pays doit s'améliorer si on veut développer le tourisme. Ce sont des réformes positives pour les femmes mais il ne faut pas oublier que si MBS voit désormais les femmes comme un atout économique, il ne les voit toujours pas comme égales aux hommes. » Selma relativise ces nouvelles réformes qui ont fait la une dans le monde entier : « Qu'est-ce que c'est, conduire, par rapport à une vie libre ? C'est juste de la propagande pour faire croire au monde que le système de tutorat est aboli. » Or le système est toujours bien en place, avec une conséquence simple : si le tuteur d'une femme ne veut pas qu'elle travaille, qu'elle voyage ou qu'elle conduise, alors elle ne le fera pas.

Il en va de même des grands événements de divertissement autorisés par MBS : « La plupart des filles qui sont allées à ces concerts étaient accompagnées de leurs tuteurs, reprend Selma. Et comme il y a des caméras, les autres ont probablement eu des ennuis ! Ça aussi, c'est pour faire croire que le pays est ouvert, parce qu'ils savent qu'un festival de musique dans le désert, ça va se retrouver sur Instagram. » Quant au tourisme, notamment autour du site archéologique d'Al-Ula, il est aussi orchestré par l'État lui-même, qui invite aux frais du prince de multiples célébrités et influenceurs à venir faire la promotion du pays sur les réseaux sociaux. Cette politique hypocrite de ben Salmane donne des envies de fuite à Selma. Les choses s'accélèrent encore après l'été 2018, lorsque le journaliste dissident Jamal Khashoggi, critique du régime saoudien, est assassiné à Istanbul. Pour Riadh Sidaoui, cet assassinat cruel et particulièrement mal dissimulé par le pouvoir signe « la fin de l'image de réformateur libéral de MBS ».

Comme un étau qui se resserre, Selma et Reda se sentent de plus en plus opprimées dans leur pays. Les derniers mois, Reda ne se prive pas de parler de MBS à des amis ou des collègues dans des termes qui reflètent clairement sa pensée. Il le trouve dangereux et totalitaire. Cette imprudence lui coûte cher : il apprend par une connaissance que quelqu'un l'a dénoncé et que son nom se trouve désormais sur une liste de dissidents potentiels. « En Arabie saoudite, la délation existe toujours et on peut être récompensé pour avoir dénoncé quelqu'un. On savait qu'il fallait partir vite, avant que mon mari ne soit arrêté, raconte Selma. S'il l'avait été, je n'aurais probablement pas pu le voir ou quitter le pays moi-même. » Fin 2018, alors qu'ils ne parlent plus à leurs familles respectives depuis quelques semaines, Selma et Reda prévoient en trois jours leur départ, font quelques valises sommaires, prennent leurs enfants par la main et quittent l'Arabie saoudite pour toujours.

*

Nous sommes en décembre 2018. Depuis l'avion qui amorce sa descente, les enfants aperçoivent la neige pour la première fois de leur vie. Ils ont à peine 2 et 5 ans et pensent que leurs parents les emmènent directement chez le père Noël. Selma et Reda, eux, sont un petit peu plus tendus mais se forcent à sourire. La fatigue et le stress se lisent sur leur visage : le voyage a été long et volontairement sinueux pour éviter d'éveiller les soupçons. Arrivés à l'aéroport, ils sont pris en charge par les services sociaux canadiens, qui leur indiquent un centre pour réfugiés. Dans les rues, les guirlandes de Noël émerveillent les enfants à qui l'on annonce, à grand renfort de sourires, qu'ils sont arrivés dans leur nouveau pays. « Le système ici marche très bien, on nous a expliqué comment trouver un logement, prendre des cours de langue, trouver une école pour les enfants. On a trouvé un appartement rapidement, on a reçu une petite aide financière et on avait le droit de travailler en attendant d'avoir nos papiers définitifs », raconte Selma. Le couple trouve du travail mais préfère, par sécurité, ne pas trop en dire sur ce premier emploi.

Deux semaines plus tard, Selma se dit qu'il est temps. Elle envoie un message à plusieurs membres de sa famille, leur annonçant qu'ils sont « partis et ne reviendront plus ». Selma n'a rien à leur dire de plus, et même si c'était le cas, elle sait que les services secrets saoudiens se servent souvent des familles pour tenter de faire pression sur ceux qui désertent. Elle a plusieurs amis à l'étranger dont les frères ou pères ont été arrêtés et torturés. Peu de temps après, elle décide de se créer un nouveau compte Twitter, à l'image de sa nouvelle vie. Elle y affiche son vrai nom, son vrai visage, ses vraies opinions. Les premiers messages ne tardent pas à arriver : ses frères, d'abord, lui envoient des insultes. Puis son père essaye de la convaincre de se rendre à l'ambassade saoudienne pour demander à être rapatriée sans son mari. Finalement ses deux parents la bloquent sur les réseaux sociaux.

C'est ensuite au tour de parfaits inconnus de réagir. Il y a ceux qui lui disent de revenir au pays, lui affirment qu'ils « peuvent l'aider », et ceux qui inondent jour et nuit son compte Twitter de commentaires haineux et menaçants, l'accusant de mentir sur le pays. Pour Selma, l'un comme l'autre ne sont que « les trolls du gouvernement ». Ceux que Selma appelle les « trolls », ce sont ces Saoudiens payés pour repérer, hacker, harceler, menacer ou amadouer les dissidents à l'étranger. Le troll en chef s'appelle Saoud al-Qahtani. Depuis la nomination de MBS, c'est lui qui gère officiellement tout ce qui concerne les médias et les réseaux sociaux. C'est un ami de longue date de MBS et l'un de ses plus proches conseillers. Sur les quelques photos qui existent de lui, il ressemble davantage à un quarantenaire jovial, joufflu et souriant qu'à un méchant de James Bond. Et pourtant. À partir de 2013, il s'occupe discrètement de surveiller les réseaux sociaux. L'un de ses premiers stratagèmes consiste à créer des forums en apparence libres en se faisant passer pour un dissident et en encourageant les utilisateurs à exprimer librement leurs opinions. Il se sert ensuite des profils créés pour réunir des informations sur eux, les espionner et les faire arrêter. En 2017, il crée une liste noire, rendue publique, de citoyens soupçonnés d'être des opposants, et encourage les internautes à livrer des informations sur ces cibles en utilisant le hashtag #TheBlackList. « C'est al-Qahtani qui a engagé cette “armée de trolls” dont le rôle consiste à imposer sur les réseaux sociaux, et surtout sur Twitter, une image positive de MBS et des réformes en utilisant des hashtags, tout en minimisant l'influence des activistes », note Hala Al-Dosari, l'éditorialiste exilée aux États-Unis.

C'est ce qu'ont vécu Selma et Reda. Au bout de quelques mois au Canada, l'armée d'al-Qahtani les repère. Les commentaires se font plus virulents, plus personnels. Une vidéo apparaît sur un compte pro-MBS : on y voit des photos de Selma et Reda en vacances à l'étranger, leurs tweets. Ils sont accusés de « promouvoir les pays ennemis », d'être « à la solde du Qatar ». La vidéo indique même leurs dates de naissance, la date de leur arrivée au Canada et les pays par lesquels ils sont passés – des informations « que seul le gouvernement a pu se procurer », assure Selma. En partie pour se rassurer, Selma se dit qu'ils ne peuvent pas grand-chose contre eux. « Au pire, ils peuvent hacker mon compte Twitter. » Peut-être l'ont-ils déjà fait.

Dès 2013, al-Qahtani n'hésite pas à infiltrer le réseau. Il s'offre les services d'un employé saoudien de Twitter qui a accès aux informations personnelles des utilisateurs (numéros de téléphone, adresses IP, etc.) puis l'encourage à recruter un deuxième « agent double » au sein du réseau social. Les deux Saoudiens sont repérés en 2015 par des services secrets étrangers, qui préviennent leur direction ; ils sont renvoyés fin 2015. Twitter essaie d'enterrer l'affaire mais reconnaît que plus de 6 000 comptes ont été « espionnés »[1]. Al-Qahtani a encore quelques tours dans son sac, et notamment la coopération avec des entreprises d'espionnage informatique. Yahya Assiri en sait quelque chose. Le directeur de l'ONG de défense des droits humains ALQST, exilé en Angleterre, est familier des pratiques d'espionnage de l'armée d'al-Qahtani. Son nom figurait déjà sur sa liste noire en 2017, aux côtés de Jamal Khashoggi. En 2018, les Saoudiens ont essayé de pirater son téléphone. « J'ai reçu un message, et je fais toujours attention parce que je sais que je suis une cible, mais cette fois

1. Voir Kate Conger, Mike Isaac, Katie Benner et Nicole Perlroth, « Former Twitter Employees Charged with Spying for Saudi Arabia », *The New York Times*, 6 novembre 2019.

le message évoquait une convocation au tribunal en Arabie saoudite et le lien renvoyait vers le site officiel du ministère de la Justice, raconte-t-il. J'ai cliqué, mon portable est devenu très chaud et a arrêté de fonctionner. »

Selon Assiri, la technique utilisée par le pouvoir est celle de Pegasus, le logiciel espion israélien controversé car utilisé par plusieurs gouvernements pour espionner des journalistes ou des dissidents. Toutes ces techniques ont été utilisées contre Jamal Khashoggi. Peu après la mort du journaliste, l'État saoudien a décrété que son meurtre avait été commis par des agents qui avaient agi seuls[1]. Al-Qahtani a été désigné par les enquêteurs turcs comme un commanditaire et a été démis de ses fonctions afin qu'une enquête puisse être menée en Arabie saoudite. On l'a même dit mort. « On savait qu'al-Qahtani n'était pas mort et qu'il travaillait toujours », affirme Yahya Assiri. Hala al-Dosari est du même avis : « La pression internationale a provoqué son licenciement mais il n'a pas été puni du tout par MBS, il est juste caché. Ses empreintes, ses techniques, son langage sont encore partout. » Dès décembre 2019, il est innocenté à l'issue d'une enquête saoudienne opaque, et reprend son poste à Riyad.

Au Canada, Selma baisse la voix lorsqu'elle évoque MBS, al-Qahtani ou le harcèlement sur Twitter. Depuis quelques minutes, son regard fait des allers-retours sur sa droite. Quand je finis par tourner la tête, elle murmure « je crois qu'il est saoudien ». À la table à côté, un homme d'une trentaine d'années, seul, semble réviser des cours de mathématiques. Il ne nous regarde pas mais Selma place quand même sa main sur sa bouche pour terminer sa phrase.

*

1. En septembre 2020, le verdict final a condamné cinq accusés à vingt ans de prison et trois autres à des peines allant de sept à dix ans de prison.

À cause des trolls, Selma et Reda ont quitté leur premier emploi canadien. Pendant un temps, ils ont voulu faire profil bas. Leur décision était en partie guidée par une grosse frayeur : certains trolls menaçaient d'enlever leurs enfants. « On a contacté les autorités canadiennes et ils nous ont assuré qu'on était en sécurité », raconte Selma. Les mots font tout de même peur. Selma a également coupé les contacts avec sa famille pour éviter que cela ne leur attire des ennuis. En 2020, elle a commencé à travailler dans un restaurant, ce qui lui a permis de rencontrer des Canadiens, de se faire des amis, mais quand la pandémie de Covid-19 a frappé le Canada, le restaurant a fermé et Selma a perdu son emploi. Son cercle d'amis se compose désormais de Canadiens et de Saoudiens qui, comme elle, ont choisi le Canada parce que le grand pays froid « n'a pas peur de tenir tête à l'Arabie saoudite et s'en fout du pétrole ».

Le dossier de Selma et Reda a été officiellement accepté par le Canada. « Ça veut dire qu'ils ont reconnu qu'on serait en danger si on rentrait en Arabie saoudite, que l'on peut rester vivre ici. On a fait une demande de permis de résidence permanent », m'écrit-elle. Dans leur précédent logement, les enfants s'étaient liés avec les vieux voisins, qui venaient tous les jours jouer avec eux. Ils étaient heureux à l'école et parlaient de mieux en mieux anglais mais le couple a décidé de déménager. Après trois ans passés dans une grande ville, une amie canadienne leur a parlé d'une autre région, plus calme, où ils pourraient élever leurs enfants au grand air. Là-bas, il y a « 99 % de Canadiens » : « Ils étaient plutôt surpris de voir des Saoudiens mais les gens ici sont très accueillants, ça nous permet de vraiment nous intégrer. » Selma et Reda ont tous les deux trouvé du travail et louent une maison avec un grand jardin.

Quand ses fils rentrent de l'école, Selma les observe jouer avec les enfants du quartier. Elle n'envisage pas d'en avoir d'autres car elle préfère se consacrer entièrement à eux plutôt que d'avoir à se diviser en neuf, comme sa mère. Elle se souvient de ce jour, en Arabie saoudite, où son fils aîné lui avait intimé, du haut de ses quatre ans, de porter une abaya noire comme toutes les femmes, et non grise comme elle en avait l'habitude. « Non, il faut noir », lui avait-il dit. Selma avait eu l'impression de voir pour la première fois le futur homme saoudien que deviendrait son petit garçon. Des années plus tard, son fils a croisé une femme voilée au Canada. Il s'est tourné vers sa mère et lui a demandé « pourquoi la dame cach[ait] ses cheveux ». « Je lui ai dit que c'était sa religion et qu'elle était libre de choisir. Il n'a rien dit. Je crois que, petit à petit, il oublie l'Arabie saoudite. Ici, c'est sa vie normale maintenant. » Il a désormais huit ans. Il y a quelques jours, au cours d'un débat animé, il a déclaré à Selma : « Toi tu es saoudienne mais, moi, je suis canadien ! » Elle ne lui a pas donné tort.

5

Robin

« Plutôt mourir que de retourner en Arabie saoudite »

Elle n'avait jamais connu un tel froid dans sa vie. La pluie fine mouille ses cheveux épais, fait couler son maquillage, s'infiltre un peu plus à travers ses chaussettes à chaque pas. Elle pourrait continuer à marcher comme ça pendant des heures, de toute façon elle n'a nulle part où aller. La rivière est agitée. Quelques mètres en contrebas, les vagues viennent se briser contre la pierre des quais. Le ciel, sombre, semble promettre qu'aucun soleil ne se lèvera plus jamais. Les jours sont tellement gris que cela pourrait bien être vrai… Plus loin, elle aperçoit quelques SDF et serre un peu plus fort les poings au fond de ses poches.

Son sac à dos contient tout ce qu'elle possède. Quelques CD, quelques pulls, des livres. Elle ne s'imaginait pas commencer cette année 2019 comme ça, mais elle ne pleurera pas. Elle ne fera ce plaisir à personne. Certes, elle est seule, à la rue, sans argent et sans plan pour la suite, mais elle se trouve dans un pays qu'elle a choisi et qui n'est pas l'Arabie saoudite. En vingt-trois ans, Robin ne s'est jamais sentie aussi seule mais pour rien au monde elle n'aimerait être là-bas, chez ses parents. Ici, en Grande-Bretagne, elle n'a « personne pour la contrôler », elle n'entend « pas de fusillades dans les rues ». Ici, c'est son pays depuis qu'elle y a débarqué à l'été 2015, et elle n'a jamais regretté sa décision. Même ce soir, même sous la pluie, même au plus bas. Robin trouve enfin à s'abriter sous un large pont en pierre. Elle s'assied, regarde autour d'elle, enfouit son visage dans ses genoux, réajuste sa capuche et ferme les yeux. « Ça a été le moment le plus dur de ma vie, me dit-elle sans détour aujourd'hui. Mais chaque nuit que j'ai passée dans la rue, je l'ai préférée à ma vie d'avant. »

Ce soir-là, dans la rue pavée, elle revoit son passé : ses parents, Qatif, la ville où elle a grandi, les bousculades lors des manifestations, le visage de son père. Elle aimerait ne pas y penser, ne pas rêver et seulement reposer son corps en prévision des épreuves qui l'attendent pour survivre dans la rue. Toute sa vie, elle a essayé d'échapper au passé, mais ses fantômes ne sont pas si faciles à semer. Et si, cette nuit, elle s'y confrontait ? Si elle en est là, c'est aussi de leur faute. Aussi loin qu'elle s'en souvienne, Robin a connu le bruit des balles et celui des cris. Des cris de rage, de haine, d'impuissance. C'est le bruit de Qatif, une ville de la principale région chiite d'Arabie saoudite. Située au bord du golfe Persique, elle réunit 500 000 habitants, en grande majorité chiites – une situation inédite en Arabie saoudite puisqu'on estime que les musulmans chiites ne composent qu'entre 10 à 20 % de la population[1]. Historiquement, le conflit entre les sunnites (dont le wahhabisme est une branche) et les chiites remonte à 656 – date de l'éclatement de l'islam en trois branches – mais il a été ranimé par la révolution iranienne de 1979, au cours de laquelle l'Iran est devenu une république islamique et « la patrie du chiisme ». Depuis, les chiites saoudiens sont régulièrement accusés d'être des espions à la solde de l'Iran. Pas plus tard qu'en avril 2019, trente-sept Saoudiens chiites ont été décapités après des procès qualifiés d'expéditifs et injustes par les institutions internationales[2].

1. Les données sont assez vagues car l'État saoudien ne pratique pas de recensement religieux. Les chiites estiment souvent être plus nombreux que ce que l'État veut bien laisser entendre.

2. Voir Human Rights Watch, « Saudi Arabia : Mass Execution of 37 Men », 24 avril 2019, en ligne.

En Arabie saoudite, les chiites ne sont pas autorisés à travailler pour l'État, dans l'armée ou aux postes d'éducation religieuse. Ils sont régulièrement arrêtés au beau milieu de manifestations au cours desquelles la police de l'État « tire au hasard, dans les rues, dans les maisons, pendant que les gens essaient de se réfugier quelque part », raconte Robin. « Les chiites ont été historiquement, et sont encore, le seul groupe qui manifeste et demande des droits en Arabie saoudite, affirme Hala al-Dosari. Ils manifestent très régulièrement, surtout depuis le Printemps arabe de 2012, et beaucoup de manifestants ont été arrêtés, emprisonnés et exécutés. » Robin a ainsi perdu plusieurs amis qui ont été tués ou enfermés après avoir participé à des manifestations où ils réclamaient des droits. Lorsqu'elle était adolescente, son cousin de seize ans a été arrêté au cours d'une manifestation et n'est jamais ressorti de prison depuis. Jugé après sa majorité, il a été condamné à mort et est susceptible d'être exécuté d'un jour à l'autre.

Ces persécutions sont généralement peu couvertes par les médias internationaux (les journalistes ne sont pas autorisés à accéder à la région sans être accompagnés par un officiel de l'État), mais en 2017, le siège de la ville chiite d'Al-Awamia a attiré l'attention sur le sort de la communauté chiite. *The Independent* faisait ainsi état d'une dizaine de victimes lors des événements récents et publiait des images d'une ville dévastée[1]. Robin était déjà loin mais a tout suivi sur les réseaux sociaux. « Ils ont évacué la ville et ils ont tout détruit, soupire-t-elle. Les chiites sont des gens spirituels, ils sont censés avoir atteint un état d'esprit religieux qui leur apporte la paix. C'est une communauté très soudée, où les gens s'entraident et s'offrent beaucoup de cadeaux. Ils nourrissent les SDF dans les rues. Si

1. Bethan McKernan, « Inside the Saudi Town That's Been Under Siege for Three Months by Its Own Government », *The Independent*, 4 août 2017.

vous appartenez à cette communauté, les gens vont vous aider. Mais au sein de la communauté, si vous ne pensez pas comme eux, ils ne vous accepteront pas comme l'un des leurs. Ces gens-là ne tolèrent aucune différence. »

À l'école, les élèves noirs sont traités d'« esclaves », raconte-t-elle. La seule petite fille sunnite de la classe est isolée et harcelée par les autres élèves. Robin se sent elle aussi différente. Elle ne supporte pas l'hypocrisie de sa communauté, qui demande des droits pour tous les musulmans mais demeure raciste, homophobe et égocentrée. « Quand j'avais les cheveux roses en Arabie saoudite, quelqu'un m'a dénoncée parce que je ressemblais soi-disant à une personne qui soutient l'homosexualité », se souvient-elle. Au lycée, Robin est le plus souvent seule. Elle a quelques amies mais ne les fréquente jamais en dehors de l'école. De toute façon, on lui a appris à ne pas se lier aux gens, à ne jamais se confier. À Qatif, tout le monde se connaît et certains, pour améliorer leur quotidien, vendent des informations sur leurs voisins et camarades à l'État. « Il ne fallait jamais trop en dire, parce que les gens s'espionnent les uns les autres et si j'avais confié certains secrets, mon père aurait pu aller en prison. »

Depuis sa chambre, il lui suffit de passer discrètement par la fenêtre et elle se retrouve dehors. C'est simple, et pourtant dangereux de se rendre aux manifestations : la police peut intervenir à tout moment. Dans sa famille, ses parents sont des activistes politiques qui se battent pour les droits de la minorité chiite – sa mère écrit même des textes – mais Robin n'a pas le droit d'en faire autant. Elle le fait donc derrière leur dos. La jeune fille est surtout active sur Facebook. « Toute l'organisation politique se faisait en ligne. Tout le monde avait un faux compte et on organisait des événements comme ça, en annonçant au dernier moment le lieu et l'heure. » Auprès des autres manifestants, elle trouve un certain réconfort, la sensation d'appartenir à un groupe. Les militants chiites qu'elle côtoie sont certes religieux et souvent intolérants envers les autres minorités, mais ils ont « la capacité de comprendre la douleur de la ségrégation », dit-elle. Les femmes activistes ne sont pas rares dans la région, et certaines d'entre elles sont derrière les barreaux à l'heure qu'il est – c'est notamment le cas de Nassima al-Sadah et d'Israa al-Ghomgham. Robin trouve plus facile le fait d'être une femme en compagnie d'autres militants.

Plus facile qu'à la maison, du moins. Si ses parents considèrent comme normal le fait de se rebeller contre l'État qui les opprime, ils ne semblent pas avoir conscience de l'oppression qu'eux-mêmes exercent sur leur fille. « Quand on prenait la voiture, je n'avais pas le droit de regarder par la fenêtre pour ne pas que les gens me voient », raconte-elle. Et un jour qu'elle revient du lycée avec une mèche de cheveu qui dépasse de son voile, son père pique une crise. Il ne lui adresse plus la parole pendant trois mois et lui interdit d'aller à l'école pendant toute une année scolaire. Peu de temps avant qu'elle ne quitte le pays, la jeune fille est atteinte d'un sévère eczéma. Son père refuse de l'emmener consulter le seul dermatologue de la ville car c'est un homme, alors elle consulte une femme généraliste. « Cette femme m'a conseillé d'aller voir le dermatologue et m'a même emmenée dans son cabinet pour avoir son avis. Quand mon père l'a su, il est devenu fou et a hurlé sur la docteure. Elle lui a expliqué que ce n'était pas ma faute mais il l'a traité de menteuse. De retour à la maison, il m'a battue et m'a enfermée dans ma chambre pendant deux semaines. Il a dit que s'il me revoyait dehors, il me tuerait. »

Si écouter de la musique ou lire sont des activités interdites à la maison, le salon familial est néanmoins rempli de livres, parmi lesquels beaucoup de romans de Dostoïevski – « surtout des livres progressistes sur des gens qui se rebellent contre l'autorité », résume Robin. En cachette, la jeune fille se fait un plaisir de tous les lire. « Je lisais les livres sur les révolutions qui ont lieu dans des pays étrangers, qui contenaient aussi des passages sur la liberté d'expression, la sexualité. » À l'abri sous sa couette, Robin apprend que « tout est politique » : « J'ai réalisé que mon corps, dont on m'avait dit qu'il fallait le cacher et qu'il ne serait visible que pour mon mari, m'appartenait avant tout. » Ces lectures lui donnent envie de questionner les règles, la religion. Elle n'a jamais vraiment cru à tout ça. Quand, petite fille, elle apprend que le père Noël n'existe pas, elle comprend que dans la vie, certaines choses sont des « mythes », comme elle dit. Pour elle, la religion en est un. L'adolescente pose des questions, remet en cause les enseignements. Son père lui rétorque qu'elle « montre des signes d'infidélité ». Alors elle apprend à mentir. « Avec talent, avec passion. »

*

Elle le sent dès qu'elle entre, à la nature du silence qui règne dans la maison. Quand quelqu'un est puni, l'absence de bruit se fait plus pesante, l'air est plus épais. Parfois, c'est son grand frère qui a mal agi, parfois son petit. Et souvent, c'est elle. Quand c'est son tour, son père opère toujours de la même manière. Il l'appelle dans sa chambre, referme la porte sur elle puis allume une lumière tamisée jaunâtre. Il ne s'énerve pas. « Il organise, il prend le temps », dit-elle. Elle ne parle jamais de lui comme d'un homme violent qui perdrait son calme, ni comme un père qui aurait peur pour sa fille si elle ne respecte pas les préceptes religieux auxquels il croit dur comme fer. Non, elle le décrit minutieusement comme un dangereux manipulateur psychopathe. Un paranoïaque, un dominateur, un sadique. Il lui demande de s'asseoir et, généralement, ne prononce plus un mot. « Si j'avais utilisé la main pour faire quelque chose de répréhensible, il me brûlait la main. Quand j'avais quatre ans, il me l'a brûlée avec un fer à repasser. Si j'avais menti, il me frappait au visage. Si le mensonge était gros, alors il utilisait un instrument plus gros. » Ces séances de torture sont de durée variable ; impossible de savoir à l'avance combien de temps elle passera dans cette pièce. Robin concentre son attention sur la lumière jaune et attend. Si le silence est si moite, c'est que les enfants essaient le plus souvent de ne pas crier.

Le jour, Robin doit mentir. Tout son entourage est fermement convaincu que l'homosexualité est un crime. « Ils pensent encore qu'être gay est le résultat d'une mauvaise éducation, ou une punition divine qui ferait suite à de mauvaises actions. Ils pensent que les personnes transgenres ont été mal nourries dans leur enfance, que c'est une maladie ou une façon de rejeter l'islam. Ils le prennent personnellement. » Impossible pour Robin de dire à qui que ce soit qu'elle est lesbienne. Heureusement pour elle, ses parents sont trop préoccupés par la lutte pour les droits des chiites pour penser à la marier. À 11 ans, elle a une première amoureuse mais ne réalise pas tout à fait les sentiments qu'elle éprouve pour elle. Au collège, elle se lie avec une autre élève. « On passait beaucoup de temps ensemble, on s'aimait mais il n'y avait rien de sexuel. Mais comme on était très proches, les gens ont commencé à se poser des questions. » Les deux jeunes filles se retrouvent convoquées chez la directrice, qui leur hurle dessus, les insulte, se dit « dégoûtée » de leur « attitude » et menace de tout raconter à leurs familles. L'amie de Robin pleure à chaudes larmes. Robin garde la tête froide et accuse à son tour la directrice. « J'ai joué la personne extrêmement religieuse qui n'acceptait en aucun cas qu'on puisse la soupçonner d'un tel péché. En Arabie saoudite, si vous accusez quelqu'un d'homosexualité, vous devez fournir des preuves sinon cette personne peut vous accuser en retour de diffamation. » Faute de preuves, la directrice se contente de leur donner un avertissement et de leur lancer un regard noir.

La nuit aussi, Robin doit mentir : à elle-même lorsqu'elle ferme les yeux faisant mine d'attendre le sommeil, à son frère lorsqu'il entrouvre la porte et qu'elle lui fait croire qu'elle dort déjà. C'est arrivé régulièrement, pendant des années. Se débattre en silence, sentir ses mains, pleurer en attendant que ça passe. Il s'arrange pour lui faire croire que c'est elle qui le provoque et que si elle en parle à leurs parents, ce sera elle qui sera punie. Pendant longtemps, elle le croit. « Je ne savais même pas que j'étais une victime. Je me disais que c'était de ma faute. On nous dit tellement que notre corps peut parler, que les gens sont capables de deviner quand on n'est plus vierge… J'avais peur d'être abîmée, déformée. » Robin passe une grande partie de son enfance terrorisée à l'idée qu'il recommence une nouvelle fois, que quelqu'un le devine ou qu'un jour tout lui retombe dessus. « Je n'avais aucune éducation sexuelle, je pensais que je pouvais tomber enceinte à la suite d'une pénétration anale. J'ignorais tout du fonctionnement de mon corps. » La nuit, quand il s'en va enfin, elle fait souvent le même rêve : elle est enceinte, accouche et doit tuer son bébé. Elle se réveille, soulagée que ce ne soit pas vrai. Puis elle se souvient que tout n'est pas faux.

Une nuit, elle tombe sur des articles concernant le viol d'une jeune femme chiite. Plusieurs hommes issus d'une autre région du pays l'ont kidnappée et ont conservé des photos du viol. Pourtant, après avoir porté plainte, la jeune fille a été enfermée et punie de coups de fouet pour les avoir « provoqués ». Ses agresseurs n'ont écopé que de deux ans de prison et sont vite sortis tandis que son avocat, pour s'être opposé à la décision du juge, a été radié. « C'est comme ça que ça marche là-bas », soupire-t-elle. Les viols s'arrêtent enfin quand Robin inverse les rôles et menace son frère de tout raconter. Elle n'en fera rien mais il suffit qu'il le croie. « Si j'avais vu un médecin, il aurait fallu que je le justifie à mes parents, et si le médecin avait décrété que je devais être éloignée de ma famille, j'aurais atterri dans un centre de détention pour femmes. Et je n'en serais probablement jamais ressortie… »

Pour s'en sortir, elle décide de mentir davantage. Se venger de son frère ne l'intéresse pas. Quand elle parle de lui, son visage s'assombrit. Lui aussi a été détruit par leur père. Il ne travaille pas, n'est pas marié. Incapable d'intégrer une société où les hommes doivent être forts et réussir, il vit comme un poids mort sur le dos de ses parents. Elle ne pense jamais à lui – elle pense à elle. Pendant toute sa dernière année de lycée, elle n'a qu'une envie : quitter cette ville et ce pays où « tout le monde se déteste ». « Même les gens qui sont opprimés en Arabie saoudite oppriment les autres groupes, résume-t-elle. Chacun pense qu'il est le plus mal loti. Les médias nous montent les uns contre les autres, pour que personne ne s'unisse contre l'État. Pendant longtemps, tous les Saoudiens pensaient que les chiites étaient des terroristes. » Personne n'est au courant mais si Robin travaille dur à l'école, c'est pour obtenir une bourse d'étude et s'enfuir à l'étranger. Dans son coin, elle se choisit un nouveau pays et décide qu'elle y étudiera la médecine. Ce n'est pas compliqué de mentir à ses parents : ils ne sont pas très à l'aise avec la technologie et c'est elle qui gère les comptes Absher de toute la famille, les formulaires à remplir électroniquement, etc. Elle n'a aucune difficulté à se connecter à la place de son père pour se donner les autorisations dont elle a besoin.

*

Le jour J, elle passe la journée avec sa tante. Nous sommes à l'été 2015, Robin a fini le lycée. Elle réclame à sa tante le droit de s'éclipser deux heures pour aller « voir des amies » – ses parents ne la laissent jamais sortir, pourtant elle a eu de très bonnes notes. Sa tante lui passe ce petit caprice. Robin ne reviendra jamais. Elle éteint son téléphone, se rend à l'aéroport et, avec son visa prêt et l'autorisation de son père, elle s'envole pour la Grande-Bretagne, en faisant escale dans trois villes différentes.

Quand elle atterrit des heures plus tard dans un grand aéroport britannique, Robin est seule. Du haut de ses 18 ans, elle n'a pas peur. Personne ne la regarde vraiment, pourtant elle a l'impression que le monde entier la fixe quand elle retire prestement son voile. Elle se permet ce geste quelques secondes après avoir passé les portes automatiques, quand l'air aseptisé de l'aéroport laisse place à la vraie vie, au bruit des taxis et d'une langue étrangère, à l'odeur de la pluie et de l'essence. Sous les regards surpris de quelques passants qui, cette fois, la regardent, elle s'agenouille comme si elle allait prier, embrasse le sol et « remercie Dieu de lui permettre d'être athée ». Avant de laisser échapper un grand rire bruyant.

Aussi heureuse soit-elle d'avoir mis la première partie de son plan à exécution, Robin sait que la suite ne sera pas aisée. Son portable reste éteint encore deux jours, pendant lesquels elle profite du fait de ne pas être surveillée dans la rue et apprécie de pouvoir croiser le regard des gens quand ils s'adressent à elle. Lors de ses rendez-vous à l'université, elle se retrouve pour la première fois de sa vie face à une institution qui cherche son regard et s'adresse directement à elle, sans passer par son tuteur. Avant cela, elle avait à peine conscience qu'elle était une adulte… Mais cette liberté est illusoire car dans le système saoudien des bourses, les filles sont obligées d'avoir l'autorisation de leur tuteur. Si elle s'était débrouillée pour contourner le problème jusqu'à présent, il lui faudra bien finir par l'obtenir. Par ailleurs, la contrepartie de la bourse est aussi faite de règles strictes et d'horaires à respecter, de comptes à rendre à l'ambassade saoudienne, notamment dans le cas où quelqu'un dénonce une attitude jugée inappropriée. « On se retrouve donc à l'étranger mais toujours en prison », déplore Robin.

Depuis sa petite chambre d'étudiante, elle appelle ses parents. Le plus calmement possible, elle leur annonce qu'elle se trouve en Grande-Bretagne pour y étudier. « Mon père était très en colère, se souvient-elle. Mais le mal était fait. J'étais déjà là.

Et j'avais besoin qu'il soit d'accord, sinon ma bourse aurait été annulée. » Pour obtenir son accord, elle accepte toutes les conditions qu'il lui impose, notamment celle de porter le voile. Peu de temps après, ce père débarque dans la ville de Robin. La jeune fille ne s'attendait pas à le voir. Elle revoit sa grande silhouette dans le brouillard grisâtre du nord de l'Europe ; comme dans un cauchemar. Il l'accompagne à ses rendez-vous administratifs à l'université, inspecte où elle va vivre, la suit dans la rue lorsqu'elle se rend en cours. Il repart puis revient plusieurs fois, sans prévenir. Robin s'efforce de suivre ses cours, de respecter les règles à la lettre pour ne pas avoir d'ennuis. Mais chaque matin dans la rue, elle regarde derrière son épaule et a l'impression de le voir. Même à l'autre bout du monde, il est présent dans la silhouette de chaque homme qu'elle aperçoit au loin. Entre deux visites, il lui écrit de longs emails énervés.

Quatre ans. C'est le temps que Robin a prévu de vivre ainsi, en équilibre, telle un funambule se balançant entre liberté et privation. Une fois son diplôme en poche, elle pourra demander un visa de travail et être libre. Pour montrer sa bonne volonté, elle appelle souvent à la maison. À demi-mot, elle tente d'expliquer à sa famille qu'elle est plus heureuse là où elle se trouve. Mais ses parents n'entendent rien. Ils essayent de la convaincre de revenir, de la persuader que la mentalité européenne risque de la « contaminer » et de la pousser à abandonner l'islam. Les coups de téléphone se font plus rares.

Épuisée par les visites imprévues de son père, Robin déménage. Peu à peu, elle cherche à disparaître. À la fac, presque personne autour d'elle ne sait exactement d'où elle vient. « Je ne parle plus l'arabe, je ne suis plus en contact avec personne qui est arabe, et quand on me demande d'où je viens, je réponds le Liban, parfois l'Espagne, parfois même l'Amérique. » Mais le gouvernement saoudien ne l'a pas oubliée et revient la harceler. Son père fait pression sur l'ambassade pour faire annuler sa bourse. Elle a l'impression que la terre entière lui demande de rendre des comptes. Elle se sent épiée comme un animal traqué. Elle a beau être loin, des fantômes vivent dans sa tête ; tous les traumatismes qu'elle a subis en Arabie saoudite la hantent. Le matin, au réveil, elle a du mal à respirer, se sent écrasée de fatigue. Les cauchemars se multiplient et lorsqu'elle ouvre les yeux, le paysage qu'elle aperçoit à travers la fenêtre ne suffit pas à la rassurer. Elle apprend que d'autres étudiants saoudiens, qu'elle prend pourtant soin d'éviter, ont découvert qu'elle aussi était saoudienne et l'ont accusée d'avoir « des comportements inappropriés ». Si elle était renvoyée en Arabie saoudite, elle serait jugée et enfermée.

Robin n'a pas le temps de finir sa première année d'études ; son père a fait suspendre sa bourse. À court d'argent, elle va de plus en plus mal, ses crises d'angoisses se multiplient. « Ma santé mentale s'est détériorée, je ne pouvais plus aller en cours. J'avais trop peur. » Quelques amis de la fac lui prêtent de l'argent, elle trouve des petits boulots non déclarés, passe du canapé d'une amie à l'autre. Robin vit une demi-vie pendant quelques années. Toutes ses économies tiennent dans une petite boîte en fer, elle ne peut se projeter dans l'avenir. Doucement, elle s'enfonce dans la dépression mais n'ose pas consulter un médecin : « J'avais trop peur qu'ils me renvoient en constatant que je n'avais plus de visa. » Elle arrive de temps en temps à obtenir des médicaments qui la stabilisent partiellement mais elle se sent épuisée. À nouveau à court d'argent, elle a l'impression d'être un poids pour ceux qui l'accueillent et décide de se débrouiller autrement. Elle réunit quelques affaires, jure à tout le monde qu'elle n'a plus besoin d'aide et disparaît. C'est sa première nuit dehors.

*

Fin 2020. Les cheveux auburn et les lèvres rouge vif, Robin zigzague de table en table en souriant. Une bière par-ci, un Coca par-là. Ses immenses yeux marron surmontés d'un piercing à l'arcade sourcilière balayent la salle du regard à la recherche d'un client à servir. Elle avait décroché un poste de serveuse dans ce restaurant du centre-ville à l'hiver 2020 mais la pandémie a vite obligé le restaurant à fermer. Les nombreuses semaines du confinement ont malgré tout été constructives : « j'ai essayé de m'occuper, de faire des choses positives, de manger sainement et de réfléchir à mon avenir », raconte Robin. Quand l'établissement a rouvert à l'été, elle a repris son poste avec joie. Lorsque le service est calme, elle a le temps de se poser quelques minutes. Les passants peuvent la voir tapoter sur son portable, une fesse sur un haut tabouret. Difficile d'imaginer les blessures invisibles qui la rongent encore. Sa seule présence, le fait qu'elle arrive à se lever le matin, lui semble parfois être un petit miracle. Ces derniers mois, elle s'est plusieurs fois rendue dans un institut psychiatrique pour des séjours de quelques jours. Elle a récemment été diagnostiquée bipolaire et suit désormais un traitement. « Je me sens enfin prise en charge et je vais mieux dans ma tête. Bien sûr, parfois je redeviens paranoïaque et anxieuse, mais je fais de mon mieux et j'ai des amis qui m'aident », me dit-elle. Avant de remonter la pente, il a fallu toucher le fond.

On dit que sous l'action du cortex préfrontal dans le cerveau, les mauvais souvenirs s'effacent toujours en premier. Robin a l'impression d'avoir beaucoup oublié. Certes, elle se souvient parfaitement de sa première nuit sous le pont, alors qu'il pleuvait. Elle se souvient du soulagement vicieux qu'elle avait ressenti lorsqu'elle s'était dit qu'elle avait tout perdu et que rien de pire ne pourrait lui arriver. Elle se souvient également des six semaines qui avaient suivi, lorsqu'elle se nourrissait des restes laissés par les clients dans les restaurants, qu'elle cherchait chaque soir un endroit sec où dormir, qu'elle marchait des kilomètres et tuait le temps dans des cafés chauffés. Mais elle ne se rappelle pas comment, du jour au lendemain, elle s'était retrouvée dans une autre ville, à 170 kilomètres de là. Avait-elle pris un train, une voiture ? Qu'avait-elle ingéré pour que tous ses souvenirs se soient ainsi évanouis ? Que faisait-elle au moment où tout s'est éteint dans sa tête ? Même des mois après, la jeune fille a un trou noir béant au milieu de sa journée.

« L'incident », comme elle l'appelle aujourd'hui, débute avec cette télétransportation. Elle se retrouve seule à errer dans les rues de cette ville de 50 000 habitants, avec pour unique bagage son sac à dos. « J'ai essayé de parler à des gens dans la rue. Je leur demandais un peu d'argent et le meilleur moyen de retourner dans la capitale. » Quand elle leur affirme ne pas se rappeler comment elle a atterri ici, les gens la regardent bizarrement. Certains lui donnent un peu de monnaie. Elle vend les CD qu'elle a dans son sac chez un disquaire pour quelques pièces. Pendant deux jours, elle fait la manche en espérant pouvoir effectuer le trajet de retour. En tout, elle réunit l'équivalent de vingt euros. Et à nouveau, c'est le trou noir. « Je ne sais pas combien de temps plus tard, je me suis réveillée dans une maison », dit-elle. Des voix d'hommes s'adressent à elle en arabe. Elle est dans les vapes et comprend qu'elle a été droguée et kidnappée.

Peut-être s'était-elle enfuie après un premier rapt dans la capitale ? Peut-être l'ont-ils à nouveau retrouvée dans les rues ? Son cerveau n'est pour l'instant pas assez vif pour trier ces informations. Elle doit d'abord comprendre pourquoi ces inconnus lui hurlent dessus. « Je me souviens de plusieurs hommes, dont l'un était iranien. Il criait, il me disait que je devais rentrer chez moi. Il priait beaucoup. Je ne disais rien. » Robin reste silencieuse face à ces hommes qui pensent pouvoir décider pour elle. Celui qui semble être le chef lui explique que personne ne lui fera de mal, qu'ils vont juste la garder ici jusqu'à ce qu'elle reparte dans son pays. L'Iranien sort son téléphone et lui montre des billets d'avion à son nom : direction Riyad. « C'était daté du lendemain. J'ai paniqué. » Robin hurle, si fort que ses ravisseurs la droguent à nouveau. Elle a l'impression de plonger dans le coma.

Quand elle ouvre à nouveau les yeux, il fait nuit, tout est sombre. Quelqu'un la remue et lui ordonne de changer de lit. « J'étais si fatiguée et droguée… Je voulais juste fermer les yeux et dormir. » C'est à peine si elle se rend compte qu'un corps la rejoint dans ce lit. Le poids, à côté d'elle, se déplace sur elle. Elle proteste, se débat, mais n'a pas la force d'ouvrir les yeux. « Il essayait d'écarter mes jambes comme si j'étais une putain de poule, et je le dégageais. Je l'ai repoussé et il a recommencé plus fort. Il m'a arraché mes vêtements et les a jetés dans la pièce. Il m'a violée et au bout de quelques minutes m'a dit quelque chose du style "ouais bon, OK, t'as pas envie", et il a arrêté. Il est parti se coucher. »

Le lendemain matin, la maison est calme. Les hommes sont toujours là mais leur air est grave. Quand elle se réveille, ils cessent de parler, quittent la pièce et la laissent avec l'homme qui l'a violée. « Il me parlait, proche, trop proche de moi. Il me disait qu'il était désolé, que ce n'était pas de sa faute, que c'était parce qu'il était un homme. » En réalité, Robin n'écoute plus sa voix. Elle écoute le silence derrière. « Je n'entendais plus les voix des autres. Je savais que la porte n'était pas fermée à clé. Je savais aussi qu'il n'était pas armé. Je me suis dit que c'était ma seule chance de m'enfuir. » Quand l'homme s'éloigne d'elle, Robin ne réfléchit pas une seconde de plus : elle attrape son sac, fonce dans les escaliers et ouvre la porte en trombe. Elle court sans s'arrêter dans ces rues qu'elle n'a même pas le souvenir d'avoir parcourues. Derrière elle, son violeur est à sa poursuite. Des mots lui parviennent : « Ne pars pas, tu vas tous nous foutre dans la merde, et toi aussi ! » Lorsqu'elle atteint une rue passante, c'est comme s'il avait disparu. À bout de souffle, elle continue à courir parmi la foule. À cet instant, plus rien ne compte : plutôt mourir que de retourner en Arabie saoudite. « Je suis rentrée dans un magasin, j'ai acheté une grande bouteille de Captain Morgan avec l'argent que j'avais dans ma poche et j'ai trouvé un petit coin tranquille dans une ruelle. » Elle sort de son sac à dos toutes les pilules qui lui restent – combinées, elles forment un dangereux cocktail – et avale tout. Sa réactivité se détériore rapidement mais elle se souvient vaguement d'avoir aperçu le visage d'un de ses ravisseurs, qui téléphone puis disparaît. Ses paupières se ferment. Elle sent contre la peau de sa main le verre froid de la bouteille de rhum. Le goût de l'alcool disparaît peu à peu de sa bouche. Sous elle, le béton est dur. Elle sent tout, et rien. Elle s'éteint.

*

Elle ne s'attendait plus à ouvrir les yeux. Quand elle comprend qu'elle est à l'hôpital, Robin a un mouvement de panique. Les médecins peuvent-ils, eux aussi, la renvoyer chez elle ? Quand elle semble calmée, on lui demande pourquoi elle a été retrouvée inconsciente dans la rue. Si elle décide de tout raconter, elle ne peut dans un premier temps pas retenir ses larmes. Cela fait tellement longtemps que Robin n'a pas pleuré, c'est presque comme si elle avait oublié. Ses mots mettent du temps à s'organiser. Elle veut d'abord dire aux médecins, puis à l'assistante sociale qui est appelée à son chevet, une chose dont elle est sûre : ses ravisseurs ont été envoyés par son père. « Pourquoi auraient-ils fait ça si personne ne leur avait offert de l'argent pour me ramener ? demande-t-elle en agitant les bras. Ils n'étaient pas particulièrement intelligents, c'étaient juste des putains d'animaux, mais ils avaient un billet d'avion à mon nom. Ce n'est pas un hasard. » Au fur et à mesure de son récit, elle perçoit de l'effroi sur les visages de ses interlocuteurs. « Ils m'ont dit que si c'était dangereux pour moi de retourner dans mon pays, personne ne me forcerait, et que je pouvais demander l'asile. Ça a été un choc pour moi. » Fin mars 2019, entre deux sanglots de soulagement, elle fait officiellement une demande d'asile. C'est dans cette chambre d'hôpital, dans la plus grande solitude, qu'a lieu sa renaissance.

« Le jour même, on m'a trouvé un endroit où dormir, un lit avec des draps et des serviettes propres », se souvient-elle. Robin apprendra plus tard, par la police, que les hommes qui l'ont enlevée ont un casier judiciaire, un statut de demandeurs d'asile et qu'ils ont pourtant récemment quitté le pays, autant d'éléments qui confortent sa théorie. « Le fait qu'ils puissent quitter le pays alors qu'ils sont censés attendre leur asile me fait penser qu'ils ont été aidés par l'Arabie saoudite. » Elle est rassurée de savoir que les hommes ne vivent plus dans le même pays qu'elle mais l'enquête n'ira pas plus loin. Elle ne se sent ni en état de porter plainte ni de supporter toute la procédure judiciaire. Robin remonte quand même doucement la pente : son nouveau pays lui offre le suivi psychologique dont elle a besoin depuis des années, un logement et une aide financière.

Pour marquer sa renaissance, elle se crée de nouveaux comptes Twitter et Facebook, sur lesquels elle reprend son militantisme politique, communique à nouveau avec plusieurs activistes saoudiens, participe à des groupes, rédige des manifestes. « Je lutte pour que les musulmans, les chiites comme les sunnites, mais aussi les autres religions, comprennent que les athées ont droit au respect, tout comme les femmes, les membres de la communauté LGBTQ et les autres minorités », dit-elle.

Robin n'a jamais vraiment raconté son histoire. En réalité, elle sort d'un silence qui a duré presque cinq ans. « J'ai mené une vie très secrète ces dernières années. Je pensais qu'en me cachant, personne ne pourrait m'atteindre. Mais j'ai compris que cela ne me protégeait pas. Au contraire, ce sont les gens qui me connaissent qui peuvent me protéger. » La jeune femme a mis fin à sa solitude forcée. Quelques mois après son enlèvement, Robin a rencontré un homme. Il est apparu sur un trottoir, devant un bar où elle était venue voir un concert. Il est plus âgé qu'elle, travaille dans la musique. C'est dans son nouveau pays que la jeune fille a réalisé qu'elle pouvait être attirée par les hommes. « Je me considère toujours plutôt homosexuelle mais il y a environ trois ans, je me suis découvert une attirance pour les hommes. Avec lui, on a beaucoup en commun. C'est quelqu'un qui a aussi beaucoup souffert et qui a su se reconstruire. Il me donne de l'espoir. » Robin lui a tout raconté : sa vie en Arabie saoudite, sa famille, son départ, l'enlèvement, les viols et les cauchemars. Il l'a encouragée à se dire que quand elle irait mieux, quand elle se sentirait prête, il serait toujours temps de porter plainte contre ses ravisseurs. Après une relation d'environ neuf mois, ils se sont séparés et ont décidé de rester amis. Robin a des projets qu'elle veut entreprendre seule : « On avait une grosse différence d'âge. Et puis je veux reprendre mes études, probablement dans une autre ville. J'ai beaucoup de projets et je suis très occupée. C'est mieux comme ça », dit-elle. Si elle n'a toujours pas pu obtenir ses papiers à cause des délais allongés dus à la crise sanitaire, elle compte toujours reprendre des études de droit. Son visage s'illumine lorsqu'elle évoque son avenir professionnel. « J'ai abandonné l'idée de faire médecine parce que je voudrais devenir avocate. Je crois que ça me ressemble davantage. »

Ce n'est que trois ans et demi après être descendue de l'avion que Robin a pu se sentir libre. Depuis, elle a suivi sur les réseaux sociaux les histoires d'autres Saoudiennes qui ont fui – Sara et Munira, Rahaf Mohammed, etc. « Je me souviens de m'être dit "putain, il y a vraiment d'autres filles qui l'ont fait !". Je pensais être seule. » Elle a pris contact avec certaines de ces fugitives qui ont, comme elle, parcouru le monde pour être libres. « Ça m'a fait du bien d'en parler avec d'autres, dit-elle. Il faut que les Saoudiennes sachent que c'est possible et que non, contrairement à ce que l'on croit toutes quand on est là-bas, on n'est pas condamnées à une vie en Arabie saoudite. Il existe plus, beaucoup plus. »

6

Dina

« Si ma famille vient me chercher, ils me tueront »

Les lumières électriques du haut plafond se reflètent sur le sol en faux marbre du vaste hall tandis que le ballet des valises qui glissent sans bruit est constant. Dehors, l'air est lourd et humide mais dans l'aéroport, la climatisation offre un répit de fraîcheur. Meagan est presque en vacances. Elle erre en regardant les avions décoller. Après un vol qui l'a menée du Canada aux Philippines, elle a les yeux qui piquent et les traits tirés. Dans huit heures, elle sera au paradis, à Bali, où elle pourra profiter du soleil et d'une eau translucide. La jeune trentenaire canadienne se demande où déjeuner dans l'immense aéroport de Manille, songe à acheter des magazines, s'installe finalement dans l'un des fauteuils du hall et sort son ordinateur pour travailler un peu et consulter ses mails.

Elle a l'expression concentrée de quelqu'un qui espère ne pas recevoir de nouvelles préoccupantes du bureau quand elle sent une légère tape sur son épaule. Elle lève les yeux sur une jeune fille aux cheveux courts et aux grands yeux marron. Elle porte un jean, un tee-shirt rayé, une veste bleue, de larges lunettes transparentes. Meagan ne le remarque pas tout de suite mais elle tient également un long morceau de tissu noir à la main. Il s'agit de l'abaya qu'elle vient de retirer. « Je peux utiliser votre téléphone ? », lui demande la jeune fille d'une petite voix. Meagan défronce les sourcils et lui demande pourquoi. « Je crois qu'il y a un problème avec mon vol. » Meagan tend son téléphone à la jeune fille sans savoir que sa vie vient d'entrer en collision avec un monde qui lui est inconnu. Il est à peu près 10 h 30, heure locale, ce 10 avril 2017. La jeune fille qui vient de s'adresser à Meagan s'appelle Dina Ali Lasloom, elle a 24 ans et dans moins de huit heures, elle disparaîtra des écrans radars.

« Dina m'a dit qu'elle devait décoller pour Sydney à 10 h 30 mais qu'on lui avait pris son passeport et que tous les autres passagers étaient montés à bord. Un homme de l'ambassade saoudienne s'était approché d'elle, l'avait attrapée par le bras et avait essayé de la faire sortir de la zone d'embarquement. Elle avait fait une scène et il était reparti », raconte aujourd'hui Meagan. Ce jour de 2017, Meagan pense d'abord à un problème de communication entre Dina et le personnel au sol de l'aéroport. Son billet d'avion indique bien un vol pour Sydney à 10 h 30. Meagan va se renseigner auprès d'une hôtesse. « Elle m'a répondu que le vol était retardé et je lui ai demandé de l'expliquer à Dina parce qu'elle semblait paniquée. Je suis retournée m'asseoir et j'ai pu vérifier sur mon ordinateur que son vol était bien retardé d'une heure. »

Meagan se demande tout de même pourquoi la jeune fille ne peut pas rejoindre son avion comme les autres passagers et lui conseille d'aller se renseigner. La frêle silhouette de Dina s'éloigne. De son côté, Meagan pense avoir rempli sa mission. Mais quelques minutes plus tard, la jeune fille revient en pleurs : personne ne veut l'aider. Meagan s'impatiente et s'adresse une nouvelle fois à une hôtesse. Cette fois-ci, on lui dit qu'une « personne très importante » a téléphoné pour ordonner la confiscation des papiers de Dina et son immobilisation dans le hall. La Canadienne rapporte ces paroles à Dina sans vraiment les comprendre, et voit la jeune fille s'effondrer sous ses yeux. « Ils vont me tuer, ils vont me tuer », lui répète-t-elle. Peu de temps après, des officiers de police de l'aéroport se postent dans un coin du hall.

Quand elle a abordé Meagan, Dina Ali n'avait peut-être pas l'intention de lui raconter sa vie. Elle ne comptait probablement pas embarquer une étrangère dans son monde au détour d'un avion en retard. Mais la peur l'a submergée et les yeux de Meagan étaient rassurants. Alors Dina, en larmes, a fini par raconter son histoire à Meagan, l'étrangère rencontrée dix minutes plus tôt.

Née en Arabie saoudite, Dina vit, avant sa fuite, au Koweït avec sa famille. Elle est issue d'une famille haut placée – deux de ses oncles travaillent pour un ministère, un autre pour la compagne aérienne nationale. Elle-même est institutrice et c'est pendant ses heures de travail que la jeune fille trouve le temps de faire une demande de visa australien en cachette. À Meagan, elle raconte qu'elle veut fuir son pays pour échapper à un mariage forcé, que ses oncles la battent. Elle a des bleus sur le corps. « Les femmes n'ont pas de droits là-bas, je ne peux pas sortir toute seule, ni voyager. Je veux juste aller dans un pays où j'aurai des droits », lui dit-elle. Bouleversée, Meagan lui demande comment elle pourrait l'aider. « Elle a emprunté mon portable pour prévenir ses amies de ce qu'il se passait », se souvient la Canadienne. Puis Meagan, Dina et les amies de cette dernière se mettent à prévenir tous les gens qui pourraient lui être utiles.

Tout en haut de cette liste se trouve une activiste saoudienne débarquée aux États-Unis quelques mois plus tôt. La militante conseille à Dina d'enregistrer des vidéos expliquant l'urgence de sa situation et de les poster sur les réseaux sociaux. Meagan filme tandis que Dina parle : à l'écran, on n'aperçoit qu'une épaule et on n'entend qu'un débit rapide et paniqué. « Mon nom est Dina Ali, je suis Saoudienne et j'ai fui pour demander l'asile en Australie. Je suis en transit aux Philippines, ils m'ont pris mon passeport et me retiennent à l'aéroport depuis plusieurs heures. Si ma famille vient me chercher, ils me tueront. Si je retourne en Arabie saoudite, je vais mourir. S'il vous plaît, aidez-moi. » Meagan envoie la vidéo par téléphone à cette militante qui fait son possible pour diffuser l'appel de Dina. « Dina ne voulait pas montrer son visage, elle avait peur », précise Meagan. C'est peut-être ce qui a manqué à l'appel à l'aide de Dina : un visage qui aurait permis de s'identifier plus facilement à elle. « On aurait dû faire la vidéo plus tôt », soupire aujourd'hui Meagan.

Mais ce jour-là, à l'aéroport, l'heure n'est pas à la réflexion mais à l'action. Meagan laisse des messages aux journaux locaux, au commissariat du coin, à tous les avocats basés à Manille qu'elle ou les amies de Dina trouvent, à des ONG locales, à toutes les figures saoudiennes capables de l'aider sur les réseaux sociaux. Ali al-Ahmed, le fondateur saoudien du *think tank* The Institute for Gulf Affairs, basé à Washington, répond à son appel à l'aide. « J'ai eu son numéro et j'ai parlé avec Dina pendant environ vingt minutes alors qu'elle était à l'aéroport », se souvient-il. Après qu'elle lui a raconté son histoire, al-Ahmed demande à Dina de lui passer l'un des officiers qui la surveille. La jeune fille s'exécute mais al-Ahmed ne parvient pas à soutirer des informations à la policière. Elle finit par raccrocher. Ali al-Ahmed ne reparlera jamais à Dina. Les heures passent. Le vol pour Sydney a décollé depuis bien longtemps.

*

Son avion parti sans elle, le destin de Dina est-il déjà scellé ? Si son passeport a été confisqué, c'est que sa famille a signalé sa fuite. L'ambassade saoudienne a certainement prévenu les autorités philippines. « Le cas de Dina n'est pas rare, assure Hala Al-Dosari. Les autorités saoudiennes ont l'habitude d'impliquer leurs ambassades à l'étranger dans la poursuite de femmes qui essaient de fuir. Des pays comme les Philippines, la Malaisie ou la Thaïlande coopèrent régulièrement avec les Saoudiens. » L'éditorialiste se souvient, par exemple, de « trois sœurs arrêtées en Malaisie et renvoyées chez elle », ou encore de la militante

Loujain Al-Hathloul et de son mari, respectivement arrêtés aux Émirats arabes unis et en Jordanie par les polices locales qui ont obéi aux ordres des Saoudiens et les ont rapatriés de force. « En Europe ou aux États-Unis, les ambassades saoudiennes ont moins de pouvoir et il n'y a pas de coopération », ajoute Hala Al-Dosari. Sur les groupes d'entraide entre Saoudiennes qui naîtront dans les mois suivant l'arrestation de Dina, la règle d'or est désormais d'éviter à tout prix éviter les transits dans des pays « corruptibles » susceptibles de collaborer avec l'Arabie saoudite. L'Asie est ainsi généralement à proscrire. Hasard du calendrier, le jour où Dina est retenue par des policiers à Manille, le président philippin Rodrigo Duterte est en visite officielle à Riyad. Les deux pays maintiennent de solides relations commerciales et l'Arabie saoudite est le premier employeur des Philippins à l'étranger, avec près d'un million de personnes – il est très fréquent, par exemple, que les employées de maison et les nourrices soient des femmes philippines. Ces fidèles relations ne doivent en aucun cas être perturbées.

Cela fait des heures qu'elles sont collées l'une à l'autre. Une couverture bleue de la compagnie philippine sur les genoux, Dina et Meagan mangent un sandwich en essayant en vain de joindre un avocat. La vidéo de Dina vient de faire son apparition sur les réseaux sociaux. Autour d'elles, les gens vont et viennent, loin d'imaginer ce qui est en train de se jouer. Des policiers rôdent. Meagan est en train de parler à Dina lorsqu'elle voit soudain cette dernière s'immobiliser. « J'ai vu son regard et j'ai su que quelque chose de grave était en train de se passer. » De l'autre côté de la pièce, deux oncles de Dina ont fait leur apparition. « Meagan, ils sont là, vite, poste les dernières vidéos ! », lui murmure Dina. Lorsque ses oncles s'approchent, la jeune Saoudienne craque et fond en larmes. Une femme qui accompagne les deux hommes demande à Dina s'ils peuvent s'asseoir avec elle pour discuter. Meagan s'éloigne de quelques mètres et en profite pour prendre des photos qui seront postées en ligne par la suite. On y voit deux hommes adultes en jean entourer Dina. « Voyant que je prenais des photos, l'un des oncles a couvert son visage. Ensuite il est venu vers moi et s'est mis à hurler. Il m'a demandé d'arrêter de prendre des photos et de les effacer. Je me suis approchée d'un policier et j'ai dit qu'il m'importunait », raconte Meagan. Les deux oncles s'éloignent momentanément, laissant Dina en larmes. La femme qui les accompagne et se présente comme une officielle de l'ambassade du Koweït, essaye de la convaincre de « retourner auprès de son père ». Sur l'une des vidéos filmées par Meagan, on voit Dina s'adresser à cette femme et lui répéter qu'aucun de ces deux hommes n'est son père. « Vous ne m'aidez pas ! Vous ne les connaissez pas ! », lui crie-t-elle.

Cinq policiers sont postés depuis un moment devant la petite salle d'attente où Dina et Meagan sont retranchées. Ils se décident finalement à interroger Dina, qui leur raconte son histoire pendant une quinzaine de minutes. Elle demande à voir un avocat, qui arrive peu de temps après. « C'était un Philippin d'environ 40 ans, se souvient Meagan. Il s'est adressé à Dina et il lui a dit que, comme elle était Saoudienne, ils avaient le droit de saisir son passeport. Dina n'arrêtait pas de lui dire que ce n'était pas possible : elle avait un visa en règle pour l'Australie et un endroit où aller à Sydney. » Après plusieurs courts entretiens avec cet homme – dont Meagan n'a jamais su le nom, ni s'il était réellement avocat –, Dina revient vers Meagan. Elle a cessé de pleurer. L'avocat lui a assuré qu'il allait essayer de récupérer son passeport pour qu'elle puisse s'envoler vers l'Australie.

Dehors, il fait désormais sombre. À 18 h 30, une hôtesse s'approche de Meagan et l'informe que l'embarquement pour son vol va bientôt commencer. Les deux femmes se tournent l'une vers l'autre. Il y a encore quelques heures, elles ne se connaissaient pas. « Je ne voulais pas la quitter mais Dina a dit que tout allait bien se passer », se souvient Meagan les yeux dans le vide. « Je me suis mise à pleurer mais elle ne pleurait plus. Je lui ai donné mon numéro et lui ai demandé de m'appeler quand elle le pourrait. » Comment se souvenir de huit heures partagées avec une parfaite inconnue ? Le lendemain, quand elle se réveillera sur une plage à Bali, Meagan se demandera-t-elle si tout cela était vrai ? Peut-être pour qu'aucun doute ne soit possible, Dina offre à Meagan un dinar koweïtien, et Meagan lui donne en échange vingt dollars canadiens. Elles échangent également du mascara. Enfin, Dina remet à Meagan son abaya, et Meagan lui offre une robe qu'elle sort de sa valise. Les deux femmes se serrent dans les bras sous les regards gênés des policiers – qui se demandent peut-être, en baissant les yeux, s'ils sont du bon ou du mauvais côté de l'histoire. Meagan attrape la poignée de sa petite valise et s'éloigne à travers le hall de l'aéroport, tout comme elle était arrivée le matin même lorsqu'elle pensait n'avoir que quelques heures à tuer avant d'être en vacances. « C'est la dernière fois que j'ai vu Dina. Ces huit heures ont changé ma vie. »

*

Meagan pensait recevoir bientôt des nouvelles de Dina. En réalité, à l'aéroport, la jeune fille s'apprête à être kidnappée. Dans le rapport publié par Human Rights Watch le 14 avril 2017[1], un témoin oculaire anonyme raconte avoir vu « deux hommes de la sécurité de l'aéroport ainsi que plusieurs hommes semblant venir du Moyen-Orient entrer dans une pièce » avant d'entendre « une femme crier et supplier ». « Il a ensuite vu ces gens faire sortir la jeune fille avec du scotch sur la bouche, autour de ses chevilles et de ses poignets. Elle se débattait alors qu'ils l'obligeaient à s'asseoir sur une chaise roulante », peut-on

1. Human Rights Watch, « Fleeing Woman Returned to Saudi Arabia Against Her Will », 14 avril 2017, en ligne.

lire dans le rapport. Plusieurs autres témoignages recueillis par Reuters corroborent cette version des événements. Une femme philippine décrit ainsi « une femme qui criait et deux ou trois hommes qui la portaient[1] ». Selon une source de Human Rights Watch travaillant à l'aéroport de Riyad qui a pu consulter les documents de la compagnie aérienne, à 19 h 01, Dina Ali a embarqué pour le vol SV 871 à destination de Riyad.

Et ensuite ? Ensuite, rien. Lorsque le vol SV 871 atterrit à Riyad à minuit ce 11 avril, un petit groupe de dix Saoudiennes proteste sur le tarmac contre le retour de Dina. Elles ne l'aperçoivent pas lors du débarquement et l'une d'elles est arrêtée par la police. Le lendemain, l'ambassade saoudienne aux Philippines déclare que « l'affaire » Dina Ali n'est « qu'une histoire de famille ». Et trois jours plus tard, lorsque l'Agence France Presse interroge la police de l'immigration philippine, celle-ci lui assure qu'aucune personne répondant au nom de Dina Ali Lasloom n'a été « retenue » à l'aéroport. Grâce à Twitter et aux médias, des petites manifestations sont improvisées devant les ambassades saoudiennes de New York, Londres et Stockholm les jours suivant, mais l'Arabie saoudite reste silencieuse.

Adam Coogle, de Human Rights Watch, détaille les risques encourus par Dina à son retour en Arabie saoudite : « Il est possible qu'elle ait été accusée de "désobéissance", ce qui peut être puni d'un retour chez son tuteur ou d'une peine de prison. Elle risque aussi d'être accusée d'avoir entaché la réputation de son pays à cause de ses vidéos. Pour ces deux crimes, une Saoudienne encourt jusqu'à cinq ans de prison. » Grâce à des sources sur place, Human Rights Watch a pu brièvement retrouver la trace de Dina : « On nous a confirmé que quand elle est arrivée à Riyad, elle a été envoyée dans un refuge pour femmes et qu'elle y est restée un certain temps. »

1. Katie Paul, « Saudi Woman Seeking Asylum in Australia Returned to Saudi Arabia », Reuters, 12 avril 2017.

Ces « refuges » n'en ont que le nom tant ils ressemblent parfois à des prisons. « Gérés par le gouvernement, ils accueillent les femmes victimes de violence et d'abus domestiques. Ce ne sont pas des prisons mais les femmes n'y sont généralement pas libres d'aller et venir, elles y restent souvent longtemps et elles ne peuvent en sortir sans être sous l'autorité d'un homme », poursuit Coogle. Les femmes qui sortent de prison et dont les familles ne veulent plus finissent également souvent dans ces « refuges ». Selon un rapport de Human Rights Watch datant de 2016[1], les pensionnaires n'ont pas droit au téléphone et ne peuvent pas recevoir leurs fils s'ils ont dépassé un certain âge et sont alors considérés comme des adolescents ou des adultes. Elles ne sont autorisées à sortir que pour des activités précises et doivent être rentrées avant un couvre-feu sous peine d'être dénoncées à la police. Les administrateurs des refuges préfèrent généralement que ce soit le tuteur qui vienne signer la « libération » de sa pupille et tendent à encourager les réconciliations avec la famille, qu'importe si ladite famille est violente. Le gouvernement opte également souvent pour une solution pour le moins étonnante : « Au lieu d'encourager l'indépendance des femmes, le gouvernement semble gérer ce problème en les poussant vers des mariages arrangés », rapporte Human Rights Watch. D'après plusieurs sources, le gouvernement se chargerait ainsi de trouver des maris à ces femmes (souvent celles qui sortent de prisons et que les tuteurs ne veulent pas accueillir chez eux), maris qui s'avèrent être de parfaits inconnus au CV douteux. « Une spécialiste des violences faites aux femmes exerçant en Arabie saoudite rapporte que le gouvernement trouve des "types louches qui sortent de prison, ont des passés sombres, sont dysfonctionnels, et vont utiliser ces femmes comme concubines" », écrit encore Human Rights

1. Human Rights Watch, *Boxed In. Women and Saudi Arabia's Male Guardianship System*, art. cité.

Watch. « Elles doivent vivre avec ces hommes si elles veulent sortir du refuge », confirme Adam Coogle.

Dina Ali a-t-elle dû se « réconcilier » avec sa famille ? A-t-elle été mariée de force ? Séquestrée ? Assassinée ? La jeune femme n'a pas donné signe de vie depuis avril 2017. « On pense que l'un de ses oncles a été promu au sein de la Saudi Airlines mais on ne sait pas s'il s'agit de l'un des deux oncles qui sont venus la chercher », ajoute Adam Coogle. Toutes les Saoudiennes que j'ai rencontrées, de Julia à Munira en passant par Selma ou Laura, connaissent l'histoire de Dina Ali, le son de sa voix et les vidéos enregistrées par Meagan. Elles ont ressenti sa peur, connu la même panique. Pour elles, l'issue a été plus heureuse mais il aurait pu en être autrement – ce n'est qu'une question de chance. Lorsque son prénom est prononcé, leurs yeux se baissent. Elles ont toutes l'impression de la connaître, pensent souvent à elle avec tristesse. Elle est comme une vieille amie qui aurait disparu de nos vies sans qu'on le veuille vraiment et qu'il est désormais trop tard pour recontacter.

Il existe encore bien trop de Dina en Arabie saoudite. Par peur de demander de l'aide ou des conseils, beaucoup de jeunes Saoudiennes tentent de fuir et sont rattrapées dans l'indifférence générale. Pour Meagan, il n'y aura à jamais que Dina. Au Canada, dans son appartement, elle ouvre parfois un placard et tombe sur une longue masse noire. Le tissu est immobile, il tranche avec ses chemises de travail et ses tee-shirts colorés. Elle ne peut pourtant pas se résoudre à se débarrasser de l'abaya de Dina. C'est comme un fantôme qui s'obstinerait à rester terré dans ce placard, muet, anéanti. Le fantôme d'une inconnue qui, un jour, s'est approché de Meagan pour lui demander de lui sauver la vie. Certains matins, elle passe sa main sur le tissu et se demande si Dina aura un jour l'occasion de porter la robe qu'elle lui a donnée en échange. Elle l'imagine sur une plage, libre. Parfois, la présence du tissu noir se fait sentir même lorsque le placard est fermé. Une tristesse s'en dégage, qui oblige Meagan à détourner le regard. Mais le tissu noir l'empêche d'oublier. Il lui rappelle que Dina a existé avant les huit heures qu'elles ont passées ensemble et, elle l'espère, qu'elle existe toujours.

7

Suha

« On m'a volé ma jeunesse »

Par la fenêtre, les rues de Riyad semblent se dissoudre dans ses larmes. Les voitures qui passent à toute vitesse forment des taches de couleur dans ses yeux, les grands palmiers se font doubles. Elle n'entend plus ni la radio ni le bruit des pneus sur le bitume. À ses côtés, il conduit sans dire un mot. Quand il gare la voiture devant l'immeuble, ses sanglots redoublent d'intensité. Les vingt-trois années qui ont précédé ce moment ne comptent plus ; plus rien ne comptera jamais s'il ne se passe pas quelque chose après cette révélation. À la clinique, le docteur a été clair : elle attend une fille. Ce qui grandit en elle est une fille, une fille qui sera comme elle, une fille qui naîtra ici et à qui il faudra des années pour prendre la mesure de sa malchance, une fille que ce pays enfermera à double tour et qui tombera sur un nouveau verrou à chaque fois qu'elle pensera se libérer.

C'est une fille. Suha se le répète encore et encore. Au début de son mariage, elle ne voulait pas d'enfant. Et puis c'est arrivé. Elle s'est dit que ça serait peut-être un garçon, mais si ce n'était pas le cas ? « J'avais peur, je ne voulais pas, je ne voulais simplement pas. » Le souvenir de ce jour de 2012 réveille chez Suha le même sentiment de panique qui lui avait alors serré la gorge : il était tout à fait hors de question qu'elle mette au monde une fille en Arabie saoudite. Elle se revoit assise sur le canapé du salon, en larmes, son mari assis à ses côtés qui ne comprenait pas vraiment ce qui se passait. Des questions dont il n'avait aucune idée se bousculaient dans sa tête : est-ce que je vais l'élever comme j'ai été élevée ? Si je lui répète qu'elle n'est pas faible mais que la société fait comme si elle l'était, qui va-t-elle croire ? Son mari lui a tendu un mouchoir, elle a essuyé les larmes qui coulaient sur ses joues. Et puis elle lui a dit : « On va quitter le pays. »

Comme si une femme en Arabie saoudite pouvait se permettre de donner des ordres à son mari. C'est ce que toutes les Saoudiennes que j'ai rencontrées m'auraient rétorqué : les femmes ne décident de rien. Mais Suha décide, elle déclare et les autres ne peuvent que l'écouter. La détermination et la force qu'elle dégage ne laissent pas le choix. Ce serait comme dire non à un tsunami. Souvent, elle ponctue ses souvenirs de grands éclats de rire. Ses yeux se plissent et elle place sa main sur sa bouche, ce qui la fait soudain ressembler à une petite fille. Elle se moque de celle qu'elle a été, de ses décisions abruptes et de ses points de vue bornés, à la manière dont on se souvient de ses croyances adolescentes – à quel point on pouvait être persuadé d'avoir tout compris à la vie et qu'on ne changerait plus jamais d'avis. Je l'imagine petite fille au regard sombre et aux dents du bonheur, capable de faire résonner un rire de clochettes et de claquer la porte la minute suivante. Suha était probablement la fillette de la cour de récré avec qui on a très envie d'être amie parce que l'on sent que la vie n'en serait que plus intéressante, bien qu'un peu effrayante. Peut-être est-ce cette aura qui lui a permis de sympathiser avec les petits voisins d'en face, des garçons qui ne s'intéressaient généralement pas aux filles. Elle se souvient de l'un d'entre eux, Malik, âgé d'à peine dix ans, avec qui elle jouait dans le quartier et qui, un jour, lui a dit que quand il serait grand, il l'épouserait. Suha avait été flattée mais avait préféré ne rien laisser paraître ; elle avait déjà décidé que le mariage ne serait pas pour elle. Son obstination, si jeune, désespérait sa mère. Pour les adultes aussi, Suha était déstabilisante. N'est-ce pas un peu intimidant, un enfant à qui on peut dire ce que l'on veut, qu'on peut punir ou féliciter, sans que cela change quoi que ce soit aux plans qui s'échafaudent déjà dans sa tête ?

Les relations entre Suha et sa mère n'ont jamais été simples : « Elle essayait d'élever ses quatre filles différemment de la façon dont elle élevait ses deux garçons. Je n'aimais pas ça. » Peu de temps est nécessaire pour s'apercevoir que dans la bouche de Suha, « je n'aimais pas ça » est l'annonce de la destruction pure et simple de ce qu'elle « n'aime pas », la mise à mal d'un système ou d'un plan jusqu'à ce qu'il n'en reste rien. « On devait obéir, tout faire, et eux rien. Je n'aimais pas ça, j'ai résisté. » Mais les chiens ne font pas des chats et sa mère n'est pas du genre à se laisser faire. Le bras de fer entre les deux ne fait que commencer. « Elle me faisait tout faire à moi, pour me briser. » La tactique de ses sœurs est imparable : puisque Suha ne veut pas se soumettre, il suffit d'obéir un minimum pour décrocher la place de l'enfant idéal. « Elles voulaient être des bonnes musulmanes, obéir aux parents et aux maris », raconte Suha, sans rancune néanmoins. Suha, elle, veut comprendre. C'est la grande obsession de sa vie. Comprendre pourquoi les filles sont différentes, pourquoi elle doit porter le voile, pourquoi elle doit servir ses frères qui ne disent pas merci ; comprendre pourquoi certains décident pour elle ; comprendre comment elle doit mener sa vie pour être heureuse.

Après ses premières règles, à 13 ans, elle refuse de porter le voile. Sa mère lui explique que ce n'est pas elle qui l'oblige mais la religion. « J'ai dit d'accord, mais dans ce cas, je dois pouvoir le porter comme je veux. Elle a refusé et m'a battue. » Les années passent, sa mère essaye toujours de la « briser ». Suha sent bien qu'elle ne fait pas les choses comme il faudrait. Pourquoi ses sœurs semblent-elles avoir trouvé la paix et pas elle ? Les voix dans sa tête l'épuisent. Parfois, elle aimerait elle aussi être docile, se contenter de la vie qu'on lui offre, éteindre le feu qui brûle au fond de son ventre et qui la pousse à toujours vouloir plus et mieux. Elle voudrait pouvoir se lover dans le doux confort d'un esprit léger, d'une vie dans la norme. Vouloir ce que veulent les autres.

En regardant autour d'elle, elle ne trouve qu'une chose capable de lui apporter la paix et de combler son besoin d'absolutisme. « Quand j'étais petite, la religion ne m'intéressait pas mais je ne peux jamais être dans l'entre-deux. J'ai besoin de savoir ce qui est bien et ce qui est mal. On m'apprenait que ce qui était bien, c'était d'être une bonne musulmane. J'avais donc besoin non seulement d'être une bonne musulmane, mais la meilleure. » À 16 ans, Suha se transforme. Tous les matins, devant le miroir, elle enfile des habits sobres puis elle place un niqab sur ses cheveux – elle devient vite experte dans le coup de main précis qu'il faut pour placer la fente à la hauteur de ses yeux. Puis, elle enfile une grande abaya noire. « Je n'aimais pas ça mais je pensais que c'était la bonne chose à faire. J'avais oublié que, quelques années auparavant, j'avais lutté pour ne pas le mettre. Je voulais juste aller au paradis. » Elle apprend le Coran par cœur, essaie de tout comprendre, de tout savoir. « Je refusais de m'accorder le moindre péché, tout devait être parfait. » Elle cesse d'écouter de la musique, n'entretient strictement aucun lien avec des garçons, devient « encore plus modeste » que ses sœurs, prie cinq fois par jour. Internet et l'évasion qu'il peut apporter ne sont pas une tentation. Lorsqu'elle doit travailler sur l'ordinateur familial, sa mère s'installe à ses côtés et vérifie tout ce qu'elle fait. De la même manière que certains adulent une rock star, Suha se prend de passion pour le prophète. « Je pensais que c'était l'homme le plus génial du monde, que Dieu lui parlait, que tout ce qu'il avait fait avait une bonne raison d'être. » Elle tique toutefois sur l'histoire, racontée dans un hadith[1], du mariage du prophète avec Aïcha alors qu'elle n'a que 6, 7 ou 9 ans (selon les versions). « Je me disais "à 9 ans, j'étais une

1. Les hadiths sont les communications orales du prophète et forment un recueil de texte retraçant sa vie et sa parole.

enfant !", mais on vous dit qu'à l'époque, les femmes étaient différentes. Qu'est-ce que j'en savais, après tout ? ».

À la mosquée qu'elle fréquente assidûment, Suha raconte avoir entendu des imams encourager les jeunes garçons à partir faire le djihad. Elle ne sait pas bien ce dont il s'agit mais si c'est là que les musulmans se battent, elle veut en être. Un cousin éloigné est mort là-bas mais ça ne la décourage pas, bien au contraire. « C'est une guerre, les gens meurent. Au moins, je serais morte pour Dieu. C'est ce que je pensais à l'époque, ce que je voulais : mourir et accéder à une vie meilleure au paradis. » Son oncle lui rétorque avec mépris qu'elle ne peut pas partir se battre car elle n'est qu'une fille. « Je n'avais pas peur, moi aussi je pouvais me battre ! » Personne ne l'écoute.

Pendant deux ans, Suha est néanmoins parfaite aux yeux de sa mère. Elle obtient son bac à 18 ans et rentre à l'université avec l'accord paternel. C'est là que les choses commencent à se déliter. À la fac, la jeune fille change de fréquentation. Si son lycée, situé sur une base militaire et destiné aux enfants de cadres de l'armée, permettait qu'elle soit confortée dans sa foi, à l'université, l'ambiance est différente. Elle y débarque dans sa tenue qui ne laisse apercevoir que ses yeux, grands ouverts sur ce monde nouveau. « Les filles étaient croyantes mais la plupart ne portaient qu'un simple hidjab et elles se maquillaient. Au début, je me disais "je ne veux pas être comme ces filles, je suis une bonne musulmane, moi". » Petit à petit néanmoins, Suha apprend à les connaître et note que ses camarades de classe ne font rien qui la choque vraiment. Suha réalise que le monde est plus complexe que ce qu'elle voulait bien croire – ni tout noir ni tout blanc. « Je me souviens d'une fille de ma classe qui portait une burqa. Elle était encore plus religieuse que moi et pourtant, j'ai appris qu'elle couchait secrètement avec un mec. J'ai compris qu'il n'y avait pas de connexion entre ces choses, que l'une ne faisait pas de toi une sainte et l'autre une mauvaise fille. »

Au bout de deux ans, la foi de Suha commence à montrer des signes de fatigue. Elle trouve désormais que ne jamais pécher est « inhumain » et, pour se préserver, s'accorde des « petits péchés » : elle se remet à écouter de la musique, regarde des films étrangers. Elle se reconnaît également dans les personnages de « femmes fortes » qu'elle y croise. Pour une jeune fille comme Suha, il est déjà trop tard : à la minute où elle voit que d'autres femmes vivent plus libres qu'elle, peuvent faire des choses qui lui sont interdites mais dont elle a envie, c'est un point de non-retour. Pendant les années qui avaient précédé, le système de tutorat lui avait paru fastidieux mais elle ne l'avait jamais remis en cause. « Les gens n'expliquent jamais pourquoi ça marche comme ça, ils justifient simplement le tutorat par la religion. Je ne savais pas que c'était en réalité lié à des lois et à un système. » Elle marque une pause avant de conclure : « Je n'aimais pas ça. »

La jeune femme veut devenir chirurgienne, une ambition vite balayée par sa famille, dans la mesure où la médecine comporte un enseignement mixte. Le père de Suha veut choisir le cursus de sa fille. Pour le convaincre de l'autoriser à continuer ses études, il a déjà fallu l'intervention du grand-père de Suha, un homme plus progressiste qui croit en l'éducation des femmes et aime beaucoup sa petite-fille. Alors Suha laisse son père choisir pour elle. Il porte sans grande surprise son choix vers un cursus intitulé « Cuisine pour la maison ». Mais Suha fait partie de ces gens qui semblent toujours provoquer la chance. Au bout d'un an, le département se scinde en effet en deux – la cuisine et les tâches ménagères d'un côté, les sciences nutritionnelles de l'autre. Sans en informer personne, Suha opte pour le cursus scientifique. À la fin de l'année scolaire, elle doit faire un stage à l'hôpital. Pour ce faire, pendant tout un semestre, elle ment à son entourage. Lorsque son père la dépose à l'université le matin, elle saute dans un taxi pour se rendre à l'hôpital et répète la même opération le soir, sans jamais se faire prendre.

Il faudra user d'un nouveau tour de passe-passe pour contourner son potentiel mariage.

Entre ses 19 et ses 21 ans, sa famille invite des prétendants et tente de la pousser à les accepter. « Ils me disaient "un homme vient à la maison, tu verras bien s'il te plaît". » Façon de parler : en réalité, c'est bien entendu à la condition qu'*elle* plaise à cet homme que l'affaire sera conclue. Or Suha est jolie, plantureuse, souriante et coquette – elle a tout pour plaire. Certes, elle est un peu bruyante au regard des normes saoudiennes, mais son charme semble opérer sur tous. La jeune fille met donc au point une parade : elle s'efforce de paraître « bizarre » afin de faire fuir ses prétendants. Et ça fonctionne. Les deux premiers s'enfuient en courant. « Même quand j'étais enfant, je disais que je ne cuisinerai pas pour mon mari, que je n'obéirai pas, que je n'avais pas envie de me marier. Ma mère me rétorquait que j'avais tort et que c'était mal, mais j'étais intimement persuadée que je ne serai pas une bonne épouse. Alors à quoi bon se marier ? »

À 22 ans, la voilà donc diplômée et toujours célibataire. Naturellement, elle veut travailler et, naturellement, son père refuse. Suha entame une grève de la faim – si ses parents veulent contrôler toute sa vie, elle a encore le contrôle de son corps. En vérité, elle ne tient pas tant que ça à travailler mais il est hors de question qu'elle reste sagement à la maison en attendant qu'un homme la choisisse et l'épouse. Les jours passent, elle ne mange toujours pas. Quand la faim la tenaille, elle s'accroche à ses convictions et boit de l'eau. Encore quelques jours et elle finit à l'hôpital. « J'étais à deux doigts d'abandonner, je voyais bien que ça ne marchait pas avec eux, et puis finalement ils ont cédé. » Son père accepte qu'elle cherche du travail et qu'elle s'adonne à cette activité frivole à ses yeux « le temps que quelqu'un vienne demander sa main ». Suha ne travaillera jamais.

*

Dîner de fête à la maison. La mère de Suha a cuisiné de la viande et invité la famille. Autour de la grande table, l'ambiance est festive, les couverts tintent dans un brouhaha joyeux. Les hommes rient fort, les femmes font le service. On s'apprête à passer au dessert lorsque l'oncle de Suha lui lance : « Hé, tu sais qu'on vient de demander ta main ? » Elle se fige : cela fait trois mois qu'elle est diplômée et elle n'a pas toujours pas trouvé de travail. Quelle excuse pourra-t-elle bien trouver cette fois ? Tout en se mettant à réfléchir à toute vitesse, elle demande par curiosité le nom du prétendant. « C'est Malik, l'ancien voisin », lui répond nonchalamment son oncle. Suha laisse retomber ses coudes sur la table. Elle retient sa respiration, son visage reste impassible mais dans sa tête, les questions fusent. Tout en essayant de réprimer un sourire, elle annonce calmement, devant l'ensemble des membres sa famille penchés sur leurs assiettes : « D'accord, je l'épouserai. »

Sa mère n'en revient pas, elle manque de s'étouffer. Plusieurs oncles et cousins la charrient : « Suha veut se marier, que se passe-t-il ? », plaisantent-ils. La jeune fille n'a pas revu Malik depuis qu'il a déclaré qu'il l'épouserait un jour. Ils avaient 9 ou 10 ans lorsque le jeune garçon a déménagé dans une autre ville. C'était il y a plus de treize ans. Mais dans la tête de Suha, si Malik est assez honnête pour tenir une promesse qu'il a faite quand il était petit, alors c'est un homme bon. Elle n'a pas beaucoup de souvenirs de lui, ne le reconnaîtrait probablement pas si elle le croisait dans la rue, mais ce n'est pas non plus tout à fait un étranger. Ses rares souvenirs sont empreints d'une douceur qui la rassure. « Au moins, il se souvient de moi ! », se dit-elle.

Le dîner aurait pu se transformer en célébration si la mère de Suha ne s'était pas aussitôt opposée à ce mariage : elle refuse de considérer la demande en mariage de Malik car il est noir. « Je ne suis pas exactement blanche moi-même ! », rétorque Suha. « Il est africain, il n'est pas comme nous », tranche sa mère. Malik a des origines subsahariennes. Il est arrivé en Arabie saoudite lorsqu'il était bébé et a la nationalité saoudienne. « Sa couleur de peau est en effet un peu plus foncée que la mienne », concède Suha.

Il est vrai que l'Arabie saoudite souffre d'un problème fréquent de racisme, qui se joue à plusieurs niveaux : il y a d'abord une forme de racisme liée à discrimination religieuse, qui oppose les sunnites et les chiites ; ensuite, le racisme entre les citoyens saoudiens et les immigrés d'Asie ou d'Océanie qui occupent les postes subalternes de la société ; enfin, le racisme entre Saoudiens, qui repose sur l'appartenance aux anciennes tribus. Les Saoudiens noirs sont considérés comme des descendants des anciens esclaves – il faut d'ailleurs noter que l'esclavage n'a été aboli en Arabie saoudite qu'en 1962.

Suha se fiche de tout cela, elle veut épouser Malik et assure à ses parents qu'elle n'épousera personne d'autre. « Ma mère a convaincu mon père, qui s'en fichait un peu mais qui m'a dit non sous la pression. Je lui ai répété que si ce n'était pas lui, ce ne serait jamais personne et que je continuerai de faire fuir tous les hommes qui se présenteraient. » Suha oppose à ses parents un argument difficile à contourner : « C'est contre la religion de juger sur la couleur de peau. Malik est un bon musulman, je suis une bonne musulmane, où est le problème ? » Son père finit par lui donner son accord à une condition : si Malik s'avère abusif ou violent, infidèle ou Dieu sait quoi d'autre, ce sera le problème de Suha, et le sien uniquement. Suha lui serre la main. Elle sent que Malik est différent, elle ne l'a pas encore revu mais elle lui « fait confiance ».

Sa mère, bien sûr, n'est pas ravie d'avoir été écartée de la décision et compte bien le lui faire comprendre. Pendant les semaines qui suivent, elle l'oblige à faire toute la cuisine et le ménage, et à dormir dans la cuisine si Suha n'a pas terminé. Elle passe des nuits contre le carrelage froid en pensant à Malik, les poings serrés et les yeux grands ouverts. « J'imagine qu'elle voulait me dégoûter de la vie maritale pour que je refuse de me marier, analyse Suha. Mais je suis vraiment bornée ! » Sa mère a passé sa vie à manipuler sa fille, mais que peut-elle contre quelqu'un qui obéit ? Suha décide donc de faire tout ce qu'on lui demande, de se transformer en esclave s'il le faut. Sa famille s'avoue surprise. « Ils se sont dit que j'étais une bonne fille maintenant qu'ils m'avaient brisée. » Derrière son faux sourire, elle n'en pense pas moins : « Une fois mariée, je ne referai plus jamais ça de ma vie ! »

Entre-temps, Malik fait savoir que sa proposition est définitive. Même s'il s'avérait que la Suha d'aujourd'hui ne lui plaisait pas, il l'épouserait quand même. Suha, de son côté, veut le voir. Elle trépigne d'impatience. Lorsqu'il fait enfin son apparition, elle oublie de feindre la timidité et le fixe sans se cacher. Si elle pouvait se placer tout près de lui et le scruter, elle le ferait. Même si ce n'est « pas [s]on style physiquement », elle remarque son joli sourire. Elle lui trouve un air doux, rassurant. Ils ne se parlent pas mais elle arrive à lui donner discrètement son numéro de téléphone. Ils décident de s'écrire et de s'appeler en secret. « Il fallait que je lui parle directement pour lui dire que, quoi que ma famille lui raconte, je voulais pouvoir être libre une fois mariée – voir qui je veux, faire ce que je veux – et que je ne serais certainement pas le genre de femme qui lui ferait à manger ou qui s'occuperait de sa maison. Il fallait qu'il le sache tout de suite. »

Malik lui répond qu'elle pourra faire les études de son choix, travailler si elle le souhaite, et même voyager, à condition que ce soit avec lui. Pour le reste, il vit seul et sait par conséquent s'occuper de lui-même. « Je ne t'épouse par pour ça », lui dit-il. Alors, pourquoi ? Pourquoi l'a-t-il choisie elle, lorsqu'ils avaient 10 ans, sur un bout de trottoir poussiéreux ? « Parce que je t'aimais. Je sentais que tu étais différente des autres filles », lui affirme Malik. C'est la seule discussion qu'ils auront à ce propos. Suha ne saura jamais vraiment en quoi elle semblait « différente ». Elle lui impose une dernière condition : ils peuvent signer les papiers tout de suite mais elle exige qu'ils attendent un an avant la cérémonie officielle, synonyme de consommation du mariage et d'emménagement ensemble. Un an pour se connaître, donc.

Pendant cette année, il lui rend visite tous les mois. Ils passent du temps ensemble, s'embrassent parfois en cachette, parlent longuement. « Il me comprenait mieux que mes copines de fac, qui ne saisissaient pas pourquoi je refusais de faire des choses pour un homme ! » Elle s'attache à lui « très vite ». Quand le mariage arrive enfin, tout se passe comme Suha l'avait prévu : cela fait un an qu'ils sont ensemble, ce n'est plus un étranger pour elle, elle se sent en confiance et elle est heureuse de devenir sa femme. Le couple s'installe à Riyad histoire d'être tranquille – hors de question pour Suha que sa mère se mêle de tout. Mais elle n'a pas le temps de prendre ses marques dans la ville : à peine un mois après leur mariage, la voilà enceinte. Trois mois plus tard, elle découvre que son bébé est une fille et elle annonce à Malik, en larmes, qu'ils vont devoir quitter le pays.

*

Il est 15 h 30 au Canada, en cet après-midi d'octobre 2019. Suha marche d'un bon pas sur les larges trottoirs de la petite ville. De chaque côté de la rue, les pavillons soigneusement entretenus, avec leurs pelouses bien tondues et leurs allées pour garer les 4 x 4, se suivent et se ressemblent. Les décorations d'Halloween ont fait leur apparition et côtoient des pancartes de candidats aux élections locales. Suha accélère encore le pas, elle a peur d'arriver en retard à l'école du quartier. Nous passons devant des porches de maisons où résonne de la musique et elle adresse un geste de la main aux habitants. Elle a enfilé un pull à capuche par-dessus un débardeur décolleté et un short en jean qui laisse entrevoir un large tatouage sur la cuisse, et a gardé ses lunettes de lecture sur le nez. Sur le chemin, elle me parle du quartier : c'est calme et familial, exactement ce dont elle avait besoin en ce moment. Sana, sa fille, s'est bien habituée à cette école. Lorsqu'on aperçoit l'école au bout d'un petit chemin boisé, les autres parents ont déjà récupéré leurs enfants et la petite Sana discute avec un surveillant. Elle fait des grands gestes et on entend son rire résonner dans la cour de récréation. Cartable sur le dos et veste en moumoute léopard, elle accourt dans notre direction lorsqu'elle nous voit. Derrière ses lunettes, on devine le même regard malicieux que sa mère. La jeune maman adresse un signe de main au surveillant de l'école, puis nous reprenons le chemin de la maison.

Née sur le sol canadien, Sanna a désormais 6 ans. En la regardant rire et parler fort dans la rue, Suha se souvient de ce jour de 2012 où elle a décidé que sa fille ne serait pas saoudienne. « J'avais déjà rempli un dossier pour une bourse d'étude à l'étranger, parce que je voulais partir. J'étais enceinte de quelques mois quand j'ai reçu une réponse positive. » Suha admet que si Sana avait été un garçon, elle serait restée pour accoucher en Arabie saoudite auprès de sa famille. Mais puisque c'était une fille, Sana devait naître à l'étranger, « pour avoir le choix d'une autre nationalité ». Elle présente les papiers de la bourse à Malik en toute hâte et lui ordonne de signer. « Mais qu'est-ce qu'il t'arrive ? Et mon travail ? » demande-t-il. Comme souvent, Malik accepte pour faire plaisir à Suha, pour l'apaiser et pour le bien de leur bébé à venir.

Le couple n'a pas le temps d'y réfléchir à deux fois. Ils quittent leur appartement de Riyad et repartent chacun de leur côté dans leur famille. Moins de six mois après son mariage, Suha sonne à la porte de la maison familiale avec sa valise. Sa mère lui ouvre. « Il veut déjà divorcer ? » lui demande-t-elle immédiatement. La jeune mariée lève les yeux au ciel et ne répond rien. Pour l'instant, elle n'a pas la force d'entendre l'avis de sa famille sur ses décisions et aimerait juste se reposer. À peine quelques heures plus tard, le téléphone sonne. C'est la mère de Malik. Elle voudrait savoir si les parents de Suha se retrouvent eux aussi face un enfant muet qui refuse de donner des explications. Oui, eux aussi.

Au dîner, Suha accepte enfin de parler. Elle leur annonce calmement son départ pour le Canada avec son mari d'ici deux semaines et pour plusieurs années, le temps de passer son master. Sa mère fond en larmes, s'oppose à cette décision à grand renfort de cris et d'ultimatums. « Mes parents ont essayé de me convaincre de rester mais mon tuteur était désormais Malik. Et j'étais sûre qu'il m'écouterait moi et pas mes parents ou les siens. » Sa mère lui oppose l'argument de sa grossesse. Comment fera-t-elle, toute seule, pour s'occuper d'un bébé ? Suha lui répond qu'elle « achètera un livre, se débrouillera ». Aujourd'hui, cette dernière rit de sa propre naïveté et admet – c'est bien la première fois – que sa mère avait raison. Accoucher dans un pays étranger et vivre les premiers mois avec son bébé, loin de toute personne familière à qui demander conseil, s'est avéré difficile : « Malik m'a aidé mais on n'avait aucune idée de comment s'occuper d'un bébé ! Je retournais à l'hôpital poser des questions tous les jours ! » La petite Sana s'en est bien sortie. Le Canada lui a offert la crèche pendant que Malik travaillait et que Suha était à la fac, où elle a étudié l'anglais pendant deux ans, puis les sciences nutritionnelles trois années supplémentaires. Mais très vite, c'est une tout autre matière qu'elle s'est mise à étudier de près.

*

Quand elle arrive à Toronto en 2012, Suha continue de porter le voile, de prier cinq fois par jour et de faire le ramadan. Si elle n'est plus aussi pieuse que par le passé, elle respecte toujours la religion et ses préceptes. C'est peut-être la seule chose qui la relie encore à sa famille, maintenant qu'elle vit loin d'eux. « Au moins, Suha est restée une bonne musulmane », se disent-ils. Mais en elle se joue un conflit imperceptible pour les autres. Depuis des années en effet, elle se pose des questions qui la dérangent. Des questions qui, comme un caillou dans sa chaussure, la font grimacer et boiter, et dont elle n'arrive pas à se défaire. Suha sait – elle l'a toujours su – qu'elle éprouve une attirance pour les femmes. À l'adolescence, elle pense que cette attirance est peut-être due à la séparation des sexes en Arabie saoudite. « Je me demandais : est-ce que ça fait partie de moi ou est-ce que c'est la société qui m'a donné cette idée ? Au final, j'ai préféré refouler cette partie de moi-même parce que j'étais croyante et que l'islam et l'État interdisent l'homosexualité. »

Mais depuis qu'elle vit au Canada, Suha ne parvient plus à ignorer ces sentiments qui se mélangent en elle. La bulle dans laquelle elle était maintenue en Arabie saoudite a éclaté. « La religion est censée apporter du réconfort mais, pour moi, c'était douloureux. Dieu ne veut pas que je sois attirée par les femmes. J'étais une pécheresse rien que par les pensées qui me traversaient. » Pour « compenser », Suha a longtemps essayé d'être irréprochable. Aujourd'hui, elle a compris que sa période jusqu'au-boutiste, au lycée, notamment son désir de vouloir aller faire le djihad, n'était qu'un moyen désespéré d'être pardonnée par Dieu. « J'essayais de repousser la culpabilité. Je voulais mourir comme Dieu l'avait ordonné, pour sauver mon âme. » Comme on ne permet pas à Suha de mourir pour négocier son entrée au paradis, le conflit qui la ronge se réveille. « Je me sentais vraiment mal. J'essayais d'être plus spirituelle et de me connecter à ce Dieu mais je ne ressentais rien. Je croyais que mon cœur n'était pas assez ouvert, que je n'étais assez bonne, que je n'avais pas assez d'émotions. » La jeune fille n'arrive pas à reconnaître qu'elle n'est pas heureuse. « Mon cœur était plein de ressentiment et de haine », dit-elle aujourd'hui.

Au Canada, elle arrive enfin à reconnaître qu'aussi honnête soit-elle elle s'est menti à elle-même. Il est temps pour elle de changer, de regarder sa religion en face. Ce sera une lente réflexion, car Suha n'entend pas tout envoyer balader sans essayer de comprendre. À la fac, elle a appris à raisonner méthodiquement, scientifiquement, et décide d'appliquer ce raisonnement à la religion. On est en 2015, ses recherches « cliniques » autour de la religion lui prennent plus d'un an. Quand elle en parle aujourd'hui, elle agite les mains comme si elle rangeait ses pensées dans des boîtes. « D'abord, je me suis interrogée sur le pouvoir qu'ont les hommes sur les femmes. Quand un enfant fait une erreur, on ne le punit pas de la même façon qu'un adulte parce que son esprit n'est pas encore formé. En Arabie saoudite, on vous dit que les femmes sont inférieures, mais on les punit davantage que les hommes. Ce n'est pas logique. » Elle pose ses mains sur ses genoux un court instant avant que le ballet virevoltant ne reprenne. « Ensuite, j'ai étudié le Coran. On y dit que toute création doit être mâle ou femelle mais les bactéries n'ont pas de genre. Dieu aurait-il oublié ce qu'il a créé ? » Or pour Suha, « une seule erreur et plus rien ne tient ». « Je me suis quand même intéressée aux hadiths, poursuit la jeune femme, parce qu'il s'agit de la parole du prophète, mais il y a des passages avec lesquels je n'étais pas d'accord. Le djihad, surtout. Au Canada, j'ai rencontré des non-musulmans qui sont devenus mes amis. Pourtant, on me dit que je ne devrais pas avoir de sentiments pour eux car ce sont des infidèles. » Suha se souvient de l'époque où l'idée de tuer au nom de la religion ne l'empêchait pas de dormir. « Je suis quelqu'un de gentil et de compatissant. Mais la religion m'avait fait penser que les non-musulmans ne méritaient pas ma gentillesse. Elle avait fait de moi quelqu'un d'insensible au sort des autres. »

Au bout d'un an, Suha fait asseoir Malik et lui annonce qu'elle n'est plus musulmane. Son mari a envie de rire de ce qu'il pense être une nouvelle lubie de sa femme mais face à son sérieux, il se retient. S'il le souhaite, lui dit-elle, il peut divorcer, elle comprendra. Il peut même la tuer pour cet affront mais elle sera heureuse de mourir en athée. Comme à son habitude, la jeune fille laisse peu de place à la négociation. Malik est un homme calme et raisonné. Il aime sa femme et respecte sa réflexion, mais le fait que Suha soit croyante a toujours été un point commun fort entre eux. Il ne hausse pourtant pas le ton. Il lui demande simplement de lui expliquer son choix et lui affirme qu'il finira soit par convaincre Suha de croire, soit par être convaincu lui-même d'abandonner la religion. « Il m'a écouté, m'a posé des questions, a réfléchi et a fait son propre cheminement intellectuel pendant longtemps, raconte Suha. Et puis un jour, il est revenu vers moi et il m'a dit "je crois que tu as raison". Nous n'avons pas du tout la même personnalité et pourtant, nous sommes arrivés à la même conclusion. Depuis ce jour, ni lui ni moi ne sommes plus croyants. »

*

À l'hiver 2019, Malik quitte temporairement le Canada. Il a oublié de renouveler son permis de travail et doit refaire une demande depuis l'étranger. Pour éviter d'avoir à retourner en Arabie saoudite, il vit chez un cousin aux États-Unis pendant six mois. Pendant cette période, Suha se retrouve seule, sans homme, pour la première fois de sa vie. Cette liberté totale lui permet de mettre des mots sur un sentiment vieux de plusieurs années : on lui a volé sa jeunesse. L'Arabie saoudite, sa famille et le système l'ont empêchée de profiter du fait d'être une jeune femme célibataire et aventureuse. Mais Suha n'a que 29 ans. En Arabie saoudite, elle serait une mère et une épouse, mais à Toronto, elle est une *millennial* comme les autres et elle a envie d'agir comme tel. Depuis qu'elle a renoncé à la religion, elle se sent en paix avec elle-même.

Dans la rue, elle regarde les femmes, se demande qui lui plaît ou non. Pourrait-elle tomber amoureuse de celle-ci ? Est-ce qu'elle aurait envie de coucher avec celle-là ? Un jour, dans un café, elle rencontre une jeune étudiante coréenne. Suha se découvre charmeuse, elles se fréquentent quelques mois. Suha en parle ouvertement à son mari qui, rassuré qu'il ne s'agisse entre elles que de sexe et, surtout, qu'il ne s'agisse pas d'un autre homme, n'y voit pas d'inconvénient. Un an plus tard, alors que Malik est aux États-Unis, Suha rencontre une autre femme. Najat est saoudienne et vient de débarquer au Canada. Les deux femmes entament une relation – « purement physique », précise Suha – et décident de tenter une nouvelle aventure en déménageant à l'autre bout du pays, à Vancouver. C'est un coup de folie mais c'est précisément ce dont elle a envie : ne pas se censurer. Najat semble rapidement s'attacher à Suha, elle réclame une relation exclusive et un engagement, ce dont Suha ne veut pas. Najat lui reproche également le fait d'être mariée, essaye de la convaincre qu'elle est manipulée par Malik. « Elle était devenue très possessive. Je voulais passer du temps avec ma fille et elle ne le comprenait pas. » Depuis qu'elle est libre de ses faits et gestes, Suha ne supporte plus aucune sorte d'autorité. Ce chantage affectif lui rappelle sa mère, l'Arabie. Elle suffoque.

Un soir, alors que Suha a déjà commencé à prendre ses distances, la porte s'ouvre sur une Najat ivre. Elle lui dit qu'elle l'aime et lui fait des avances. Suha la repousse, Najat la griffe et devient violente. Au lever du soleil, Suha prend ses affaires, sa fille, et reprend l'avion dans le sens inverse.

*

Mai 2019. Lorsqu'elle se réveille, elle met quelques secondes à revenir à elle. Dehors, il fait déjà jour, des rayons du soleil se sont infiltrés dans les ouvertures du rideau occultant acheté à la va-vite. Elle entend sa respiration et devine qu'il se réveille doucement. Ses pieds cherchent les siens sous les draps. Elle n'ouvre pas les yeux mais sourit. Se pourrait-il que tous les matins ressemblent à cela, désormais ? Elle ouvre un œil et il n'y a personne qu'elle aimerait davantage voir au réveil. Elle connaît la nuance exacte de la couleur de ses yeux et la dent pointue que sa lèvre supérieure laisse apparaître quand il sourit. Chez quelqu'un d'autre, tant de mièvrerie la ferait sourire. Mais c'est la première fois que Suha est amoureuse, et il ne s'agit pas de son mari.

Elle se lève, s'étire, ouvre les rideaux. Une bouffée d'angoisse la traverse ; elle lui tombe généralement dessus lorsque ses pieds touchent le sol. Malik va finir par rentrer. Elle se retourne et regarde Firas dormir. Elle le sait : elle devra bientôt renoncer à lui… Dans son estomac, quelque chose se serre. Quand est-ce que sa vie lui a échappé, elle qui a toujours tout dirigé d'une main de fer ? Suha le sait très bien : « En avril 2019, j'ai aidé Sara et Munira[1] pour leur campagne sur Twitter. Avec d'autres filles, j'avais les codes de leur compte et je l'alimentais pour elles. » Un jour, un homme saoudien résidant au Canada envoie un message privé sur le compte des deux sœurs pour proposer son aide. Suha lui répond et la conversation se prolonge bien après que Sara et Munira ont trouvé refuge en France. « Je ne suis pas revenue à Toronto uniquement parce que ça se passait mal avec Najat, dit-elle en rougissant. Je voulais aussi le rencontrer. »

Au détour de leurs longues conversations, Suha apprend que Firas est fraîchement divorcé et qu'il a des enfants. « Je me disais qu'il était sûrement toujours attaché à son ex, qu'on allait coucher ensemble, peut-être se revoir de temps en temps et que ce serait tout », dit-elle avec sa façon de tout rationaliser. Elle qui a un besoin viscéral de ranger l'univers dans les cases du bien ou du mal ne sait plus se situer. « Je suis tombée amoureuse de lui tout de suite, soupire-t-elle. Ce n'était pas comme quand je

1. Voir chapitre 3.

suis tombée amoureuse de mon mari. Avec Malik, c'est presque une sorte d'amitié, nous sommes liés par la confiance et des sentiments forts, mais il n'a jamais fait battre mon cœur avec les papillons et tout. » Suha est désormais pleine de papillons, à ne plus savoir qu'en faire. Avec Firas, ils se voient chaque jour. Et la date de retour de Malik se rapproche dangereusement.

Firas sait à quoi elle pense quand son regard se perd. Ça ne l'empêche pas de prononcer ces mots : « Tu dois faire un choix. » Elle redoutait de les entendre mais savait bien que ça arriverait. « Il voulait que je quitte mon mari mais j'avais passé des années à instaurer une relation égalitaire et de confiance avec Malik, dans laquelle j'étais libre, je n'allais pas tout recommencer à zéro avec un autre ! » Suha ne supporte pas non plus l'idée de mentir à Malik. Ils ont partagé trop de choses pour s'abaisser à cela. Un soir, elle lui téléphone et lui avoue tout. À l'autre bout du fil, son mari est surpris. Il comprend qu'elle veuille vivre une vie qu'elle n'a jamais eu l'occasion de vivre dans son pays, il comprend qu'elle souhaite coucher avec des femmes. Mais il refuse qu'elle le quitte pour un autre homme. « Fais ce que tu veux, mais on ne divorce pas », lui dit-il.

Suha est désespérée d'entendre qu'elle fait du mal à celui avec qui elle partage sa vie depuis huit ans. Elle sait qu'il a toujours été bon avec elle et qu'il a respecté ses choix. Mais ne vient-il pas de dire « fais ce que tu veux » ? La conversation prend une autre tournure. « Tu me laisserais épouser un autre homme ? » lui demande-t-elle du bout des lèvres. « Comment ça ? » lui répond-il incrédule. Ravalant ses sanglots, Suha lui rappelle qu'en Arabie saoudite, les hommes peuvent avoir jusqu'à quatre femmes. Malik ne dit rien. « Je voudrais faire la même chose ici », continue Suha. Nouveau silence. Elle retient sa respiration. Malik refuse. Suha s'efforce d'argumenter, lui jure qu'elle ne veut pas le quitter pour Firas, mais qu'elle ne veut pas non plus quitter Firas. La conversation est longue. Non, Firas n'est pas un « meilleur coup » que lui, non il ne la « traite pas mieux », en réalité il est même plus macho que Malik, mais elle l'aime – pour ménager Malik, elle ne lui dit pas qu'elle l'aime mais qu'elle est « attachée à lui ».

Contre toute attente, Malik comprend et finit par accepter le *deal*. Suha a du mal à réaliser qu'elle vient d'inverser les rôles. « Je te laisse voir comment ça peut se passer, je cède si c'est la condition pour te garder », lui dit-il. Cette improvisation a un prix : elle sait que le fier Firas n'acceptera jamais cet arrangement. Quelques matins passent encore, où elle se réveille auprès de celui qu'elle aime. Une nuit, alors qu'elle perçoit juste la forme de son corps sous le drap, Suha réalise en un éclair – ce même éclair qui l'a frappée lorsqu'elle a su qu'elle épouserait Malik ou que son bébé serait une fille – qu'elle ne peut pas passer à côté de Firas. Elle rappelle Malik et lui dit que c'est fini.

Sa réaction dépasse ce à quoi Suha s'était préparée : le jeune homme fait une crise de panique et est admis à l'hôpital. Il lui dit que si elle le quitte, il ne pensera qu'à mourir. « Je savais qu'il était sérieux. Il avait l'impression que Firas lui volait sa vie et il avait raison. Du coup, je me suis énervée contre Firas et je lui ai dit que je le trouvais égoïste et que j'étais stupide de le choisir lui. » C'est au tour de Firas de paniquer. Et si Suha et Malik partageaient un lien qu'il avait sous-estimé ? Ils avaient lutté ensemble contre les restrictions de leur pays, changé de vie ensemble, élevé un enfant. Pouvait-il vraiment détruire cela ? Suha lui glisse qu'elle ne veut pas les perdre, ni lui ni Malik. Elle veut tout.

Firas lui rétorque que c'est complètement fou et que jamais son mari ne l'acceptera. Dans un petit rire enfantin, Suha l'admet, c'est là qu'elle a joué d'un petit stratagème : elle fait promettre à Firas que si Malik accepte un ménage à trois, il devra l'accepter aussi. Le jeune homme capitule en soupirant – difficile, pour un Saoudien, de signer pour une hérésie pareille !

Suha rappelle Malik, toujours à l'hôpital, et lui annonce qu'ils vont vivre tous les trois en bonne intelligence. « Vous serez mes deux maris », lui dit-elle. À ses côtés, la mâchoire de Firas se décroche. Il supplie Suha de choisir, même si ça doit signer la fin de leur relation. Mais Suha, impérieuse, se contente de répéter « vous serez mes deux maris ».

*

Après la sortie de l'école, Sanna se remet à courir à l'approche de la maison qu'elle occupe avec ses parents – et Firas. C'est une petite maison haute, tortueuse, pleine d'escaliers et de passages secrets. Il flotte dans l'air une odeur de crème hydratante et de fleurs. Une écharpe du club de foot de Barcelone et deux manettes de console traînent sur le canapé. Suha me fait visiter la maison. « Ici, c'est la chambre de Malik. Je dors avec lui une nuit sur deux, et l'autre je dors avec Firas dans une autre chambre à l'étage du dessous. » Quand je lui rends visite à l'automne 2019, cela fait quatre mois qu'ils ont quitté Toronto et emménagé dans cette maison, dans une plus petite ville. L'ex-femme et les enfants de Firas vivent non loin de là.

Sur le chemin de retour de l'école, alors que Sanna sautille d'une dalle à l'autre sur le trottoir, sa mère m'explique l'accord conclu entre les trois adultes : « On est tous les trois libres. Si l'un ou l'autre veut aller coucher avec une autre femme, je suis d'accord. Je sais que Firas l'a déjà fait, surtout pour voir si ça allait m'énerver. Malik, je ne crois pas. Mais tant que ce n'est pas chez moi et que personne ne s'embrouille devant ma fille, ça ne me dérange pas. »

Quand il a rejoint la vie du couple, Firas a bien essayé de faire de Suha une compagne davantage « classique » : « J'ai accepté d'essayer de jouer à la femme d'intérieur pour lui, je cuisinais et tout. Mais il critiquait tout le temps ! Un jour, j'ai jeté tout le repas à la poubelle et je ne lui ai pas adressé la parole pendant trois jours. » Firas a fini par s'excuser mais, désormais, il cuisine lui-même car Suha ne veut pas du jugement d'un homme. « J'ai trop été élevée dans l'idée qu'une femme devait tout faire, je ne veux pas que ma fille voie ça chez elle. » Quand elle repense à sa vie en Arabie, Suha a un petit rire aigu : « Ma mère me répétait toujours “si tu ne cuisines pas et que tu ne fais pas tout pour ton mari, il ne t'aimera pas”. Et regarde aujourd'hui, je ne fais rien et j'ai deux hommes qui m'aiment ! » Firas et Malik sont devenus très amis, Sanna aussi s'entend bien avec son nouveau « beau-père ». A-t-elle compris les tenants et les aboutissants du « trouple » avec lequel elle vit ? Suha n'en sait rien, la petite fille « n'a jamais posé de question ».

*

Sept ans après avoir quitté l'Arabie saoudite, Suha avait donc tout ce qu'elle voulait, Jusqu'à ce que des trolls saoudiens s'en mêlent. Elle qui n'avait jamais été attirée par les réseaux sociaux a en effet fini par se retrouver involontairement au premier plan. Tout commence lorsque Rahaf Mohammed, la jeune fille de 18 ans qui a fui l'Arabie saoudite en janvier 2019 et dont l'histoire a fait le tour des médias, est accueillie par le Canada[1]. Suha et elle deviennent amies. Un soir de l'été 2019, alors que Suha est à ses côtés, Rahaf lance une vidéo en direct sur Facebook et répond aux questions des internautes. Depuis son arrivée au Canada, Rahaf est devenue une star pour nombre de Saoudiens : elle est extrêmement suivie, autant admirée par les Saoudiennes qui rêvent de liberté et d'exil que détestée par les trolls, certains parents, le gouvernement et tout l'*establishment* saoudien. « Rahaf était un peu pompette, elle a dit un peu n'importe quoi, et notamment qu'il était plus facile de coucher avec des mecs en Arabie saoudite parce qu'ils étaient tous obsédés par

1. Voir le prologue.

ça, alors qu'ici, au Canada, elle avait plus de mal à séduire des mecs. » Sa déclaration fait le tour du monde, *Russia Today* écrit même un article sur l'incident. « Ça a rendu les Saoudiens fous, se souvient Suha. Tout le monde sait que des filles couchent avec des hommes en Arabie saoudite mais c'est un scandale de le dire publiquement. Rahaf a été tellement harcelée après ça qu'elle a quitté les réseaux sociaux. » La jeune fille s'excuse d'avoir embarqué Suha dans cette histoire mais cette dernière y voit au contraire une opportunité. « Je me suis dit que c'était de toute façon trop tard. Ils m'avaient vue, ils me connaissaient. Je n'avais plus besoin de me cacher. »

Suha se met à poster des photos d'elle sans voile, tweete ses opinions sur le pays et tourne même des vidéos en direct avec Firas. Sa famille est mise au courant et découvre non seulement que Suha n'est plus croyante mais également qu'elle est bisexuelle et qu'elle vit avec deux hommes. « Ils ont essayé de me ramener en Arabie saoudite mais j'ai refusé, puis ils m'ont demandé de me taire pour ne pas leur faire honte mais j'ai refusé aussi, et ils ont tous arrêté de me parler. » En quelques mois, elle devient également l'une des cibles favorites des trolls. Elle critique publiquement le système de tutorat, explique ouvertement pourquoi elle ne croit plus en Dieu et, cerise sur le gâteau, elle est en couple avec Firas qui, lui, est toujours croyant. « Je suis féministe, athée, j'aide les autres femmes et en plus j'ai pris un de leurs hommes. Toute la société saoudienne me déteste ! » me dit-elle.

Parce que les trolls, et derrière eux les services de Saoud al-Qahtani, voient Suha comme une « institution » qui aide financièrement de jeunes Saoudiennes à disparaître, ils pensent qu'elle est soutenue par une puissance étrangère ennemie de l'Arabie saoudite. Dans ses vidéos, Suha s'efforce de répéter que ce n'est pas le cas, qu'elle ne reçoit de l'argent de personne, mais elle continue d'être menacée. « Un jour, un anonyme a révélé dans une vidéo mon nom complet et celui de

Firas ainsi que notre adresse. Les trolls ont menacé de venir nous chercher. » Après une première réaction de panique – et s'ils faisaient du mal à sa fille ? –, Suha, comme toujours, a relativisé. « Je crois que j'ai atteint un certain niveau de je-m'en-foutisme vis-à-vis d'eux. J'ai eu une belle vie. Même si je devais mourir maintenant, ça m'irait », me lance-t-elle. « Non maman, ne meurs pas ! » implore sa fille qui vient d'entrer dans la pièce. Suha la prend dans ses bras. « Mais non, je ne vais pas mourir », lui chuchote-t-elle distraitement. Elle continue : « Aujourd'hui, je refuse de vivre dans la peur. Qu'il m'arrive quelque chose ou non, qu'est-ce que ça change que j'aie peur ? C'est ce qu'ils veulent. »

La mère de famille a tout de même pris de grandes décisions. D'abord, toute la famille a quitté sa petite ville pour une grande ville canadienne et une maison plus spacieuse. Depuis la fin de ses études, Suha a également demandé officiellement le statut de réfugiée. « Je suis athée, bisexuelle, et harcelée, c'est impossible pour moi de retourner en Arabie saoudite, j'espère que mon dossier sera accepté. » Cela fait presque un an qu'elle attend d'obtenir un entretien pour raconter son histoire et apporter les preuves des menaces qu'elle subit. En attendant, Suha s'occupe de sa fille. Elle a choisi d'attendre que Sanna ait un peu grandi avant de faire un dernier stage et de passer son ultime examen pour devenir diététicienne. De leur côté, Malik et Firas travaillent tous les deux – c'est l'avantage d'avoir deux maris.

Depuis quelques semaines, Suha prend des cours de karaté avec Sanna. Toutes les semaines, mère et fille se rendent main dans la main dans un grand dojo, chacune dans son kimono blanc. « Je suis prête à tout pour qu'elle sache se défendre et qu'elle devienne une femme forte », souffle Suha.

8

Sisterhood

« L'exil, ce n'est pas pour tout le monde »

Retour en arrière. Janvier 2019. À Toronto, Suha marche dans les rues sous un soleil froid. Comme tous les matins ces jours-ci, elle s'arrête dans un café pour prendre un petit déjeuner. Alors qu'elle fait la queue, elle sent son téléphone vibrer dans sa poche arrière. C'est Rahaf Mohammed, 18 ans, qui l'appelle via Snapchat. Suha fronce les sourcils – ce n'est pas une heure à laquelle elles ont l'habitude de communiquer. Les deux jeunes femmes font partie d'un groupe de conversation sur la messagerie sécurisée Telegram, baptisé « *Sisterhood*[1] », qui réunit des Saoudiennes basées en Arabie saoudite et à l'étranger. Quand Suha décroche, elle sent immédiatement une tension à l'autre bout du fil.

« Suha, ils ont pris mon passeport », lui dit Rahaf. En une seconde, Suha se retrouve loin du Canada et du confort rassurant dans lequel elle vit. Des souvenirs l'assaillent. Une boule se forme dans son estomac. Les dernières semaines, Suha et Rahaf avaient établi un plan : Rahaf devait s'enfuir et se rendre directement en Australie, où une amie saoudienne l'attendrait. Suha s'était occupée de tout – visa touristique, réservation d'un Airbnb à Sydney, etc. Une fois sur place, il était prévu que Rahaf demande l'asile. « Mais elle ne m'a pas écoutée et a changé de plan », raconte Suha en soupirant. Au téléphone,

1. « Sororité », en français.

Rahaf lui indique qu'elle a finalement pris un vol depuis le Koweït, où elle passait des vacances en famille, avec une escale à Bangkok, en Thaïlande. Elle s'était décidée la veille, avait acheté ses billets sur Internet puis s'était éclipsée discrètement à l'aube. Mais arrivée à l'aéroport de Bangkok, un homme lui avait saisi son passeport. Les autorités thaïlandaises la menaçaient maintenant de la renvoyer directement au Koweït puis en Arabie saoudite.

De toute évidence, son père – un gouverneur saoudien – avait déjà déclaré sa disparition. « Quand j'aide des filles à quitter le pays, je suis toujours un peu stressée, bien sûr, mais Rahaf m'a mise dans un état que je n'avais jamais connu. J'avais l'impression de l'avoir aidée dans une mission suicide et que tout était de ma faute », raconte Suha. Peu de temps après, Rim, une jeune Émiratie installée au Royaume-Uni, voit apparaître la nouvelle dans le groupe *Sisterhood*. Toutes les filles sont mises au courant. Il faut agir vite. Suha crée en quatrième vitesse un compte Twitter au nom de Rahaf. À Bangkok, les autorités thaïlandaises ont prévu de renvoyer la jeune fille au Koweït par le prochain vol. En attendant, ils l'escortent dans la chambre 303 de l'hôtel de l'aéroport. Au milieu de la nuit, elle tweete pour la première fois. Elle écrit en arabe : « Je suis la fille qui a fui du Koweït vers la Thaïlande. Si on me renvoie en Arabie saoudite, je serai en danger. » Elles seront ensuite trois – Suha ainsi que deux autres Saoudiennes installées sur d'autres continents – à gérer son compte. « Rim et toutes les filles du groupe ont aidé en traduisant les vidéos que faisait Rahaf au fur et à mesure, et en envoyant des emails aux ambassades, à des journalistes et à l'Onu », raconte Suha. Rim se souvient d'avoir « complètement flippé » à la réception des premiers messages : « Chacune son tour, on gérait le compte et surtout les messages privés qu'on recevait. Il fallait faire le tri entre les messages de menaces, les messages de soutien et les messages des gens qui pouvaient nous aider. »

Rim reçoit notamment un message de la journaliste australienne d'ABC News Sophie McNeill. Elle est la première journaliste à s'intéresser à l'histoire de Rahaf. Tandis que Rim lui indique dans quel hôtel se trouve Rahaf, McNeill saute dans un avion. Les filles du groupe ont toutes en tête l'histoire de Dina Ali. Elle les hante et leur rappelle ce que l'échec signifie, pour les filles comme elles. Pour éviter qu'un tel fiasco ne se reproduise, elles supplient Rahaf de se montrer, afin que les internautes puissent l'identifier. La jeune femme poste bientôt sa première vidéo : on la voit dans sa chambre d'hôtel, vêtue d'un jean taché et d'un tee-shirt noir, sans maquillage, écouteurs sur les oreilles. Elle demande l'aide des Nations unies. Quelques heures plus tard, Sophie McNeill parvient à la rejoindre dans sa chambre d'hôtel alors que la jeune Saoudienne entreprend de s'y barricader à l'aide d'un matelas, d'une table et de plusieurs chaises[1]. Elle refuse de sortir tant qu'elle n'aura pas été en contact avec le Haut Commissariat des Nations unies pour les réfugiés (UNHCR). Cela fait vingt-quatre heures qu'elle n'a ni dormi ni mangé.

Grâce aux photos et vidéos diffusées par Sophie McNeill, ainsi qu'à l'énorme travail des filles du groupe *Sisterhood*, l'histoire et le visage de Rahaf font le tour du monde alors qu'elle est toujours coincée dans sa chambre. Pendant ce temps, des membres de l'ambassade saoudienne débarquent à l'aéroport pour s'entretenir avec les autorités thaïlandaises. Dans une vidéo qui apparaît dans le reportage d'ABC News, on voit un diplomate saoudien, tout sourire, déclarer à un traducteur gêné : « J'aurais préféré qu'il saisisse son téléphone plutôt que son passeport ! » Les heures passent et le vol pour le Koweït part sans Rahaf.

1. Sophie McNeill a intégré ces images dans son documentaire « Women Are Trying to Escape Saudi Arabia, But Not All of Them Make It », diffusé le 4 février 2019 dans l'émission *Four Corners*, sur ABC News.

Plusieurs personnes – des employés de la Koweït Airlines, les autorités thaïlandaises et des employés de l'ambassade saoudienne – frappent à la porte de sa chambre et lui demandent de sortir, en vain. Finalement, l'UNHCR envoie un émissaire devant la porte de la chambre 303. Soulagée, Rahaf lui ouvre enfin, tandis que, dehors, journalistes et photographes font le pied de grue. La jeune fille est escortée par des policiers jusqu'à un hôtel de Bangkok où les employés des Nations unies ne la laisseront plus seule.

Pendant plusieurs jours, la campagne des Saoudiennes continue dans la presse. « Plusieurs d'entre nous ont donné des interviews sous pseudonymes, on a travaillé d'arrache-pied pendant presque six jours », se souvient Suha. Rim ne dort pas pendant trois jours. « Jusqu'à ce qu'elle soit en sécurité, on était inquiètes », dit-elle. Puisque l'Australie tarde à donner une réponse à sa demande d'asile, c'est le Canada qui propose finalement à Rahaf de l'accueillir. La jeune Saoudienne débarque, épuisée, à l'aéroport de Toronto le 12 janvier. Emmitouflée dans un sweat-shirt estampillé « Canada », une casquette de l'UNHCR vissée sur la tête, elle est accueillie par la ministre des Affaires étrangères en personne.

*

Le groupe *Sisterhood* existait depuis deux ans déjà lorsque Rahaf Mohammed a fait appel à lui. Il est né dans l'esprit de Suha le 10 avril 2017, le jour où Dina Ali Lasloom est poussée dans un avion qui la ramène en Arabie saoudite avant de disparaître des radars[1]. Ce jour-là, au Canada, Suha assiste, impuissante, au défilé des commentaires et des messages sur Twitter, Telegram et Snapchat. La diaspora saoudienne est

1. Voir le chapitre 6.

choquée. Sara et Munira pleurent en silence dans leur chambre en se demandant si le même destin les attend, tandis que Selma continue de surveiller le compte Twitter de Dina, au cas où… Du Canada à l'Australie en passant par le Royaume-Uni, des messages ponctués d'émojis tristes s'échangent. Un groupe de plus de 250 personnes, créé par un activiste saoudien depuis l'Allemagne, existe déjà sur Telegram. Mais il est régulièrement infiltré par des trolls et par les services secrets saoudiens. Alors Suha décide de créer un groupe plus petit, composé uniquement de femmes, où elle invite seulement ses contacts proches. À leur tour, ces dernières invitent des jeunes filles en qui elles ont confiance, le plus souvent rencontrées sur Twitter.

Sisterhood compte alors une petite quarantaine de filles, dont l'immense majorité vit encore en Arabie saoudite. On y retrouve notamment Sara et Munira, Selma, Shahrazad, Samah, Rahaf, Rim, Leila et Rania. Elles partagent leurs expériences et se soutiennent psychologiquement. *Sisterhood* deviendra bientôt l'outil de libération le plus efficace pour ces jeunes filles.

Depuis l'étranger, Suha leur donne des conseils sur les démarches à suivre et la vie loin de l'Arabie saoudite ; elle s'implique chaque jour un peu plus. Un jour, Yasmine, l'une des filles du groupe, annonce qu'elle est prête à partir. Suha lui réserve ses billets pour le Canada puis lui envoie un ami resté au pays, chargé de conduire la jeune fille depuis sa ville natale jusqu'à l'aéroport de Riyad, à quatre heures de route de là. « Elle a fait croire qu'elle allait au travail, du coup elle n'avait aucun bagage. J'ai demandé à mon ami de lui acheter une petite valise pour qu'elle puisse arriver à l'aéroport avec quelque chose, sinon c'est suspect », raconte Suha. Alors que Yasmine et le chauffeur sont en route, au Canada, Suha s'endort et arrête de répondre aux messages. Yasmine, de son côté, panique lorsque ses parents tentent de la joindre et lui demandent de faire demi-tour. Suha se réveille à temps pour l'appeler. Elle la rassure longuement : « Elle pleurait et demandait ce qu'elle devait faire. Je lui ai dit que même s'ils s'apercevaient de sa disparition, il leur faudrait au moins six heures pour prévenir la police, la retrouver et venir la chercher. Je lui ai conseillé d'éteindre son téléphone et de partir sans se retourner. » Yasmine reprend ses esprits et attrape son vol pour le Canada à la dernière minute. Elle passera quelques jours chez Suha à son arrivée.

Un peu plus tard, c'est au tour de Leila et de sa sœur Rania d'avoir besoin de l'aide de Suha[1]. « Leila m'a raconté ce qui s'était passé avec l'homme avec qui elle avait couché, elles avaient très peur de leurs parents, elles voulaient partir le plus vite possible. » Elle les aide en payant une partie de leurs billets d'avion et en détournant l'attention de leurs parents. Rim, au Royaume-Uni, participe aussi souvent aux opérations du groupe. « Maintenant, on connaît la marche à suivre, explique-t-elle. Lorsqu'un membre du groupe est prêt à quitter le pays, on a des étapes qui sont toujours plus ou moins les mêmes. Par exemple, le fait de prendre le contrôle des messageries. Pour une amie, on a fait livrer des affaires de première nécessité dans le pays où elle se rendait pour qu'elle ait quelques trucs essentiels en arrivant. Ce sont des détails mais c'est important quand on se retrouve dans un nouveau pays, sans argent et sans repère. »

Si elles sont plusieurs à s'impliquer, c'est souvent Suha qui met la main à la poche pour payer les billets de nombreuses filles qui fuient en Europe ou en Australie. Quand je lui demande avec quel argent elle a bien pu payer tous ces billets d'avion, elle me répond, hilare : « Avec ma bourse payée par l'État saoudien ! » Suha avait l'habitude de mettre de l'argent de côté pour sa vie d'après son diplôme mais à chaque fois qu'une amie du groupe a eu besoin d'aide, elle n'a pas hésité. « J'apprécie tellement la liberté dont je jouis maintenant que je ressens vraiment très fort la douleur de ces filles qui subissent encore cet esclavage

1. Leur histoire est racontée dans le chapitre 2.

patriarcal. Je me sens obligée de les aider, et je me fiche un peu de cet argent, j'ai de quoi vivre ! » À l'occasion, une partie du salaire de Malik, son mari, a également été consacré au soutien des Saoudiennes de cette nouvelle diaspora.

À Rim aussi, Suha avait proposé de payer une partie de son billet. La jeune Émiratie a longtemps voulu se rendre au Canada, en partie pour être auprès de Suha : « Je me sentais en sécurité avec elle. Pour beaucoup de filles du groupe, elle était un peu comme une grande sœur. On était rassurées de se dire que si on choisissait d'aller au Canada, on aurait une amie qui nous attendrait là-bas et qu'elle pourrait nous aider », raconte-t-elle. Finalement, pour échapper à un mariage imminent, Rim a quitté les Émirats en 2018 pour le Royaume-Uni, une destination moins chère et plus facile d'accès. Aujourd'hui, plus des deux tiers des membres de *Sisterhood* ont quitté l'Arabie saoudite.

*

Quand elle est avertie de l'arrivée de Rahaf sur le sol canadien, il faut quelques heures à Suha pour arrêter de trembler. Rahaf lui demande aussitôt de venir la voir au centre des réfugiés des Nations unies. Suha arrive là-bas essoufflée, attend que l'on veuille bien la conduire jusqu'à Rahaf, puis s'avance vers elle et la gifle. Rahaf éclate de rire – c'est probablement la première fois depuis des jours. « Elle a compris pourquoi. Elle m'avait fait trop peur en changeant nos plans à la dernière minute. Après ça, on est devenues très amies », sourit Suha.

Après la disparition de Dina Ali, la fuite de Rahaf est l'une des rares à avoir été traitée comme un sujet d'actualité dans les grands médias internationaux. En Arabie saoudite, tout le monde entend parler de l'affaire. La famille de Rahaf fait immédiatement publier un communiqué de presse officiel pour la désavouer, où elle est décrite comme « mentalement instable ». Les médias locaux condamnent ce qu'ils appellent « un gang international ciblant les femmes saoudiennes et visant à politiser des événements familiaux [...] avec l'aide de médias hostiles et haineux, parmi lesquels Al Jazeera[1] ». Plus tard, ils feront circuler des rumeurs sur la nouvelle vie de Rahaf au Canada. Pour *Sisterhood*, le « système Rahaf » devient un cas d'école. Jusqu'ici, en effet, leur organisation minutieuse et l'entraide avaient suffi à faire sortir une quinzaine de filles du pays, sans bruit. Mais Rahaf les a obligées à utiliser d'autres ressources. Et si elles ont réussi à attirer l'attention des médias et à faire intervenir l'Onu une fois, alors elles peuvent le refaire. C'est ce qui permettra de sauver Sara et Munira, seulement quatre mois après Rahaf Mohammed.

*

Pour Hala al-Dosari, la militante et éditorialiste du *Washington Post*, l'expatriation des Saoudiens et Saoudiennes est un phénomène nouveau. « Traditionnellement, les Saoudiens vont vivre à l'étranger uniquement pour le travail ou à leur retraite, dit-elle. Pendant longtemps, seuls les membres de la communauté chiite, persécutés pour leur proximité supposée avec l'Iran, cherchaient à s'exiler. Mais le Printemps arabe de 2011 a fait réaliser aux Saoudiens les plus progressistes que l'exil pouvait être une solution face à un État violent. Aujourd'hui, il faut également compter ces jeunes femmes qui fuient la violence domestique et systémique, ainsi que les homosexuels et les athées qui sont menacés. » Face à la répression de nombre d'entre eux, les intellectuels et les activistes quittent également le pays pour se protéger. Enfin, depuis la rafle du Ritz-Carlton en 2015, les plus

1. « Une journaliste australienne admet avoir aidé Rahaf à s'échapper », *Sabq News*, 29 février 2019.

riches, soucieux que le climat du pays n'impacte leurs affaires, sont parfois tentés par l'expatriation. À tel point que le gouverneur de la région de La Mecque, un membre de la famille Al Saoud, a dû publiquement encourager les entreprises à rester dans le pays, pendant que MBS interdisait tout simplement à certains riches hommes d'affaires de voyager. L'expatriation est désormais une réalité, une possibilité entrevue par les Saoudiens. Et certains ont décidé de l'encourager.

Otaibi est un réfugié saoudien basé au Royaume-Uni. Repéré par les services secrets, il se cache derrière ce pseudonyme et agit principalement sur Twitter. Sa mère ayant étudié en Angleterre, Otaibi a passé les premières années de sa vie sur le territoire britannique. « J'aimais cette culture de paix et de liberté, où l'on peut faire ce que l'on veut tant que l'on ne fait de mal à personne. Après quelques années, mes parents se sont aperçus que je devenais plus anglais que saoudien et ils m'ont renvoyé au pays », raconte-t-il. Lassé des règles sexistes saoudiennes, de la séparation des sexes qui traite les femmes comme des êtres inférieurs et les hommes comme des animaux incapables de se contrôler, le jeune homme a rejoint le Royaume-Uni dès l'âge adulte et a coupé les ponts avec sa famille.

Aujourd'hui, Otaibi est à la tête d'un « groupe » qui promeut l'expatriation et vient en aide aux jeunes fugitifs et fugitives qui débarquent au Royaume-Uni. Il s'agit notamment de combattre les idées reçues : « Les Saoudiens pensent souvent que demander l'asile dans un autre pays est réservé aux pauvres et aux gens qui fuient la guerre. Ils pensent que tous les demandeurs d'asile vivent sous les ponts. » Otaibi réalise des vidéos pédagogiques où il explique comment se passe la vie au Royaume-Uni et quelles sont les étapes de la procédure d'asile. « On aide des femmes qui veulent fuir, mais aussi des hommes et des familles », précise-t-il.

Depuis la fuite de Rahaf Mohammed, qui a popularisé l'exil, Otaibi reçoit des centaines de messages sur Twitter de

Saoudiens qui souhaitent l'imiter (la plupart en provenance de comptes anonymes, pour des raisons évidentes de sécurité). « Les médias internationaux ont beaucoup parlé de Rahaf, ce qui met la pression sur le gouvernement saoudien et fait de la souffrance des jeunes Saoudiennes un sujet médiatique. » Mais cette première étape, certes importante, ne suffit pas. Car « la plupart des Saoudiens ne parlent pas assez bien anglais ou n'ont accès qu'aux médias locaux qui racontent des mensonges ». C'est pourquoi Otaibi compte sur les Saoudiennes déjà en exil : « Parmi elles, une sur dix deviendra une influenceuse, assure-t-il. Ce sont leurs voix qui sont entendues et encouragent d'autres femmes à demander l'asile. » Le mois où j'ai pu m'entretenir avec lui, Otaibi avait déjà aidé huit Saoudiennes à s'exiler au Royaume-Uni.

*

Suha n'est pas certaine de se considérer comme « une influenceuse ». Elle tente de se faire entendre et d'aider celles qui le désirent, mais ses conseils et son expérience ne sont pas dirigés vers un grand public à qui elle prêcherait la bonne parole. Comme elle, la plupart des Saoudiennes exilées que j'ai rencontrées en ont aidé d'autres, que ce soit par un soutien émotionnel, l'échange d'informations basiques, une aide financière ou l'élaboration d'un plan détaillé. Mais comment choisir qui aider ? Comment savoir si les jeunes femmes sont vraiment prêtes à partir ? Si elles ne le regretteront pas ? Comment faire pour ne pas les mettre en danger, ni se mettre soi-même en danger ?

Toutes ces questions hantent souvent Suha, Rim et les autres. Pour faire les choses le mieux possible, Suha a posé des limites : « Je ne participe jamais aux projets qui incluent un transit parce que c'est là qu'on peut être arrêté, c'est trop dangereux. Parfois, les Saoudiens ne vous laissent même pas monter ou descendre de l'avion s'ils pensent que vous allez demander l'asile. Ça laisse aussi trop de temps aux familles pour prévenir les autorités. Je ne veux plus m'infliger ce stress. » Suha sait également que tout le monde n'a pas sa force, ni sa volonté. « L'exil, ce n'est pas pour tout le monde. Si le désir ne vient pas du plus profond d'elles-mêmes, l'expérience sera trop dure. Si une fille vient me dire qu'elle a déjà pris sa décision et qu'elle préfère vivre dehors en étant SDF à l'étranger plutôt que de vivre une minute de plus en Arabie saoudite, alors oui, je l'aide. Je tisse un lien avec elle pendant environ un mois ou deux, avant de l'aider financièrement ou administrativement. »

Rim, de son côté, a plus de mal à faire le tri. Elle voudrait aider tout le monde mais se sent parfois utilisée par des jeunes filles qui lui écrivent qu'elles « veulent absolument partir » mais ne semblent pas vraiment motivées quand il s'agit de faire des sacrifices. « Je vois leurs vies sur Snapchat, et même si je sais que les gens ne montrent pas leurs malheurs sur les réseaux sociaux, j'ai parfois du mal à croire que leur quotidien est si horrible que ça. L'une d'elles n'arrêtait pas de me dire qu'elle économisait pour son billet d'avion, et un jour je vois qu'elle poste une photo de son nouveau collier Cartier. Son père lui avait donné 5 000 dollars et, avec, elle avait acheté ce bijou au lieu de les économiser. » Rim hausse les sourcils, tourne les paumes vers le ciel en haussant les épaules. Pour elle, l'exil n'est pas un jeu. Quand elle reçoit des messages de filles qui lui disent qu'elles peuvent mentir et affirmer qu'elles sont athées pour pouvoir décrocher l'asile plus facilement, Rim est ferme. « Je leur dis non. Si leur vie n'est pas en danger là-bas et qu'elles veulent juste rejoindre leurs copines à l'étranger, ce n'est pas une bonne raison. J'ai envie de les aider mais parfois, je ne les sens pas assez responsables. »

Pour les exilées, il ne s'agit pas juste de donner des conseils mais de lier leur destin à celui d'une autre. Si la fuite se passe mal ou que la nouvelle vie de la fugitive tourne au cauchemar, elles se sentent responsables. Et elles n'ont pas besoin d'ajouter le poids de la culpabilité à leurs nuits encore régulièrement peuplées d'horribles souvenirs. « Je sais que toutes les femmes ne peuvent pas faire ce que nous avons fait, explique Suha. Ce n'est pas de leur faute, nous sommes élevées pour dépendre d'un homme et ne prendre aucune décision. On ne nous apprend pas à être indépendantes. En Arabie saoudite, il y a toujours la famille autour. À l'étranger, parfois on se fait des amis mais parfois non, et on ne sait pas ce qui nous attend. »

Laura aussi a aidé des Saoudiennes depuis sa propre fuite en 2013 et son arrivée au Canada. Elle essaye toujours de faire comprendre à celles qui veulent changer de vie les difficultés qui les attendent. « Quand je suis arrivée, j'ai galéré. Je ne savais pas à qui demander conseil, où aller, où vivre, où demander une aide psychologique. Personne ne m'a aidée à louer un appartement, j'avais de l'argent sur mon compte mais je ne pouvais même pas louer une chambre d'hôtel sur place parce que je n'avais pas de nouvelle carte bancaire, la mienne pouvant être pistée par les Saoudiens. » Et pourtant, Laura avait tout planifié en avance, longuement, méthodiquement : l'ouverture d'un compte à distance, le transfert de ses avoirs avant que sa famille ne fasse bloquer son compte. « Même en ayant tout prévu, c'était très difficile. J'ai dû aller frapper à la porte de nombreuses associations. »

Laura épaule les nouvelles arrivantes pour leur éviter ces angoisses : « Plus la transition est facile, plus vous devenez forte. Quand tout est dur, vous perdez toute votre énergie. » Quand les demandeuses d'asile arrivent au Canada, elles doivent raconter leur histoire afin de « prouver » qu'elles seraient en danger si elles retournaient dans leur pays. « Moi j'avais des cicatrices pour le prouver. Vous devez aussi passer chez un psy qui certifie que vous souffrez du syndrome post-traumatique et que vous avez vraiment été abusée. » C'est souvent dans la rédaction et la traduction de ce récit de vie que Laura aide les jeunes filles : il faut être capable de raconter une histoire « qui a du sens, sans trou ».

Ces longues années à côtoyer les nouvelles arrivantes ont aussi appris à Laura à faire le tri entre celles qui deviendront des amies et les autres. Ces « autres » sont souvent celles qui ont été élevées dans une bulle qui ne laisse rien passer de la réalité, qui n'ont aucun sens des responsabilités allant avec le fait de s'installer dans un nouveau pays ou de la façon dont elles doivent traiter les gens qui les entourent. « Je vois des filles avec des stress post-traumatiques mais aussi beaucoup de rage, un comportement extrêmement autocentré, qui veulent se venger de tout et de tout le monde. J'ai beaucoup lu de livres de psychologie pour me préparer à cela : beaucoup de gens qui viennent de pays comme l'Arabie saoudite souffrent de ces problèmes mentaux. » D'autres, trop habituées à être traitées comme des enfants, deviennent dépendantes de Laura. Dans ce cas, elle essaie de leur apprendre à devenir plus indépendantes et s'efface progressivement, comme on apprend à un enfant à marcher en lui tenant le bout des doigts avant de les lâcher complètement.

Mais les mauvaises expériences sont inévitables. Laura a hébergé plusieurs jeunes filles qui venaient d'arriver. L'une d'elles, par exemple, n'appréciait pas de cohabiter avec le chat de Laura et n'a pas compris qu'elle refuse de se débarrasser de lui. Plusieurs mois après son déménagement, elle s'est en outre aperçue que celle-ci avait donné son adresse à l'ambassade saoudienne. « Pourquoi vouloir me nuire comme ça ? » déplore Laura. Elle sait qu'elle n'obtiendra jamais de réponse logique.

Julia aussi m'avait raconté une histoire similaire qui lui avait laissé un goût amer. Après avoir donné des informations sur la France à une Saoudienne, celle-ci avait décidé de franchir le cap. À son arrivée, Julia a essayé de l'aider à s'adapter. « Elle n'était pas assez forte, me dit-elle en soupirant. Elle vivait dans une chambre d'hôtel avec d'autres filles et trouvait cela trop dur de se débrouiller toute seule ici. » Julia a fini par couper les ponts avec elle après avoir appris que cette dernière avait parlé d'elle à l'ambassade saoudienne. Depuis, la jeune femme est retournée en Arabie saoudite. Peu de temps après, Julia a reçu un message sur Twitter de quelqu'un qui venait soi-disant d'arriver à Paris et avait besoin d'aide. Julia a trouvé le message louche et le timing trop suspect. Elle n'a jamais répondu et a arrêté définitivement de s'impliquer personnellement dans l'exil de Saoudiennes.

Quand Suha, Rim ou Laura évoquent ces jeunes femmes qui ne parviennent pas à s'adapter à leur nouvelle vie, il semble toujours planer l'ombre d'autres histoires. Celles des filles qui, n'arrivant ni à trouver un rythme, ni du travail, ni à naviguer à travers les processus compliqués du chômage et des aides réservées aux réfugiés, finissent parfois par se prostituer. Ces histoires prennent souvent la forme de rumeurs que l'on se murmure, de soupçons planant sur telle ou telle fille, sans que personne n'ose vraiment lui demander directement de quoi il en retourne. Samah, exilée aux États-Unis, est devenue depuis quelques années une militante active de la cause des femmes saoudiennes. Elle m'explique pourquoi il est délicat pour les gens qui se battent publiquement contre le système de tutorat d'aborder cette question : « En Arabie saoudite, ils utilisent les expériences de ces filles pour appuyer leurs propos et dire que celles qui fuient le pays ne cherchent qu'à jouir de leur liberté pour boire, se droguer, coucher avec des mecs, et, au final, se prostituer. » Ces histoires sont également rarement mises en lumière car les jeunes femmes concernées finissent souvent par rentrer au pays.

Rim a connu l'une d'entre elle, une certaine Nadia. Les deux femmes étaient à la fac ensemble, aux Émirats arabes unis. Elles se fréquentaient sans vraiment être amies mais quelques mois après l'arrivée de Rim au Royaume-Uni, Nadia lui envoie un message la suppliant de l'aider à gagner l'Europe. Tout le groupe *Sisterhood* se met en branle pour récolter l'argent nécessaire et, bientôt, Nadia peut partir. À son arrivée, elle intègre le petit groupe d'amies de Rim – il s'agit, de la part de ces dernières, davantage de solidarité que d'une réelle marque d'amitié naissante. D'ailleurs, Nadia se plaint rapidement de sa situation de demandeuse d'asile et accuse les autres de l'avoir « forcée à venir ». Tout aussi soudainement, elle se met à passer ses week-ends en boîte de nuit et à exhiber devant son groupe d'amies des sacs de luxe. « On ne voulait pas lui demander de rendre des comptes, c'était son droit de faire ce qu'elle voulait, mais on savait qu'elle se prostituait avec de riches Arabes. Elle a dit à l'une de nos amies qu'elle gagnait beaucoup d'argent. En même temps, elle continuait de nous accuser de lui avoir menti sur la vie en Europe. »

Rim et les autres ont coupé les ponts avec Nadia, d'avantage en raison de mésententes que par rapport à sa situation. Rim comprend aisément que l'on puisse choisir la prostitution. « Aux Émirats, ma famille ne me donnait jamais d'argent, j'ai dû apprendre à me débrouiller seule. Mais il n'empêche que quand je suis arrivée ici, c'était quand même difficile de vivre avec 35 livres par semaine. C'est le prix d'un abonnement téléphone, et c'est tout. Mon colocataire m'a beaucoup aidée financièrement. Sans lui, je pense que j'aurais moi aussi envisagé de me prostituer. » Ce n'est que plus tard que Rim a commencé à nourrir de la rancœur envers Nadia : « Elle a fini par rentrer aux Émirats et, depuis, je crois qu'elle travaille pour eux. » Sur les réseaux sociaux, Nadia raconte, en répétant toujours les mêmes phrases, qu'elle a fait « l'erreur » de partir en Europe, encouragée par Rim et ses amies qui lui auraient menti, que la vie d'immigrée est « horrible », que celles qui vivent là-bas ne sont « que des servantes ». Elle poste des photos d'elle en niqab et affirme qu'elle n'a « jamais été athée ». D'après Rim, Nadia a tout simplement été enrôlée par le pouvoir pour dissuader les jeunes filles de tenter leur chance en Europe. Rim la soupçonne également de dénoncer celles qui lui demandent conseil. « Je connais une fille qui avait tout prévu pour partir, et qui a fait l'erreur de demander des infos à Nadia. Elle a été arrêtée à l'aéroport puis envoyée en prison. »

Au final, qu'est-ce qui différencie quelqu'un qui saura repartir de zéro de quelqu'un qui n'en aura pas la force ? Pour Suha, il est très difficile de le savoir. Ce n'est en aucun cas une question d'âge. Certaines sont très jeunes et s'en sortent bien : c'est le cas de Rahaf, arrivée au Canada à 18 ans. Alors, qu'ont en commun toutes les femmes que j'ai rencontrées ? Probablement la certitude de mériter autre chose. La capacité de se réinventer entièrement. Et surtout, celle de pouvoir oublier.

9

Latifa

« Si vous regardez ceci, ce n'est pas une bonne nouvelle pour moi »

C'est un jour froid à Genève. Sur la terrasse du Haut Commissariat des Nations unies aux droits de l'homme, les rayons pâles du soleil réchauffent les visages des diplomates qui portent des lunettes de soleil et sirotent un café. Un peu plus loin, quai Wilson, certains mangent un sandwich à la va-vite sur les bancs du bien nommé parc Mon Repos. De mon côté, j'ai rendez-vous avec David et Tiina. Vêtu d'un costume, David Haigh a perdu quelques kilos depuis l'époque où il était directeur du club de foot de Leeds. Tiina Jauhiainen, elle, a passé une petite veste noire sur laquelle retombent ses cheveux blond platine. Tous les deux se sont retrouvés à Genève afin de plaider ce qui est devenu « leur » cause auprès du Haut Commissariat des Nations unies, dans l'espoir que l'institution les appuie publiquement. Si David Haigh a bien une formation d'avocat, sa carrière de négociateur de gros contrats ne nécessitait pas de plaider jusqu'à présent. Sa vie fut longtemps faite de deals, de lobbying et de matchs de foot anglais. De son côté, Tiina est finlandaise et la seule raison pour laquelle elle se trouve à Genève aujourd'hui, c'est parce qu'elle s'est un jour passionnée pour la capoeira.

Ni David ni Tiina n'étaient *a priori* destinés à passer cet après-midi d'automne 2019 à discuter des droits de l'homme et du système de tutorat en vigueur aux Émirats arabes unis.

Ce dernier est relativement similaire au système saoudien, c'est pourquoi j'ai décidé d'intégrer cette histoire émiratie à mon récit. En mai 2014, David Haigh se rend à Dubaï afin, pense-t-il, de discuter de nouvelles opportunités professionnelles auprès de son employeur, le fonds d'investissement GFH Capital, qui a racheté le club de foot de Leeds en 2012. En réalité, GFH Capital l'accuse de fraude et le fait arrêter sur-le-champ. Il est jeté en prison par la police locale. Il y reste vingt-trois mois, période au cours de laquelle il affirme avoir été torturé et violé. À sa sortie de prison, en mars 2016, il passe plusieurs mois dans un hôpital anglais. David Haigh affirme qu'il a été « piégé » par le fonds d'investissement et clame son innocence quant aux accusations de fraude dont il fait l'objet[1].

Quant à Tiina Jauhiainen, son seul tort est d'avoir rencontré Latifa Al Maktoum. Tiina arrive à Dubaï en 2001 à la faveur d'une opportunité professionnelle. Elle est célibataire et se rend assez vite compte que les différences entre Dubaï et la Finlande ne se réduisent pas à la météo. « En surface, on pourrait penser que les femmes ont les mêmes droits – des femmes PDG ou pilotes de ligne sont, par exemple, régulièrement érigées en modèles. Mais à cause du système de tutorat, tout cela peut leur être repris en une seconde. Même en tant qu'étrangère, on vous demande tout le temps “où est ton mari ?”. » Le système de tutorat émirati ressemble au système saoudien, si ce n'est qu'il est peut-être encore mieux dissimulé derrière une épaisse couche de valeurs familiales et traditionnelles – il est plus difficile de percevoir que le tutorat est une loi et non une culture.

Le grand nombre d'étrangers vivant à Dubaï et Abu Dhabi permet cependant de détendre un peu les mœurs de ces grandes villes, et les Émirats entretiennent une illusion de modernité très convaincante pour les nouveaux arrivants. La vie peut y être douce jusqu'à ce qu'un problème surgisse. Pourtant, Dubaï est

1. David Haigh a été condamné en août 2015 par la justice émiratie.

truffée de caméras et il n'y a rien de plus facile que d'espionner les citoyens. Tiina parle même d'une « police secrète déguisée en civil ». Tiina raconte l'histoire d'une amie française haut placée dans une entreprise installée à Dubaï qui, après un burn-out, s'est retrouvée à l'hôpital. Tout comme en Arabie saoudite, les femmes ont besoin, aux Émirats, de l'accord de leur tuteur pour sortir d'un centre de soins. Cette femme, âgée de 45 ans, a donc soudainement été rappelée à sa condition : n'étant pas mariée, elle a été obligée de faire venir son père de France pour qu'il signe les papiers nécessaires à sa sortie. Tiina soupire…

Avec ses plages de sable blanc et ses gratte-ciel, les Émirats arabes unis ont réussi à s'imposer comme une destination touristique privilégiée. En 2018, Dubaï est ainsi devenue la quatrième ville la plus visitée au monde après Bangkok, Londres et Paris. Sur place, 85 % de la population est constituée d'expatriés. Tiina répète depuis des mois à qui veut l'entendre que « partir en vacances à Dubaï, ce n'est pas comme partir en vacances ailleurs : on peut finir en prison ». Et en effet, danser en public, jurer en public, boire de l'alcool dans un endroit public ou encore critiquer le pays sur les réseaux sociaux sont autant de motifs qui peuvent conduire en prison. Il est également interdit d'embrasser son partenaire ou de lui tenir la main, et l'homosexualité est toujours passible de la peine de mort. Parmi des centaines d'exemples, le *New York Times*[1] rapporte le cas de Jamie Harron, un Écossais de 27 ans condamné à trois mois de prison pour avoir frôlé la hanche d'un homme dans un bar.

*

Elle est installée devant un mur blanc et des rideaux crème. Les cheveux attachés, les yeux légèrement maquillés, on pourrait

1. Rod Nordland, « Holding Hands, Drinking Wine and Other Ways to Go to Jail in Dubai », *The New York Times*, 11 novembre 2017.

deviner qu'elle vient juste de retirer son voile à la va-vite. Elle sait qu'elle n'a pas beaucoup de temps. « Bonjour. » Elle s'adresse à la webcam mais n'ose pas vraiment la regarder en face. À la place, elle fixe un point au-dessus de l'ordinateur et lève parfois les yeux au ciel comme si elle cherchait ses mots. « Je m'appelle Latifa Al Maktoum, je suis née le 5 décembre 1985. Ma mère s'appelle Huriah Ahmed al-M'aash, elle est algérienne. Mon père, Mohammed ben Rashid Al Maktoum, est le Premier ministre des Émirats arabes unis et l'émir de Dubaï. » Elle précise : « Il a trois filles qui portent le prénom Latifa, je suis celle du milieu. En tout, j'ai trente frères et sœurs. Je dois le dire au cas où cette vidéo serait discréditée : oui, il y a plusieurs Latifa. Je suis celle du milieu. »

Puis son regard fixe la caméra. « Je fais cette vidéo parce que ça pourrait bien être la dernière que je fais. » Elle sourit d'un air désolé. « Je vais bientôt partir. Je ne suis pas sûre de ce qui se passera mais je suis confiante à 99 %. Si j'ai tort, alors cette vidéo pourra m'aider parce que mon père ne tient qu'à son image et son ego. Mais si vous regardez ceci, ce n'est pas forcément une bonne nouvelle pour moi. Soit je suis morte, soit je suis dans une situation très, très compliquée. » Elle a de nouveau un petit sourire gêné, comme si elle s'excusait d'embarquer son interlocuteur dans une telle histoire. Latifa a les traits d'une princesse ; des pommettes hautes, des yeux d'un noir profond, des cheveux épais. Le titre de « princesse » la fait sans doute doucement rire tant sa vie est différente de celles des princesses de Disney. Elle raconte : « Quand j'avais six mois, la sœur de mon père me voulait donc je suis allée vivre avec elle. J'ai vécu les premières années de ma vie dans un palace en pensant que ma tante était ma mère. Quand mon petit frère a eu 3 mois, ma mère l'a aussi donné à ma tante. Elle ne voulait pas que je sois seule. Jusqu'à mes 10 ans, j'ai vécu dans ce mensonge. » Finalement, sa grande sœur Shamsa se bat pour que les enfants reviennent vivre avec leur vraie mère et obtient gain de cause.

Cette vidéo, postée sur YouTube le 11 mars 2018, a été enregistrée chez Tiina Jauhiainen le mois précédent. Le mur crème et les rideaux, ce sont les siens. La personne que Latifa semble parfois regarder, c'est elle. Tiina se souvient de ce jour-là : « Je vivais à cinq minutes d'un gros centre commercial. C'était l'un des seuls endroits où Latifa pouvait se rendre librement parce que sa famille en est propriétaire. Elle en a profité pour s'éclipser discrètement et a marché jusque chez moi. C'était son idée d'enregistrer cette vidéo. Elle ne voulait pas l'utiliser, juste l'envoyer à quelques amis au cas où les choses tourneraient mal. Elle n'avait rien préparé. Elle s'est assise et elle a commencé à parler. »

Tiina rencontre Latifa en 2010. Un jour, sur Facebook, elle reçoit un message de cette jeune femme inconnue. Leur point commun : elles font toutes les deux parties d'un groupe d'amateurs de capoeira sur le réseau social. Latifa cherche une professeure pour des leçons privées mais Tiina lui répond qu'elle n'est pas une professionnelle. L'inconnue insiste : il faut absolument que ce soit une femme. Elles pourraient se retrouver à la salle de sport privée de sa famille, lui dit-elle encore. Tiina n'a jamais donné de cours mais elle accepte. Les familles riches ne manquent pas à Dubaï et la Finlandaise ne réalise pas tout de suite que Latifa n'est pas issue d'une famille fortunée quelconque.

Tiina fait alors la connaissance d'une jeune femme très réservée, modeste, qui évite de parler d'elle-même et répond aux questions de façon évasive. « Elle est l'inverse de l'image que l'on a de la princesse. Au début, je lui posais des questions du type "et toi tu fais quoi cet été ?" et elle me répondait "je ne sais pas, peut-être que je vais aller à l'étranger, peut-être que non". » En réalité, Latifa n'a pas quitté le pays depuis l'an 2000. Elle n'en a pas le droit. Quand Tiina comprend finalement qui est son père, Latifa n'en parle pas plus pour autant. « Elle en parlait comme d'un personnage public qu'elle ne connaissait presque pas. Elle le voyait aux courses de chevaux. » Beaucoup des enfants de l'émir le connaissent à peine. Sa vie privée n'est pas un objet de discussion publique mais il aurait six épouses. Selon les sources, on lui attribue vingt-quatre, vingt-cinq ou trente enfants.

Latifa et Tiina deviennent vraiment proches à partir de 2013. Tiina estime que, cette année-là, elle est devenue une « personne de confiance » aux yeux de la famille. Le chauffeur de Latifa la connaît, son entourage aussi ; elle est acceptée. « Avant, il y avait toujours quelqu'un avec nous, mais à partir de là, on a pu se voir toutes les deux. Je n'étais pas considérée comme une menace alors elle pouvait me fréquenter. » Elles se voient tous les jours, font de la capoeira, cuisinent ensemble des plats véganes, se baladent au centre commercial.

Elles se mettent aussi à faire du parachutisme. Au début, Latifa est uniquement autorisée à sauter seule, mais sa famille la laisse bientôt prendre des cours collectifs – parce que l'un de ses frères est propriétaire du club, l'endroit est considéré comme sûr. Peu à peu, elle se lie d'amitié avec des gens, parmi lesquels Chris Colwell, un ancien parachutiste professionnel américain devenu paraplégique suite à un accident, qui fréquente souvent le club. Comme les autres, au commencement, Chris ne sait pas que Latifa est la fille de l'émir. « Tout le monde me regardait bizarrement quand je lui parlais normalement », se souvient-il. Ils deviennent amis, vont déjeuner ensemble, souvent avec Tiina et systématiquement « une autre dame, probablement une domestique, raconte Chris. Latifa ne parlait jamais de sa famille et ne semblait pas avoir de relation avec ses membres, à part avec sa mère. Elle ne parlait pas beaucoup tout court, il fallait la pousser pour qu'elle s'ouvre. Mais j'ai eu une enfance difficile et on sentait tous les deux qu'on partageait quelque chose. »

Rien n'est formulé explicitement mais Chris se rend bien compte que Latifa est obligée de se faufiler comme une voleuse hors d'un centre commercial pour le voir. Il n'est pas non plus autorisé à la raccompagner à sa voiture. « Peut-être qu'ils l'ont laissée me voir de temps en temps parce que j'étais handicapé et qu'ils ne me voyaient pas comme une menace », suppose-t-il. Stefania Martinengo, une Italienne professeure au club de parachutisme, était elle aussi devenue une bonne amie de Latifa. Elle avait remarqué que Latifa évitait toujours d'être sur les photos de groupe ; que lorsqu'elles prenaient toutes les deux la voiture de Latifa, celle-ci lui demandait de ne pas parler devant le chauffeur. Mais lorsque cette dernière faisait confiance à quelqu'un, elle devenait drôle et ouverte, raconte Stefania. « Elle me posait souvent des questions sur ma vie en Europe et je m'étais rendu compte qu'elle n'avait l'air d'avoir aucun ami émirati. »

Latifa semble passionnée par le parachutisme et bientôt, elle se rend au club tous les jours, effectuant jusqu'à douze sauts par jour. Avec le recul, Chris et Stefania comprennent mieux pourquoi la jeune femme semblait avoir un besoin viscéral de ce sentiment de liberté qu'apporte le parachutisme. « Quand vous sautez d'un avion, vous ne pouvez pas être plus éloigné de vos problèmes, raconte Chris. Parfois, elle faisait venir un avion juste pour un saut, juste pour elle, alors que ça coûte une petite fortune. Je pense qu'elle en avait vraiment besoin. »

« La princesse du parachutisme », « la casse-cou de la famille royale » : les articles sur Latifa sont nombreux à la présenter comme une princesse cool et moderne. Libre. Le refrain est connu. « Que ce soit aux Émirats ou en Arabie saoudite, les princesses sont souvent présentées comme des pionnières modernes, explique Hala al-Dosari. Elles sont censées être une force pour la monarchie. » C'est ainsi qu'en juin 2018 la princesse saoudienne Haifa bint Abdullah (fille du Roi Abdallah, décédé en 2015) se retrouve en couverture du *Vogue Arabia* au volant d'une voiture décapotable en plein désert, au moment même où l'Arabie saoudite s'apprête à lever l'interdiction de conduire pour les femmes. Un foulard blanc recouvre l'arrière de ses cheveux, elle est glamour comme une star de cinéma. Elle est censée incarner le progrès alors que les activistes féministes qui ont précisément lutté pour ce droit ont été jetées en prison – c'est le cas de Loujain al-Hathloul –, ou sont interdites de territoire, comme Manal al-Sharif.

« La promotion de princesses avant-gardistes est intégrée dans la narration saoudienne » depuis ses débuts, écrit Madawi Al-Rasheed[1], universitaire saoudienne installée en Angleterre et auteure de nombreux livres sur la région. « La sœur du fondateur du pays, Noura, est présentée comme une femme forte qui soutenait son frère dans l'expansion de l'hégémonie saoudienne. Concernant le règne du Roi Fayçal, sa femme Iffat et ses filles Loulouwa et Sara sont présentées comme des défenseuses de l'éducation féminine, et l'introduction de l'éducation de masse pour les filles leur est attribuée alors que des hommes et des femmes ont lutté pour cela pendant toute la première moitié du XXe siècle. » Un poids important pèse ainsi sur les épaules des femmes des familles puissantes : « Elles doivent représenter leur famille tout en préservant leur vie privée, ajoute Hala al-Dosari. Si elles font quoi que ce soit qui entache la réputation familiale, elles sont punies plus que n'importe qui d'autre. »

Une histoire résonne avec ce commentaire, qui date d'avant l'ère d'Internet et reste nimbée de mystère : celle de la princesse saoudienne Mishaal bint Fahd Al Saoud. Née en 1958, elle est la petite-fille d'un frère du roi Khaled ben Abdelaziz Al Saoud. À 19 ans, Mishaal, qui est déjà fiancée – voire déjà mariée, puisque l'enregistrement administratif du mariage a eu lieu –, convainc son grand-père de la laisser étudier à l'étranger. En 1977, à Beyrouth, elle tombe amoureuse de Khaled, un jeune Saoudien qui n'est autre que le neveu de l'ambassadeur saoudien au Liban. Mishaal fait l'erreur de croire pouvoir vivre cette passion au grand jour loin de son pays. Mais les rumeurs n'ont pas attendu Internet pour se répandre et les amants sont vite rappelés au pays et accusés d'adultère. La princesse reconnaît

1. Madawi Al-Rasheed, « Vogue Princess Is Hijacking Saudi Women Activists' Struggle », *Middle East Eye*, 11 juin 2018.

les faits. Elle essaie de faire croire à son suicide par noyade et tente de s'échapper en bateau avec son amant mais rien n'y fait, tous deux sont condamnés à mort. En juillet 1977, Mishaal est exécutée de trois balles dans la tête et Khaled est décapité[1]. Madawi Al-Rasheed résume ainsi ce paradoxe : « Les princesses ont accès à des comptes en banque sans fond mais n'ont aucun des droits les plus élémentaires. »

À Dubaï, Latifa Al Maktoum non plus n'est pas libre. Elle est surveillée sans relâche. « Mon passeport n'est jamais en ma possession, explique-t-elle dans sa vidéo. J'ai demandé à faire des choses normales, comme voyager ou étudier, mais je n'en ai pas le droit. Quand je sors, je dois respecter un couvre-feu, ma mère doit savoir exactement où je suis, et le chauffeur rapporte tous mes mouvements à mon père. » Après trois ans d'une amitié sans failles, Latifa se confie enfin à Tiina. Elle a un secret. En réalité, elle en a même plusieurs. Un jour, elle lui montre une série d'articles du *Guardian*, datés de 2001. Ils parlent de sa grande sœur, Shamsa.

*

Nous sommes en 1999. Shamsa Al Maktoum, 18 ans, fait parvenir une lettre à une cousine en Angleterre :

> *Chère cousine,*
>
> *J'espère que tout va bien. Je t'ai écrit quatre lettres mais je n'avais pas la bonne adresse ! Nous sommes aujourd'hui le 16 septembre 1999. La première lettre que tu devais recevoir était remplie de larmes. Tu te souviens, la première fois que je t'ai appelée ? J'ai écrit cette lettre juste après avoir raccroché.*

1. L'histoire est racontée dans le documentaire d'Antony Thomas, *Death of a Princess* (1980) dont la diffusion sur la chaîne ITV provoqua le rappel de l'ambassadeur saoudien à Londres.

La deuxième lettre, je l'ai écrite après m'être réconciliée avec ma mère – je te disais que je me sentais un peu mieux. Je te disais aussi que je pensais à m'enfuir. Je ne me sens toujours pas épanouie. Je pense sincèrement que j'ai tout essayé et que les choses que je peux obtenir facilement ne sont plus suffisantes. Peut-être que c'est moi. Je n'essaye pas de t'impliquer dans quoi que ce soit. Ne t'inquiète pas, ce n'est pas toi qui me donnes des idées, tu ne m'encourages à rien. Je t'informe juste que je suis déterminée. Il n'y a plus rien pour moi ici. Il y a à peine deux semaines, je voulais me suicider. Maintenant, j'ai de l'espoir, j'ai un but et je sais que je vais devoir sacrifier beaucoup de choses mais honnêtement, je suis prête. La seule chose qui me fait peur, c'est de m'imaginer vieille et pleine de regrets de ne pas avoir essayé quand j'avais 18 ans. Essayer quoi ? Je ne sais pas. Simplement tenter ma chance. Tu es peut-être bien la seule à savoir comment je me sens. Ne le dis à personne. Mes relations avec mes parents n'ont jamais été aussi apaisées, je préfère que cela reste comme ça. Prends soin de toi[1].

Dix mois après l'écriture de cette lettre, Shamsa s'en va passer l'été dans la résidence anglaise familiale, dans le comté de Surrey. Une nuit de juillet 2000, la grande sœur de Latifa emprunte une BMW puis l'abandonne aux limites du terrain de son père avant de se faufiler au travers des grilles et de disparaître dans la nuit. D'après un article paru dans le *Guardian* en décembre 2001[2], les recherches commencent dès le lendemain matin, alors que la disparition de la princesse est gardée secrète. Lucy Stevenson, qui connaissait bien Shamsa pour avoir été sa professeure d'équitation de 1992 à 1997, raconte qu'elle a été contactée par la famille qui voulait savoir si elle avait eu des

1. Cette lettre m'a été transmise par Marcus (voir la suite du récit). Elle a été traduite de l'anglais, puis éditée pour plus de clarté.

2. Stuart Millar et Jamie Wilson, « Unruly Daughter of Wealthy Sheikh Made a Bid for Freedom. But What Happened Next ? », *The Guardian*, 15 décembre 2001.

nouvelles de Shamsa. Non, elle n'en avait pas eu ; mais elle a souri en pensant au fort caractère de l'adolescente qui rêvait de liberté. Même lorsqu'ils passent plusieurs mois en Angleterre, les enfants de l'émir sont surveillés de près. Chaque enfant correspond à un code dont se servent les gardes du corps qui les suivent en permanence. Lucy se souvient que Shamsa, bonne cavalière, s'amusait souvent à essayer de semer son garde du corps. Cette fois, elle avait réussi. Vingt ans plus tard, Lucy Stevenson ne souhaite plus aborder le sujet des Al Maktoum.

La cousine de Shamsa à qui elle avait adressé son courrier s'appelle aujourd'hui Marcus, c'est un homme trans[1]. Ne sachant pas ce que Shamsa aurait voulu, il a beaucoup hésité avant de partager les lettres de sa cousine. Il sent pourtant qu'il se doit de continuer de parler d'elle. Entre ses 10 et ses 14 ans, Marcus vit au palais de l'émir, à Dubaï, chez sa tante, avec sa petite-cousine Shamsa. « Quand on était jeunes, on avait une certaine liberté, on pouvait se promener avec les domestiques – la famille ne s'occupait pas du tout des enfants. Mon oncle, l'émir, venait de temps en temps à la maison. Il sentait l'alcool et faisait des blagues. Il ne restait jamais longtemps », raconte-t-il. À 14 ans, Marcus est envoyé en pension en Angleterre et ne revient passer que certains étés à Dubaï. Il reste néanmoins en contact avec sa tante et Shamsa. Il se souvient bien de l'été où Shamsa a exigé que Latifa et son petit frère reviennent vivre avec eux.

Si Marcus profite certes de ses cousines, les étés à Dubaï ne sont pas une partie de plaisir. Il est notamment le témoin des mauvais traitements que subissent les domestiques et les enfants recueillis par la famille royale[2]. « Les gens traitent leurs ani-

1. À l'époque de la lettre, Marcus n'avait pas encore fait son coming out.

2. La famille royale a l'habitude de recueillir des orphelins qui vivent au palais et sont entretenus par la famille. Latifa évoque, plus loin dans

maux mieux que ce que j'ai vu là-bas », soupire-t-il aujourd'hui. Sans être complètement explicite, Shamsa demande à Marcus de l'aide sur son projet de fuite. Ce dernier, qui vit en Angleterre et a aussi passé du temps à Paris, envisage les choses « d'un point de vue européen ». Il explique à Shamsa qu'elle ne bénéficiera pas, en dehors des Émirats, du pouvoir et l'influence dont elle pourrait se servir dans son pays pour faire le bien autour d'elle. Mais il plaide la cause de sa cousine auprès de sa tante, lui rapporte que cette dernière est malheureuse et a besoin de plus de liberté. Peut-être pourrait-elle au moins la laisser étudier ? « Je me suis dit que ma tante ne voudrait que le bonheur de sa fille mais elle est devenue dingue, elle a hurlé "comment oses-tu ?", "tu fais ça pour l'argent !" – Shamsa m'avait effectivement proposé de l'argent pour l'aider mais j'avais refusé. » Marcus est alors rejeté de la famille. Shamsa n'a pas son numéro de téléphone en Angleterre et quand elle s'enfuit, Marcus, désormais tenu à l'écart, n'est pas mis au courant.

D'après le *Guardian*, Shamsa passe l'été cachée à Londres dans l'appartement d'une amie. Cet été-là, Latifa a 14 ans. Pendant les deux mois que dure sa fuite, alors qu'elle a à ses trousses tous les hommes de leur père, Shamsa lui écrit. C'est la première chose que Latifa raconte dans sa vidéo : « J'étais à la fois inquiète et heureuse pour elle. Shamsa communiquait également avec l'une de ses amies à Dubaï. Mon père est allé chez cette amie et a essayé de lui offrir une Rolex contre des informations, en plus de mettre son téléphone sur écoute. Mais cette dernière a tout révélé à Shamsa. De mon côté, j'ai aussi conseillé à Shamsa d'arrêter de l'appeler. Elle devait se sentir seule car elle a continué à le faire. »

---

le texte, sa sœur « adoptive », mais ces orphelins ne sont pas réellement adoptés, dans le sens où ils ne sont jamais considérés comme membres de la famille à part entière.

Comme raconté par Latifa et rapporté par le *Guardian*, à la fin du mois d'août 2000, Shamsa sort d'un bar de Cambridge avec deux amis lorsqu'une voiture, avec à son bord quatre hommes, s'arrête à sa hauteur et l'embarque. Elle est emmenée de force dans l'une des propriétés anglaise de l'émir, puis ramenée à Dubaï en jet privé le lendemain. Selon le *Guardian*, « la famille Al Maktoum possède six jets privés qui volent sous le nom de Dubaï Air Wing mais qui sont exclusivement réservés à la famille. Deux de ses avions passent l'été en Angleterre pendant la saison des courses de chevaux. Le *Guardian* a établi qu'au moins un de ces avions avait fait un aller vers Dubaï durant cette période avec des passagers à son bord[1] ». La suite de l'histoire est racontée par Latifa : « Ils l'ont enfermée dans une partie séparée du palais. On n'avait pas le droit de la voir mais on pouvait lui faire passer des choses – par exemple des vêtements. Avec ma sœur adoptive, Mona Lamora, on a réussi à lui faire passer un téléphone en cachette. ».

Grâce à ce téléphone, Shamsa communique avec ses sœurs et parvient à joindre le journaliste Stuart Miller, qui publiera la série d'articles sur sa fuite déjà cités. « L'histoire a été publiée dans le *Guardian* en 2001, précise Latifa. Suite à la publication des articles, la police a interrogé et torturé Mona. »

Shamsa restera enfermée dans cette prison privée pendant huit ans, jusqu'en 2008. Quand Latifa enregistre sa vidéo dix ans plus tard, elle a 33 ans, et Shamsa 37 ans. « Même aujourd'hui, Shamsa ne peut toujours rien faire, dit-elle. En décembre dernier, elle a été découverte avec un téléphone. Ma mère a eu peur qu'elle essaye encore de contacter le journaliste, alors ils se sont mis à la surveiller d'encore plus près. Désormais, elle est entourée d'un psychiatre et d'infirmières qui lui font prendre des médicaments qui contrôlent son esprit. Je ne sais pas ce

1. Stuart Millar et Jamie Wilson, « Strange Case of the Sheikh's Daughter », *The Guardian*, 10 décembre 2001.

que c'est. Les infirmières notent quand elle mange, quand elle dort, quand elle se réveille. C'est comme une cage qui la suit en permanence. »

*

Latifa avait déjà tenté de s'enfuir lorsqu'elle avait 16 ans. Elle comptait rejoindre un pays voisin et trouver un avocat qui pourrait aider Shamsa et elle à sortir de cet enfer. « Je me disais qu'au pire je finirais en prison avec Shamsa et qu'on serait ensemble. » En 2002, l'adolescente tente de rejoindre Oman. Elle est arrêtée à la frontière et ramenée au palais, puis jetée en prison par son père. « J'ai été torturée. Un homme me tenait pendant qu'un autre me frappait. La première fois, je n'ai même pas eu mal tellement j'étais choquée. C'était comme si quelqu'un me frappait avec un coussin. La fois suivante, ça a duré cinq heures. » Elle est enfermée pendant trois ans et quatre mois, dans le noir, dans une pièce sans fenêtre, sur un matelas sale posé à même le sol. Souvent, au milieu de la nuit, des gardes la réveillent et la battent.

En 2003, elle est brièvement libérée. Sa mère l'accueille froidement et au bout de quelques jours, après une crise d'angoisse, Latifa est admise à l'hôpital. Elle y passe une semaine puis est à nouveau emprisonnée jusqu'en octobre 2005. « Je ne savais pas combien de temps j'étais restée en prison. Mes geôliers m'ont juste dit que mon père leur avait ordonné de me tuer. Ils n'ont pas réussi. ».

Après sa libération, à 20 ans, Latifa ne fait plus confiance à personne. Elle passe la majeure partie de son temps avec des animaux ou dans sa chambre à regarder des films. Pendant des années, elle se réveille en pleine nuit au moindre bruit. Tiina apprend tout cela en 2016. Quelques mois plus tard, la princesse lui confie qu'elle songe à nouveau à s'enfuir. Elle lui raconte aussi qu'après la libération de Shamsa, elle avait mis au point un plan pour quitter le pays avec sa sœur mais que cette dernière était trop faible et Latifa avait dû laisser tomber. En 2017, un de ses amis du club de parachutisme décède dans un accident. « Ça lui a fait un choc, elle a senti qu'elle perdait son temps, raconte Tiina. Elle sentait que rien ne changerait jamais dans les Émirats. Elle ne pouvait plus vivre comme ça. » Ce jour-là, Latifa annonce à Tiina qu'elle a un plan sur lequel elle travaille depuis des années.

À ce stade de l'histoire, un étrange personnage entre en scène. Il s'appelle Hervé Jaubert et se présente tour à tour comme ex-espion français de la DGSE, homme d'affaires ou encore concepteur de sous-marins de loisirs pour le groupe Dubaï World. En 2013, il a publié un livre à compte d'auteur[1] dans lequel il raconte « comment il s'est évadé de Dubaï pour échapper aux griffes d'une multinationale et de la police secrète du cheikh au pouvoir ». Dans un style james bondien assez lourd, il se décrit comme « victime d'abus de pouvoir, d'extorsion et de menaces de torture ». « Incapable de se défendre face à une justice corrompue » – ce sont les mots utilisés sur la quatrième de couverture –, Jaubert a été contraint de quitter le pays à la hâte. Pour ce faire, déguisé en femme, il avait volé un bateau et traversé l'océan Indien pour atteindre l'Inde.

Comment Latifa est-elle tombée sur le site d'Hervé Jaubert ? On ne le saura pas, mais toujours est-il qu'elle le contacte – elle a besoin de son aide. À la même époque, elle contacte également David Haigh, qui évoque déjà publiquement ce qu'il a vécu aux Émirats. Petit à petit se constitue une équipe secrète d'individus qui, parce qu'ils ont de bonnes raisons de vouloir exposer les violences qu'ils ont subies, vont partager leur expérience pour aider Latifa. Selon Haigh, « Latifa était assez maline pour savoir qu'Hervé n'était pas la personne idéale ». Mais les gens ayant déjà réussi à s'extirper du pays ne courent pas les rues…

1. Hervé Jaubert, *Évadé de Dubaï*, 2013.

L'ex-espion et la princesse s'échangent des mails et mettent peu à peu au point un plan d'évasion. Tiina ne veut pas laisser Latifa seule et lui propose de la conduire jusqu'à Oman, où elles rejoindront le yacht d'Hervé dans les eaux internationales. Le plan est d'abord de passer la frontière sous l'eau avec des scooters sous-marins, mais Latifa n'a l'occasion de s'entraîner que deux fois puis ne peut plus réitérer l'expérience sans prendre trop de risques. Fin février 2018, Tiina et Latifa mettent leur plan à exécution. Ce matin-là, elles prennent un café dans un établissement qu'elles ont pris soin de fréquenter assidûment les semaines précédentes pour ne pas éveiller les soupçons le jour venu. Latifa abandonne son portable dans les toilettes du café. « Hervé était censé envoyer quelqu'un pour nous aider à sortir des Émirats mais il n'est jamais venu. Alors j'ai conduit seule, avec Latifa à mes côtés. Elle était tellement contente de pouvoir s'asseoir à l'avant qu'elle a pris un selfie. » Sur cette photo, Latifa porte des lunettes de soleil et elle sourit. Tiina, à côté d'elle, a l'air plus tendue.

Tiina ne souhaite pas divulguer comment les deux jeunes femmes ont passé la frontière. En ce qui concerne la suite, « une fois à Oman, nous avons pris des jet skis jusqu'au bateau où nous attendait Hervé, à vingt-cinq kilomètres des côtes ». En écoutant ce récit, David Haigh s'agite sur son fauteuil. Le ressentiment qu'entretiennent Tiina et lui à l'encontre d'Hervé est palpable. « Pour un soi-disant ancien espion, Hervé a pris bien peu de risques. Il s'est contenté d'attendre, loin du danger », siffle Tiina. Alors que le soleil se couche, les deux femmes atteignent le yacht, dont l'équipage est composé du Français et de trois jeunes Philippins. Elles ne s'attardent pas et prennent immédiatement le large.

Au même moment, aux États-Unis, Chris Colwell reçoit un message sur WhatsApp, tout comme d'autres amis de Latifa. Elle leur annonce qu'elle a quitté Dubaï pour de bon. « C'est vrai ? Dis-moi où tu es s'il te plaît », lui répond-il, ignorant tout de ses plans. « Je suis libre, lui déclare-t-elle. Je viendrai te voir bientôt. » Son message est accompagné d'un émoji en forme de cœur. Aujourd'hui, Chris raconte qu'il a immédiatement su qu'elle serait rattrapée.

Latifa, Tiina, Hervé et l'équipage naviguent sans encombre pendant plusieurs jours. Au huitième jour du voyage, le bateau ne se trouve plus qu'à une vingtaine de kilomètres des côtes indiennes. Nous sommes le 4 mars 2018. La nuit tombe lorsque Tiina et Latifa entendent des coups de feu depuis leur cabine. Elles s'enferment dans la salle de bains mais celle-ci est bientôt remplie d'une épaisse fumée qui les empêche de respirer. Quand elle ouvre la porte, Tiina aperçoit un laser rouge qui transperce la pénombre. Quinze hommes armés lui tombent dessus et lui intiment de ne pas bouger. « Ils m'ont attrapée et tirée dans les escaliers, j'ai pensé qu'ils allaient me tuer. J'ai vu le laser rouge sur moi. J'ai cru que c'était la fin. » Tiina se retrouve finalement ligotée sur le pont, Latifa à ses côtés. Hervé est là également, il a été passé à tabac.

La princesse supplie ses tortionnaires, déclare demander l'asile politique, hurle qu'elle préfère mourir que d'être ramenée aux Émirats. Alors que les hommes présents à bord sont tous indiens et communiquent en anglais avec leurs otages, un nouvel homme monte à bord, qui s'adresse à Latifa en arabe. « Elle lui répondait en anglais et essayait de se faire passer pour quelqu'un d'autre, mais il n'écoutait pas. » Latifa est emmenée. Elle disparaît dans la nuit tandis que le bruit des vagues couvre ses cris. Tiina n'a pas le temps de lui dire quoi que ce soit. Le lendemain matin, elle aperçoit un bateau qui dispose d'un héliport et suppose que c'est en hélicoptère que les Émiratis ont emmené Latifa. Après trois jours pendant lesquels Tiina et Hervé sont prisonniers sur le yacht, un autre bateau vient les chercher et les ramène à Dubaï. Tiina passera deux semaines en prison.

*

Ce que Tiina ne sait pas, c'est que lorsque Latifa et elle ont pris la fuite, le gouvernement émirati a déclaré à Interpol que la princesse avait été « kidnappée ». Ce sera désormais leur ligne officielle. La Finlandaise est interrogée pendant vingt heures d'affilée par les autorités émiraties et menacée de la peine de mort. Les hommes qui l'interrogent veulent absolument faire dire à Tiina que ce kidnapping a été orchestré par le Qatar ou une organisation politique ennemie du pays. « Ils ne pouvaient pas imaginer que Latifa avait tout simplement voulu partir », dit-elle. Un jour, on lui demande de signer des documents en arabe. Si elle signe, elle pourra partir, disent-ils. Elle s'exécute. « Souviens-toi bien que l'émir t'a retrouvée au milieu de l'océan et qu'il pourra te retrouver partout », l'avertit-on avant de la laisser partir. Elle ne reverra plus Jaubert, également libéré.

Une fois sortie du pays, soulagée et épuisée, Tiina se rend compte que pendant sa réclusion, la vidéo de la Latifa a été diffusée. « Cette vidéo a tout changé et j'imagine que c'est grâce à elle que la Finlande a fait pression pour que je sois libérée. Sans elle, je serais peut-être toujours en prison. » Pourrait-elle, de la même façon, aider la princesse d'une manière ou d'une autre ?

Pendant que Tiina et Hervé étaient en captivité, David a activé tous ses réseaux : il a prévenu les Nations unies, Amnesty International et Human Rights Watch, et surtout, il a tenté de convaincre la presse de diffuser la vidéo de Latifa. « La première chose, c'était de faire en sorte que les gens nous croient. Et ce n'était pas facile », raconte-t-il. Finalement, le *Daily Mail* publie des extraits du témoignage de la princesse[1]. « À Dubaï, le gouvernement a publié plusieurs démentis. D'abord ils ont dit que ce n'était pas Latifa mais une actrice algérienne. Puis ils ont essayé

1. Paul Thomson, « Mystery of the Runaway Princess as Daughter of Dubai's Ruler Sheikh Mohammed Claims She Has Fled the Country After Being Drugged and Jailed for 3 Years in the Arab State », *The Daily Mail*, 9 mars 2018.

d'embrouiller les esprits en utilisant les autres filles de l'émir appelées Latifa. Ils ont notamment fait paraître dans la presse des vieux articles sur Latifa mais avec des photos des autres Latifa. Ça a marché, les gens ne savaient plus ce qui était vrai ou pas… »

En mai 2018, la BBC diffuse un reportage de dix minutes dans lequel Tiina, David et Hervé témoignent. Selon David, c'est ce reportage sur une chaîne prestigieuse qui a poussé le gouvernement émirati à mettre au point sa prochaine stratégie de défense. Quelques mois plus tard, la chaîne s'apprête à diffuser une version rallongée d'une vingtaine de minutes du même documentaire sur Latifa. Tiina se trouve en Finlande le soir de Noël quand David lui envoie le communiqué de presse que Dubaï vient de faire paraître : on y voit Latifa célébrer Noël en famille aux côtés de Mary Robinson, ancienne présidente d'Irlande qui fut également commissionnaire des Nations unies aux droits de l'homme. Cela fait alors dix mois que Tiina n'a pas eu de nouvelle de Latifa. « Ça a bien gâché ma soirée de Noël, soupire-t-elle. J'étais soulagée qu'elle soit vivante mais choquée et inquiète de cette photo. » Sur la photo, Latifa semble hagarde. Vêtue d'un pull à capuche, les cheveux en désordre, elle regarde dans le vide. « Elle a l'air de se forcer. Même la photo est de mauvaise qualité, elle semble retouchée. »

Le cœur de Chris aussi s'est serré quand il a vu cette photo. « Elle n'est pas elle-même, ça se voit. » Comme sa sœur avant elle, Latifa est-elle désormais droguée, enfermée ? Quatre jours plus tard, sous le feu des critiques, Mary Robinson publiera elle aussi un communiqué. Elle assure que sa visite était motivée par l'invitation de la princesse Haya bint al-Hussein, la dernière femme de l'émir, et que Latifa, qui avait tout l'air d'être « une femme jeune perturbée », était prise en charge par « sa famille aimante ».

*

Mishaal, Shamsa, Latifa... Si l'époque n'est heureusement plus aux exécutions publiques, les princesses qui désobéissent disparaissent encore derrière les portes closes des palais. Parfois, il est même difficile de savoir ce que le palais leur reproche. En Arabie saoudite, c'est le cas des filles du roi Abdallah. Il en a eu quatre avec la princesse Alanoud Al Fayez, d'origine jordanienne, qu'il a épousée alors qu'elle n'avait que 15 ans. Sahar, Maha, Hala et Jawaher sont élevées dans l'opulence, mènent une vie luxueuse faite de voyages en Europe et ne se voilent presque jamais. Incapable, selon son époux, de lui donner un fils, Alanoud Al Fayez est régulièrement battue. Finalement, dans les années 1980, le roi divorce d'elle sans même la tenir au courant. Au début des années 2000, avec l'aide d'un garde du corps, Al Fayez fuit en Angleterre, où elle vit toujours. Mais ses filles n'ont pas eu cette chance. Depuis la fuite de leur mère et leurs déclarations publiques en faveur du droit des femmes, les quatre filles sont enfermées dans leur palais de Djeddah.

Fin 2013, le politologue suisse Riadh Sidaoui reçoit un email de l'une d'entre elles qui lui affirme qu'elle dispose « d'informations importantes concernant des membres de la famille royale ». Quelques jours plus tard, il reçoit un appel d'Alanoud Al Fayez. « Elle m'a dit : “Je suis la mère des princesses enfermées, nous avons besoin de votre aide”, se souvient-il aujourd'hui. Nous avons ensuite échangé quelques emails et elles m'ont envoyé des photos. Elles étaient séquestrées, maltraitées, elles n'avaient pas le droit de sortir ni droit à la clim, elles pensaient que leur nourriture était empoisonnée. » Sidaoui s'engage à les aider à médiatiser l'affaire.

Courant 2014, Al Fayez donne plusieurs interviews à des médias anglais et américains. Les quatre filles répondent aussi à quelques interviews, via Skype quand elles arrivent à avoir Internet ou par téléphone. Sahar explique ainsi au site

Muftah[1] : « Notre mère et nous avons toujours parlé de la pauvreté en Arabie saoudite et des droits des femmes. Nous en avons souvent parlé avec notre père, ce qui ne lui plaisait pas. Depuis, nous sommes devenues des cibles à abattre. Quand Hala a commencé à travailler en tant qu'interne à l'hôpital de Riyad, elle a découvert que des prisonniers politiques étaient drogués et internés dans des services psychiatriques pour les faire taire. Lorsqu'elle en a parlé à ses supérieurs, elle a été réprimandée et menacée. Un jour, elle a été kidnappée puis jetée en prison. Maha, Jawaher et moi avons toutes été droguées à un moment ou à un autre. »

Sahar et Jawaher ont raconté leur quotidien à Channel 4 : « Nous sommes isolées, coupées de l'extérieur, affirment-elles. C'est psychologiquement très dur. Nous savons que nous prenons un risque en donnant cette interview mais notre père nous a fait savoir qu'il ne nous laisserait jamais sortir d'ici. » Les deux sœurs racontent que depuis la première interview donnée par leur mère, elles ont un accès très limité à l'eau et à la nourriture, et sont régulièrement battues par leurs demi-frères. Sur les photos qu'elles ont envoyées à Sidaoui, on peut constater qu'elles vivent dans des pièces en mauvais état où les climatiseurs, à l'arrêt, laissent échapper des substances marronnasses. Dans leurs emails, elles décrivent une surveillance permanente, des spots lumineux qui les réveillent la nuit par surprise, une eau polluée, des coupures d'électricité.

Alanoud Al Fayez affirme qu'elle a tout essayé pour aider ses filles, engageant notamment des avocats en Angleterre et aux États-Unis. En 2013, elle collabore même avec l'avocat Roland Dumas qui rédige une tribune dans *Le Monde* à leur sujet. Sans succès. Le roi Abdallah meurt en janvier 2015. « Quelques mois après les interviews, Alanoud Al Fayez a arrêté de me contacter,

1. « An Interview With the Imprisoned Daughter of Saudi Arabia's King Abdallah », Muftah, juin 2014, en ligne.

raconte Riadh Sidaoui. Selon moi, le problème a été résolu. La pression médiatique a dû jouer un rôle. » Le jour de la mort du roi, son ex-femme se contente de tweeter « nous appartenons à Allah et c'est vers lui que nous retournons ». Si Sidaoui choisit d'interpréter cet élan religieux comme un signe de paix, ce n'est pas le cas de tout le monde. Pour Yahya Assiri, activiste saoudien réfugié en Angleterre et directeur de l'organisation ALQST, ce n'est pas le signe d'une résolution joyeuse. Assiri avait également été contacté par la mère et ses filles courant 2014. Il avait tenté de les aider à s'enfuir mais leurs passeports ayant été confisqués, la mission avait échoué et Assiri n'avait plus eu de nouvelles des princesses. « J'ai essayé de contacter leur mère plusieurs fois, finalement elle a demandé qu'on ne l'appelle plus », dit-il.

Deux ans jour pour jour après le kidnapping de Latifa sur un yacht au beau milieu de l'océan Indien, Tiina poste sur Twitter : « Latifa est toujours otage et justice n'a toujours pas été rendue. » Ni elle ni David n'ont abandonné leur campagne de lobbying. À Genève, David énumérait déjà les pistes à suivre dans les prochains mois : « La présence médiatique fonctionne, on le sait. Dubaï fait très attention à son image et a besoin d'argent et du tourisme. Il va y avoir une suite au documentaire de la BBC. Nous essayons aussi de mettre en place un boycott de Dubaï soutenu par des célébrités et des marques. Nous devons faire de la pédagogie sur ce qu'il se passe vraiment là-bas. On veut leur mettre la pression de tous les côtés jusqu'à ce qu'ils en aient marre et qu'ils la libèrent. »

Pour le moment, David se penche sur la question de la binationalité algérienne de Latifa – « peut-être que l'Algérie pourrait nous aider ? » – et s'intéresse aussi aux lois antipiraterie « parce que ce qu'il s'est passé dans l'océan Indien peut être apparenté à de la piraterie ». Quant à Tiina, elle s'était donné pour mission, il y a quelques mois, de retrouver Marcus. Mais le cousin de Shamsa et Latifa se cachait bien : « Shamsa avait dit à Latifa que j'étais la seule personne en qui elle pouvait avoir confiance, raconte Marcus. Latifa l'avait répété à Tiina, qui a donc essayé de me retrouver. Mais j'ai refait ma vie, j'ai changé de nom, je fais un métier qui n'a rien à voir, et je ne parle jamais de ma vie à Dubaï ou de ma famille. » À force de persévérance, Tiina parvient à le retrouver et le convainc de s'exprimer publiquement sur le sujet. Malgré son scepticisme concernant le rôle des médias – « on ne sait jamais si cela va aider les filles ou les desservir » – Marcus donne quelques interviews télévisées, juste avant un nouveau rebondissement.

En juin 2019, Haya bint al-Hussein, la dernière femme de l'émir, fuit le pays pour s'installer avec ses deux jeunes enfants en Angleterre, provoquant un tollé international. « Tant que je ne serai pas en contact avec elle, je ne ferai confiance à personne. Je lui ai écrit une lettre, David a échangé avec ses avocats », liste Marcus avant d'ajouter : « Je ne connais pas Haya mais peut-être qu'elle a compris ce qu'il s'était réellement passé avec Latifa… » La suite lui donnera raison. En mars 2020, en effet, les conclusions de la cour anglaise chargée de statuer sur la garde des enfants sont rendues publiques, malgré les efforts de l'émir pour interdire leur publication. Le document de trente-quatre pages résume les témoignages de la princesse Haya. Elle raconte notamment qu'en 2019 elle commence à poser des questions sur ses belles-filles, Shamsa et Latifa, provoquant les foudres de l'émir. Il la menace à son tour, tente de kidnapper ses enfants et de l'envoyer en prison.

On apprend également dans ces conclusions que si la princesse a finalement décidé de fuir le plus vite possible, c'est qu'elle avait découvert que son mari avait prévu de marier leur fille, aujourd'hui âgée de 13 ans, à Mohammed ben Salmane, le fameux prince héritier saoudien. Sur la base de ce qui est arrivé aux deux sœurs, le juge accorde à la princesse Haya la garde exclusive de ses enfants et une protection contre le mariage forcé de sa fille. C'est la première fois qu'une instance judiciaire se mêle de l'affaire. Le traitement médiatique du jugement et les conclusions fermes du juge auront-ils un impact sur l'avenir de Latifa et Shamsa ? « Comment l'émir va-t-il réagir à la perte de la garde ? Est-ce qu'il ne va pas être encore plus énervé et se venger sur Shamsa et Latifa ? », s'inquiète Marcus. De leur côté, David et Tiina ont renouvelé leur demande d'intervention auprès de l'Onu. Dans un communiqué de presse, David a déclaré : « Depuis le jugement, certaines personnalités ont commencé à prendre leurs distances d'avec la dynastie toxique des Al Maktoum, y compris la reine Elizabeth II. Il est désormais temps pour l'Onu d'intervenir avec fermeté et de garantir la libération de Latifa. »

En avril 2018, le mois suivant sa fuite, Latifa avait prévu de s'associer avec Stefania, la professeure de parachutisme, pour fonder un centre de bien-être qui aurait mélangé yoga et cuisine détox. « Son but était d'aider les gens à se sentir mieux, se souvient Stefania. Je voulais l'ouvrir en Europe et je savais qu'elle ne pouvait pas quitter Dubaï alors je lui ai demandé pourquoi elle voulait s'associer à un projet impossible pour elle mais elle m'a répondu qu'elle sentait que les choses allaient bientôt changer. Je n'ai pas posé de question, j'étais heureuse pour elle. » Le dernier message que Stefania a reçu de son amie date du 28 février 2018 : « Je ne peux pas parler maintenant mais dès que je serai en sécurité, je viendrai te voir », lui disait-elle.

La vidéo enregistrée par Latifa a été visionnée plus de quatre millions de fois. Un passage résonne toujours particulièrement : « Je ne sais pas comment je me lèverai le matin en me disant que je suis libre de faire ce que je veux. Que j'ai les mêmes choix que tout le monde. Ce serait un sentiment tellement différent. Ce serait extraordinaire. Il me tarde vraiment. »

10

Jane

« Dans leur tête, ils vivent toujours là-bas »

Au milieu des rangées de livres, une planche et des tréteaux font office de bar improvisé. Comme dans toutes les grandes villes du monde, on trouve ce genre de librairies où des jeunes trentenaires aux lunettes rondes se faufilent entre les rayons en buvant des bières et en parlant anglais avec des accents du monde entier. Jane s'y trouve parfaitement à son aise ; son corps petit et robuste y évolue avec l'aisance des habitués. Elle commande une Corona dans un anglais parfait, arbore des petites lunettes dorées et le flegme des *millenials* qui sont à l'aise partout. Elle est désormais chez elle dans ce monde uniformisé, créé par la génération d'Internet, d'Erasmus et de l'anglais appris au cinéma, plus qu'elle ne s'est jamais sentie chez elle en Arabie saoudite, dans ce qui lui apparaît aujourd'hui comme une autre vie, un passé moyenâgeux, flou, sorti tout droit d'un mauvais film en noir et blanc.

Jane est passée complètement à autre chose. « Je ne me sens plus du tout liée à ce pays, dit-elle en haussant les épaules. Lorsque je parle avec un ou une Saoudienne, je ne sais pas quoi leur dire. J'ai l'impression d'avoir perdu toute capacité à communiquer avec eux. » Cela n'arrive plus si souvent mais les rares fois où Jane s'est forcée à passer un peu de temps avec des connaissances saoudiennes au Canada, elle se souvient du contraste entre les grandes tablées bruyantes et le silence qui régnait dans sa tête. Cela ne ressemblait en rien au bar qu'elle a choisi ce soir : tables en bois brut, communicants en basket, bières artisanales. C'étaient au contraire des bars qu'elle n'avait pas l'habitude de fréquenter, qui diffusaient sur des écrans des sports américains pour des clients entre deux âges, et dont les menus, aux couleurs criardes, proposaient de trop longues listes de cocktails sucrés.

À chaque fois qu'elle est amenée à fréquenter un de ces endroits, Jane a l'impression que ses amies tentent de revivre la vie qu'elles fantasmaient adolescentes – cette fausse réalité inventée par des jeunes filles privées de liberté. Les verres s'entrechoquent, les yeux avides de ragots pétillent, mais, pour Jane, c'est comme si le son était désormais coupé : entre elle et le pays qui l'a vue naître, il y a comme un problème d'interférence irréparable. Bien qu'elle ait du mal à se l'avouer, lors de ce genre de soirées, elle a l'impression de se retrouver au beau milieu d'une bande d'étudiantes étrangères fraîchement débarquées au Canada, dont les voix trop aiguës traduisent l'excitation d'échapper pour la première fois à l'autorité parentale.

Jane s'en veut parfois de penser ainsi, de dépeindre sous cette lumière artificielle peu flatteuse celles et ceux dont le soutien lui a pourtant été utile à un moment donné. Mais quand, parfois, le son lui revient, ce qu'elle entend n'est toujours conjugué qu'au passé. « Ils ne parlent que de ce qui s'est passé, pourquoi ça s'est passé… Dans leur tête, ils vivent toujours là-bas. » Pour Jane, les côtoyer équivaut à revenir en arrière, à sans cesse être tirée par la manche par tout un pays. Toute tentative de réinvention est impossible. « Quand je les vois, je les trouve tous malpolis, peu subtils. Moi aussi je l'étais, avant. Tout le monde l'est en Arabie saoudite. En fait, je n'ai juste plus eu envie de les voir. » Jane a peu à peu arrêté de répondre aux SMS de ses anciens camarades ; elle a cessé de participer aux conversations de groupe. Et elle s'est fondue dans la masse des Canadiens jusqu'à devenir une nouvelle personne.

Ce soir, cette nouvelle personne a accepté de faire ce qu'elle ne fait jamais : regarder un peu en arrière. Peut-être qu'elle souhaite tout raconter pour s'en débarrasser une fois pour toutes, ou bien pour vérifier qu'elle s'en souvient toujours, qu'elle a bien été cette autre personne.

*

À 27 ans, Jane a parfois le sentiment d'être deux fois plus âgée. Son enfance au Koweït lui paraît être une autre vie, elle ressemble à une carte postale défraîchie, à un souvenir pas très fidèle. Sa famille est saoudienne mais son père travaille alors dans ce pays voisin. Pendant les dix premières années de sa vie, Jane grandit avec ses cinq sœurs et ses deux frères dans cet État qui « permet une certaine liberté ». Les femmes ont le droit d'étudier, de conduire et de travailler – tout ce que Jane compte faire un jour. Ces libertés s'incrustent en elle, prennent l'apparence de l'évidence : tout le reste lui paraîtra désormais contre nature. Pourtant, à la retraite de son père, quand la famille rentre en Arabie saoudite, tout change.

La communauté de la petite ville saoudienne du nord dans laquelle ils s'installent voit d'un mauvais œil cette famille qui débarque de l'État moderne du Koweït. Pour se faire accepter, la mère de Jane change radicalement. Sous les regards approbateurs des voisins, elle ordonne désormais à ses filles de se couvrir, n'accorde plus les mêmes droits à ses enfants en fonction de leur sexe, et encourage ses fils à se montrer autoritaires. En grandissant, Jane comprend que personne n'attend plus d'elle qu'elle étudie ou qu'elle travaille un jour. Dès qu'elle aborde l'avenir, on lui parle uniquement de mariage, qui semble être la réponse à toutes les questions.

À 17 ans, le « gros truc » – c'est comme ça que Jane en parle aujourd'hui – arrive : son père décède. « Je l'aimais beaucoup, dit-elle simplement. Il était plus libéral que ma mère, c'était quelqu'un de bien. Tout ce en quoi je croyais est mort avec lui. » Autour d'elle, ses frères, ses sœurs et sa mère trouvent du réconfort dans la religion. Jane, de son côté, n'y parvient pas : « J'étais trop abattue pour croire en Dieu ou en quoi que ce soit. » Son frère aîné devient alors son tuteur. Depuis qu'ils sont revenus au pays, lui aussi a changé. Il est devenu plus religieux et exige de ses sœurs qu'elles restent à la maison pour préserver son honneur. « Que vont penser les gens si vous sortez ? » leur lance-t-il. Il n'y a rien à répondre à cela. Conformément à ce qu'on attend d'elles, les deux grandes sœurs de Jane se marient. Cette dernière les voit partir et ne peut s'empêcher de les comparer à du bétail qui aurait été élevé jusqu'à un certain âge en captivité dans un but de reproduction. Elle sait qu'un jour, elle aussi devra quitter sa cage pour en intégrer une autre. Or Jane a deux problèmes : elle n'a aucune envie de se marier, et elle est lesbienne.

Pour la première fois depuis qu'elle a commencé à parler de son pays d'origine, elle sourit. Son visage rond – qui n'évoque que peu l'Arabie saoudite, comme si ses traits pouvaient s'effacer au fur et à mesure qu'elle tournait la page – s'illumine à l'évocation d'amies laissées là-bas. Tout en fixant le fond de sa bière, elle rit même un peu. « Tu ne vas pas me croire mais c'est assez facile d'avoir une copine là-bas, on est qu'entre filles tout le temps ! Je n'ai ni caché ni assumé ma préférence pour les filles, pour ma famille c'était inenvisageable, je crois qu'ils pensaient juste que je ne m'intéressais pas trop aux mecs. » Sa première relation dure trois ans ; sa petite amie vient elle aussi d'une famille stricte et à 22 ans, elle est mariée de force. Elles se séparent par la force des choses. « Elle m'en voulait de ne pas m'être opposée à son mariage », raconte Jane, sans savoir vraiment ce qu'elle aurait pu faire. Interrompre la cérémonie ? Kidnapper la mariée ? Elle fronce les sourcils. Sa vie n'est pas un téléfilm… « On a continué à se voir un peu, mais ensuite elle est tombée enceinte et on s'est perdues de vue. »

Peu de temps après, Jane rencontre une autre fille. Très vite, elles évoquent le fait de s'enfuir ensemble. Ici, elles sont dans une impasse ; de quoi d'autre pourraient-elles bien parler ? Toute sa vie tourne autour de sa petite amie. Auprès de sa famille, elle la fait passer pour une amie : « Ma mère l'adorait, elle voulait même la marier avec mon deuxième frère. Je lui disais que c'était une bonne idée mais qu'il fallait attendre qu'elle finisse ses études car elle était encore jeune. En attendant, je pouvais continuer à l'inviter à la maison. »

Après trois années passées à obtenir une licence en sciences par correspondance, Jane végète. Elle n'a pas le droit de travailler, n'a aucune envie de se marier. Sa vie se referme autour d'elle, elle sent presque les murs se rapprocher brique par brique. Elle a atteint ce stade de la vie d'une Saoudienne où il ne lui reste plus que le mariage ou l'ennui jusqu'à la mort. Ou bien partir. « Je ne voulais pas partir parce que j'étais lesbienne ou parce que j'étais athée, je voulais vraiment partir parce qu'il n'y avait aucun avenir, aucune carrière, aucun accomplissement personnel possible. Je voulais être indépendante et travailler ! » Sa mère conserve son passeport dans un coffre ; la fuite semble impossible. De toute façon, Jane n'a pas envie d'un tel départ. Dans son cœur, elle ne voit pas pourquoi elle devrait fuir, s'imposer un tel stress, être dans l'illégalité – elle est légitime, elle a le *droit* d'être libre ! Elle ne devrait pas avoir à devenir une fugitive pour vivre sa vie.

Discrètement, elle prépare un dossier de demande de bourse pour faire un master à l'étranger. Cela lui semble être une bonne solution. Elle est acceptée et en informe sa mère. Celle-ci n'est pas opposée à sa demande mais exige néanmoins qu'elle soit accompagnée d'un mari. Mariage, mariage, mariage… Jane n'en peut plus de ce mot. Encore aujourd'hui, elle est contre. Elle est d'avis que si deux personnes s'aiment, elles n'ont pas grande nécessité « d'un bout de papier ». Dans sa nouvelle vie, quand Jane dit qu'elle est opposée au mariage, son entourage pense automatiquement qu'elle est polyamoureuse. Ils hochent la tête en silence, approuvant d'un regard profond cette préférence aventureuse pour l'amour libre. Parfois, Jane les corrige, parfois pas.

Nous sommes en 2017. Dans la cuisine de la maison familiale, Jane se garde bien d'essayer d'expliquer tout cela à sa mère. Elles se jaugent comme s'il s'agissait d'un combat d'escrime. De quelles armes dispose encore Jane ? Elle a dégainé la bourse ; sa mère a exigé le mariage. Jane aimerait que sa petite amie la rejoigne une fois qu'elle aura quitté le pays. Elle ne supporte pas l'idée d'être mariée à un homme mais elle ne supporte pas non plus celle de rester enfermée dans sa chambre. Mais laquelle supporte-t-elle le moins ? Le combat dure deux mois avant que Jane ne capitule : « Ma mère me harcelait. La date butoir pour remplir mes papiers pour la bourse approchait alors j'ai fini par dire oui. » Dire oui à qui ? Jane n'en sait rien. Elle le découvrira le jour du mariage, qui s'organise en un éclair. Il n'y aura pas de bonne surprise.

*

« Un pauvre mec laid. » C'est comme cela que Jane décrit son mari, et elle ne souhaite pas en dire beaucoup plus. Tout juste m'apprend-elle qu'il était plus âgé qu'elle. « Il aurait normalement dû demander à me voir avant le mariage mais il avait déjà fait beaucoup de demandes et les prétendantes étaient toutes parties en courant en le voyant. Ma mère a accepté pour moi et je ne l'ai vu en vrai que le jour du mariage. » Jane lève régulièrement les yeux au ciel. Elle relie cet événement avec le moment où son plan a commencé à dérailler. Elle savait qu'elle allait devoir se marier à un homme mais elle avait oublié à quoi un homme pouvait ressembler. Jane ne passe que deux semaines avec son nouveau mari en Arabie saoudite, pendant lesquelles ce dernier ne tente pas de la toucher – ils passent leurs journées avec une famille ou l'autre.

Concernant la destination de sa bourse à l'étranger, Jane hésite entre le Canada, l'Angleterre ou les États-Unis. La présence d'un cousin aux États-Unis la pousse plutôt à opter pour l'Angleterre jusqu'à ce que Suha, rencontrée au hasard de conversations sur Twitter, ne lui vante les mérites du Canada. « Elle m'a dit que c'était le meilleur pays en termes de droits et d'aide aux réfugiés. » À vrai dire, Jane n'avait pas prévu d'être une réfugiée. « J'avais déjà un bon niveau d'anglais, un diplôme, je pensais trouver un travail. Je n'envisageais pas ces histoires d'aides sociales, mais je me suis dit qu'elle avait raison d'y faire attention. »

En 2017, Jane et son mari débarquent donc dans une grande ville canadienne. C'est Suha qui vient les chercher à l'aéroport. Rien qu'à les voir s'approcher tous les deux, à un mètre de distance l'un de l'autre, le regard plongé dans des directions opposées, Suha se dit que l'Arabie saoudite a décidément le don de créer des couples improbables. Quand le mari de Jane lève les yeux sur Suha, son visage s'assombrit. « Je ne portais pas de voile et ce jour-là, j'avais mis un short. Son mari ne m'a pas adressé la parole et m'a regardée d'un air dégoûté pendant tout le trajet », se souvient-elle. Dans la voiture, les deux jeunes filles discutent en ignorant le vieil homme qui ronchonne, probablement outré de voir une femme conduire. Suha aide néanmoins le couple à s'installer et Jane commence à suivre ses cours.

La cohabitation s'avère difficile. Deux semaines après son arrivée au Canada, Jane abandonne son voile. Son mari paraît choqué mais répond dans un premier temps par le silence, jusqu'à ce qu'une dispute éclate. « Il m'a dit que j'étais une pute, que je voulais que les mecs me regardent. Je lui ai rétorqué que je m'en foutais des mecs, que je n'aimais pas les mecs. » Il ne comprend pas le message ou décide de l'ignorer, et réclame des relations sexuelles. La nuit, il la réveille et tente de la forcer. Nuit après nuit, elle résiste et en perd le sommeil. Jane lui répète qu'ils ne sont plus en Arabie saoudite et qu'il n'a pas le droit de se jeter sur elle. Elle lui propose qu'ils vivent en paix sous le même toit comme des colocataires.

À chaque fois qu'ils se disputent à ce sujet, elle s'entend dire que si elle continue de le repousser, il appellera sa famille, leur dira qu'elle ne porte pas de voile, et fera annuler sa bourse. Pour l'heure, il lui confisque son argent et la frappe. Aujourd'hui, elle dessine des guillemets avec ses doigts quand elle dit qu'elle a « essayé de se convaincre » de coucher avec son mari. Elle ne peut s'y résoudre. Plusieurs fois, au beau milieu de la nuit, dans le noir le plus complet, elle cesse de se défendre et le laisse la violer. Elle essaye de penser à autre chose mais chaque nuit est plus insupportable que la précédente. « J'ai fini par en parler à ma mère. Je lui ai dit qu'il me forçait et que je ne pouvais plus, qu'il fallait qu'elle lui dise d'arrêter. Elle m'a répondu "tu t'attendais à quoi ? tu as accepté le mariage !". » La mère de Jane finit tout de même par téléphoner au mari. Elle lui demande de faire l'impasse sur le sexe mais n'obtient de sa part qu'une réponse bornée.

Cela fait deux mois qu'elle a quitté l'Arabie saoudite quand, à bout de forces, Jane « lâche tout » à sa mère. Elle lui avoue qu'elle ne porte plus de voile, qu'elle est athée et homosexuelle – « Tout ça en un coup de fil ! » plaisante-t-elle aujourd'hui. Ces révélations ne changent rien. Sa mère s'enferme dans le déni et ne pense qu'à faire revenir sa fille. Son mari, lui, continue de la menacer de faire annuler sa bourse si elle n'obéit pas. Un soir, ils se disputent à propos d'argent. Dehors, le ciel est déjà noir, la lumière du salon éclaire crûment la colère sur leurs deux visages. Le grand corps de son mari, qui la répugne, se rapproche d'elle et la pousse violemment contre le mur. La douleur est comme une évidence : bien sûr, ça devait finir par arriver. Elle s'efforce de ne pas penser aux couteaux qui traînent tout près de là. Son mari lui susurre des menaces à l'oreille : si elle ne lui donne pas tout son argent, il l'étranglera dans son sommeil. Ce n'est pas difficile à imaginer pour Jane, ses mains trouvent déjà leur place autour de son cou. Se dégager. Courir. La porte. L'escalier. Le froid qui la frappe. Jane est dehors.

« Il m'a envoyé un SMS pour s'excuser et me dire de revenir, j'ai dit "oui oui" mais j'étais en train d'appeler les flics. » Cinq minutes plus tard, la police arrive. Ils embarquent le mari et lui confisquent les clés de leur logement. En quelques minutes seulement, il n'est plus là. Elle se retrouve seule dans cet appartement qu'elle n'avait jamais appris à aimer, tant elle y rasait les murs en espérant se fondre dans son décor impersonnel. Elle s'assied sur le lit et se laisse imprégner par le silence des lieux. Jamais les gouttes régulières d'un évier qui fuit n'avaient été aussi rassurantes.

Pour la première fois depuis deux mois, la jeune femme s'endort « comme un bébé » dans son lit – elle ne sent plus le poids lourd de son mari à ses côtés, elle n'entend plus sa respiration menaçante. Au réveil, son portable scintille de tous les appels reçus dans la nuit. Sa famille est déjà au courant. « Ma mère avait peur que sa famille à lui vienne leur causer des ennuis, mais je lui ai répondu que ce n'était plus mon affaire. Elle aurait dû m'écouter avant. » Lorsqu'il sort de garde à vue, le mari de Jane se rend à l'ambassade saoudienne et fait annuler la bourse de Jane. Puis il monte dans le premier avion et disparaît de la vie de la jeune fille. « Il était si arrogant qu'il croyait que je ne prendrais pas le risque de perdre ma bourse. Que j'étais donc à sa merci, que je ne pouvais pas vivre sans lui. Mais je préférais perdre mon argent plutôt que de mener cette vie-là. »

Le téléphone ne cesse de sonner mais Jane est trop en colère pour répondre. Elle ne peut plus étudier, ne reçoit plus d'argent et refuse de retourner en Arabie saoudite. Elle n'a pas d'autre choix que de demander l'asile au Canada et devient donc, de fait, une réfugiée. Elle songe à s'installer dans un refuge pour femmes quand Suha lui propose de s'installer chez elle, avec son mari Malik et sa fille. Cela durera un an.

Lorsque sa mère l'appelle, Jane lui répond qu'il faut qu'elle s'y habitue : elle ne reviendra pas. Parfois, la conversation prend une tournure plus violente et des menaces sont proférées. Jane ne se laisse pas intimider : si ses frères ont l'intention de venir la chercher, elle appellera la police. « Oubliez-moi et laissez-moi tranquille », la supplie-t-elle. « Parce que je lui avais donné son numéro en arrivant, ma mère s'est mise à appeler Suha pour avoir de mes nouvelles. Puis elle a essayé de la menacer elle aussi en lui disant qu'elle irait en enfer parce qu'elle m'aidait. » Ça tombe mal, Suha vient juste d'arrêter de croire à l'enfer.

*

Jane attend désormais que sa petite amie la rejoigne, comme c'était convenu. Mais de l'autre côté de l'océan, la jeune fille n'arrive pas à quitter sa famille : « Elle aimait beaucoup son père, elle ne voulait pas le perdre et attirer la honte sur la famille en s'enfuyant. » Elle a néanmoins l'espoir que sa famille la laisse rendre visite à Jane au Canada – des vacances, en somme. « Elle était trop naïve », soupire Jane. Les messages qui continuent de lui parvenir ne sont que des promesses, des remises à plus tard, des « peut-être ». Jane ne veut pas l'obliger à choisir entre elle et sa famille, même si l'Arabie saoudite n'a rien à lui offrir : « Ses parents ont voulu la marier mais elle a eu un problème de santé et on lui a dit qu'elle était stérile. Ce n'était même plus la peine d'essayer de la marier, personne n'en aurait voulu. » Depuis, la jeune fille a été opérée. Pendant tout ce temps, Jane s'est s'inquiétée, de loin. « On a choisi de rompre parce qu'on ne pouvait plus envisager de se retrouver au même endroit mais ça m'a presque tuée », murmure Jane.

Entre ses déboires conjugaux, la perte de sa bourse d'étude et cette rupture, la première année de Jane au Canada est marquée par la souffrance. Elle sent que son plan lui a échappé. Elle qui voulait partir pour étudier et faire carrière, en conservant la possibilité de revenir en Arabie saoudite voir quelques amies, la voilà réfugiée, sans projet d'avenir, dans un pays qu'elle connaît encore mal. Elle ne reconnaît plus sa vie. Elle se met à boire, un peu trop. « Tous les jours. Je voulais ce sentiment d'engourdissement, j'en avais besoin pour supporter ma vie. » Alors que Suha déménage, Jane se retrouve seule. Dans la journée, elle marche dans les rues, la nuit, elle dort les yeux ouverts. Pour relever la tête, Jane essaie de se souvenir de la raison pour laquelle elle a fait tout cela. Pourquoi a-t-elle choisi de changer de vie, de se marier, puis de renoncer au confort et à l'argent ? Pour pouvoir travailler et être libre.

Elle se met donc en quête d'un travail. « Ce n'est qu'en obtenant un poste que j'ai eu l'impression de faire quelque chose. Et au fur et à mesure, je me suis créé des habitudes. » Jane travaille aujourd'hui depuis plus d'un an dans une entreprise canadienne – c'est tout ce qu'elle a voulu m'en dire. Elle y a rencontré sa nouvelle petite amie, une Canadienne originaire du Maghreb qui ne parle pas l'arabe. Jane, de son côté, ne le parle presque plus. Toutes les deux détestent le froid. C'est par ce simple point commun qu'a débuté entre elles une conversation conjuguée au futur. « J'aimerais demander la nationalité canadienne puis déménager dans un pays chaud, peut-être le sud de l'Europe. Ma copine a encore quelques années d'étude devant elle, ce qui me laisse le temps d'obtenir la nationalité pour que l'on puisse partir ensemble. » Jane raconte en souriant que sa copine lui a fait remarquer qu'elle pourrait obtenir plus rapidement la nationalité canadienne si elles se mariaient. « Je sais, mais ça n'arrivera pas ! » lui a-t-elle rétorqué. « C'est devenu une blague entre nous. »

De temps en temps, son portable affiche un message de son ancienne copine, comme un petit bout d'Arabie saoudite qui revient sans prévenir. Quand elle a su que Jane avait une nouvelle copine, elle a été « très énervée » et l'a « détestée », mais elles se sont finalement réconciliées et ont appris à se réjouir des petites ou des grandes joies de chacune. « Elle était tellement heureuse quand j'ai commencé à travailler ! », s'exclame Jane. Si elles se parlent toujours de temps en temps, les deux jeunes femmes savent que leurs vies ne se ressembleront plus jamais.

*

C'était encore l'une de ses soirées où elle n'aurait pas dû se rendre. Elle ne savait jamais si elle acceptait par gentillesse ou pour se prouver quelque chose. Passer du temps avec des Saoudiennes lui donnait généralement l'envie de trop boire. Parfois, des étudiantes se mêlaient aux réfugiées. Jane supportait encore moins les premières que les secondes. « Elles sont souvent immatures. J'ai connu une fille qui faisait ses études ici. Elle venait d'une bonne famille qui lui payait tout et la traitait bien. À la minute où elle a su que j'avais demandé le statut de réfugiée, elle a fait la même chose. Comme si c'était un truc que l'on copie sur les autres, une mode de petites filles… » Depuis la médiatisation de la fuite de Rahaf Mohammed, Jane estime que les choses ont empiré. « Elles voient que Rahaf l'a fait alors elles pensent qu'elles peuvent toutes le faire. »

Au bout de quelques verres, Jane se rendait compte qu'elle n'appréciait ni les Saoudiennes restées au pays qui n'hésitent pas à faire leur propagande personnelle sur les réseaux sociaux et à insulter les filles qui se disent athées sur Twitter ni « les filles libérales qui disent tout et n'importe quoi sur l'exil ». Souvent, sur le groupe *Sisterhood*, Jane s'opposait aux autres filles. Quand la bande essayait d'aider une jeune fille à s'enfuir,

Jane avait toujours des doutes, ce qui déclenchait une avalanche de questions de sa part. « Je demandais : “Pourquoi tu veux partir ?”, “Qu’est-ce qu’il t’arrive là-bas ?”, “Est-ce que tu es une personne sociable ?”, “Est-ce que tu peux vivre seule ?”. Les autres trouvaient que je me prenais pour la police. » Cela créait des disputes. Avec le recul, Jane comprend qu’elle voyait sa petite sœur dans ces très jeunes filles. « Ma sœur est très attachée à ma famille. Même si elle est battue, elle ne les quittera jamais parce qu’elle ne pourrait pas vivre seule. C’est la nature humaine, beaucoup de filles en Arabie saoudite souffrent du syndrome de Stockholm. »

Après l’une de ces soirées trop longues d’où Jane repartait avec le sentiment de n’avoir pas réussi à être elle-même, la jeune femme décide de ne pas réitérer l’expérience. Et tandis que la neige commence à s’amonceler sur les trottoirs, Jane a une sorte de révélation : elle est différente. Toutes les Saoudiennes n’ont pas besoin d’être les mêmes. Elle est simplement différente. « Certaines femmes, comme Suha, pensent que toutes les Saoudiennes devraient partir vivre à l’étranger. Je pense l’inverse ; que toutes devraient rester là-bas tant qu’elles ne se sentent pas absolument sûres de vouloir partir, ou alors de se battre de l’intérieur pour changer le pays. Je sais que j’ai pris la voie facile. Je n’étais pas attachée à ce pays, ça ne m’a pas touchée de partir. Je ne voulais pas rester là-bas et défendre mes droits. » Non, Jane voulait être libre ailleurs, sans avoir à se battre. Et ce soir-là, elle voulait juste rentrer chez elle se blottir contre sa copine, passer une bonne nuit de sommeil avant d’entamer une journée normale. Au Canada depuis plus de trois ans, son statut de réfugiée a été validé, ce qui lui permet de rester, et même de voyager. Ses amis sont canadiens, mexicains ou sud-américains.

Après deux ans passés à harceler Suha, sa mère a finalement décidé de s’adresser à nouveau directement à sa fille, avec toujours la même sempiternelle question : « Est-ce que tu vas revenir ? » Jane lui répond que non, qu’elle a un métier, un appartement et qu'elle est heureuse. « Est-ce que tu veux te remarier ? » continue sa mère. Parfois, Jane cherche ses mots en arabe. Il n'en faut pourtant pas beaucoup pour répéter inlassablement les mêmes choses. Elle sait également que sa mère n'a jamais osé dire à son grand frère que Jane ne reviendrait pas. Il croit toujours, probablement parce que c'est plus simple, qu'elle a « réussi d'une façon ou d'une autre à conserver sa bourse et à étudier ».

Ce soir, quand elle finira sa Corona et rentrera chez elle, Jane reprendra le cours de sa vie. Elle oubliera à nouveau le passé. Elle redeviendra canadienne. Après sa première année au Canada, alors qu'elle avait l'impression de toucher le fond, de noyer sa rupture, sa tristesse, et ses rêves de diplôme dans l'alcool, Jane est allée consulter une psychologue. « Je me suis dit que c'était pas mal que je parle à quelqu'un de toute cette histoire de viol », dit-elle en haussant les épaules. Elle s'est assise sur un petit fauteuil molletonné ; il y avait des jolies plantes et des mouchoirs sur une table basse. Et elle s'est mise à parler, parler et parler encore. Au bout de quelques séances, la psychologue l'a interrompue et lui a demandé pourquoi elle était là. Jane s'est aperçue que même si elle était venue pour parler de ses traumatismes liés à l'Arabie saoudite, elle n'avait en réalité pas parlé de son passé une seule fois et n'avait fait qu'évoquer ses projets. « Elle m'a dit : “Vous n'avez pas besoin de moi. Vous n'avez pas envie de vous complaire dans le passé. Vous avez des projets. Sortez d'ici et allez vivre votre vie.” » Jane s'est levée, a épousseté sa veste et a lancé un dernier regard à la psychologue. Celle-ci lui a souri. Dans la rue, elle a remis son bonnet sur son crâne, a respiré l'air frais et sec d'un jour canadien et elle a fait ce que pourquoi elle était venue : commencer une nouvelle vie, la sienne.

Remerciements

Un immense merci à toutes les jeunes femmes qui ont accepté de me parler pour ce livre. Merci de m'avoir accordé votre confiance, d'avoir tout dévoilé, comme si c'était facile, et de m'avoir confié ces morceaux de vos vies avec bienveillance et pédagogie.

Merci à tous ceux qui m'ont accordé du temps pendant mes recherches ; Hala al-Dosari, Yayha Assiri, Lina Al-Hathloul, Riadh Sidaoui, Adam Coogle, Clarence Rodriguez, Tiina Jauhiainen, David Haigh, Marcus, Meagan.

Merci à mon éditrice Mireille Paolini pour sa confiance dès le départ et son enthousiasme indéfectible, et à So Press pour m'avoir fait confiance sur ce sujet et sur tant d'autres, et particulièrement à Stéphane Régy pour ses conseils et sa légendaire patience.

Merci à tous ceux qui m'ont encouragée, relue, conseillée ; Lucas, Paul, Véronique, Zoé, Charles, Benoit, Axel, Michel, à mes parents pour ne m'avoir jamais demandé de trouver un vrai métier, et à Ingrid, Caroline, Camille, Mélina, Estelle et Maria, pour avoir été les premières à m'écouter et qui seront certainement les dernières. Merci à Pauline et Benoit de m'avoir permis de passer le confinement à écrire dans un absolu confort. Et merci à Olivier, pour tout le reste.

Bibliographie

Rana Ahmad, *Ici, les femmes ne rêvent pas. Récit d'une évasion*, Paris, Globe, 2018.

Madawi Al-Rasheed, « Vogue Princess Is Hijacking Saudi Women Activists' Struggle », *Middle East Eye*, 11 juin 2018.

–, *A Most Masculine State*, Cambridge, Cambridge University Press, 2013.

–, Madawi Al-Rasheed, « Arabie saoudite : demain, la tempête ? », *Politique internationale*, n° 132, 2011.

Rajaa Alsanea, *Les Filles de Riyad*, Paris, Plon, 2007.

Manal al-Sharif, *Daring to Drive : A Saudi Woman's Awakening*, New York, Simon & Schuster, 2017.

Leila B., *Sex and the Medina*, Paris, Plon, 2010.

Bill Bostock, « The Saudi Government Is Hunting Down Women Who Flee the Country by Tracking the IMEI Number on their Cellphones », *Business Insider*, 12 juin 2019.

Kate Conger, Mike Isaac, Katie Benner et Nicole Perlroth, « Former Twitter Employees Charged with Spying for Saudi Arabia », *New York Times*, 6 novembre 2019.

Freedom House, « Saudi Arabia Country Report. Freedom on the Net 2018 », en ligne.

Human Rights Watch, « Saudi Arabia : Mass Execution of 37 Men », 24 avril 2019, en ligne.

–, « Fleeing Woman Returned to Saudi Arabia Against Her Will », 14 avril 2017, en ligne.

–, *Boxed In. Women and Saudi Arabia's Male Guardianship System*, juillet 2016, en ligne.

Ben Hubbard, Mark Mazzetti et Eric Schmitt, « Saudi King's Son Plotted Effort to Oust His Rival », *The New York Times*, 18 juillet 2017.

Hervé Jaubert, *Évadé de Dubaï*, 2013.

Carol E. Lee, Courtney Kube, « US officials : Saudi Crown Prince Has Hidden from His Father », *NBC News*, 15 mars 2018.

Amélie Le Renard, « Pratiques du *shopping mall* par les jeunes Saoudiennes. Sociabilité et consumérisme à Riyad », *in* Michel Peraldi et Franck Mermier (dir.), *Mondes et places du marché en Méditerranée. Formes sociales et spatiales de l'échange*, Paris, Karthala, 2010, p. 187-214.

–, « Genre, classe, nationalité et accès des femmes aux espaces publics à Riyad », *Sociétés contemporaines*, vol. 84, n° 4, 2011, p. 151-172.

–, « *"Women's rights washing". La circulation sélective des "droits des femmes saoudiennes" entre diplomatie, médias et mobilisations* », *in* Ioana Cirstocea, Delphine Lacombe et Elisabeth Marteu (dir.), *La Globalisation du genre. Mobilisations, cadres d'actions, savoirs*, Rennes, Presses universitaires de Rennes, 2018, p. 253-270.

Bethan McKernan, « Inside the Saudi Town That's Been Under Siege for Three Months by Its Own Government », *The Independent*, 4 août 2017.

Stuart Millar et Jamie Wilson, « Unruly Daughter of Wealthy Sheikh Made a Bid For Freedom. But What Happened Next ? », *The Guardian*, 15 décembre 2001.

Musawah, *Thematic Report on Muslim Family Law and Muslim Women's Rights in Saudi Arabia*, 69e Convention de la CEDAW, Genève, février 2018, en ligne.

Rod Nordland, « Holding Hands, Drinking Wine and Other Ways to Go to Jail in Dubai », *The New York Times*, 11 novembre 2017.

Christine Ockrent, *Le Prince mystère de l'Arabie. Mohammed ben Salman, les mirages d'un pouvoir absolu*, Paris, Robert Laffont, 2018.

Jan Michel Otto, *Sharia Incorporated. A Comparative Overview of the Legal Systems of Twelve Muslim Countries in Past and Present,* Leiden University Press, Leiden, 2010.

Katie Paul, « Saudi Woman Seeking Asylum in Australia Returned to Saudi Arabia », Reuters, 12 avril 2017.

Clarence Rodriguez, *Arabie saoudite 3.0. Paroles de la jeunesse saoudienne,* Paris, Éditions Erick Bonnier, 2017.
–, Clarence Rodriguez, *Révolution sous le voile,* Paris, First, 2014.
« Genre, classe, nationalité et accès des femmes aux espaces publics à Riyad », *Sociétés contemporaines*, vol. 84, n° 4, 2011, p. 151-172.
Paul Thomson, « Mystery of the Runaway Princess as Daughter of Dubai's Ruler Sheikh Mohammed Claims She Has Fled the Country After Being Drugged and Jailed for 3 Years in the Arab State », *The Daily Mail*, 9 mars 2018.

Table